W0309593

Hans-Ulrich Mielsch

Die Schweizer Jahre deutscher Dichter

Hans-Ulrich Mielsch

Die Schweizer Jahre deutscher Dichter

Christoph Martin Wieland
August Wilhelm von Schlegel
Johann Wolfgang von Goethe
Friedrich Hölderlin
Heinrich von Kleist

Verlag
Neue Zürcher Zeitung

© 1994, Verlag Neue Zürcher Zeitung, Zürich
ISBN 3 85823 512 1

Inhaltsverzeichnis

Zu diesem Buch

Die Schweizer Jahre fünf bedeutender Dichter der Goethe-Zeit. Warum kamen sie in die Schweiz, was haben sie hier gesucht, das sie in ihrer Heimat nicht finden konnten? Waren es in erster Linie der Reichtum und die grossen Gegensätze der Natur, oder handelte es sich ganz einfach um die Suche nach einem Arbeitsplatz, einer mehr oder weniger gut bezahlten Stellung? Ging es dabei um das Vergessen privater Schwierigkeiten, um die Verwirklichung einer Idee – ging es am Ende um die Literatur?

Die Schweiz des ausgehenden 18. Jahrhundert wurde keineswegs nur wegen ihrer berühmten landschaftlichen Schönheiten besucht, auch das Geistesleben des Landes war eine Reise wert. J. C. Lavater, J. J. Bodmer, Benjamin Constant, Madame de Staël – an literarischen und philosophischen Berühmtheiten fehlte es in der Schweiz gewiss nicht.

Am Anfang der Schweizerreisen Goethes steht die Gestalt Lavaters. Lavater war fasziniert vom jungen Goethe, und die Faszination war gegenseitig. Sie dokumentiert sich in Goethes Mitarbeit an den «Physiognomischen Fragmenten». Wie wichtig die Schweiz für Goethe war, zeigt sich darin, dass er sie dreimal besuchte und sich für seine Besuche Zeit nahm. Sie erstreckten sich über einen Zeitraum von mehr als zwanzig Jahren, wodurch seine Aufzeichnungen für uns von ganz besonderem Interesse sind. Denn sie zeigen jedesmal einen anderen Goethe, der die Natur der Schweiz auf sehr verschiedene Weise reflektiert – entsprechend der Veränderung seiner Persönlichkeit. Es bedarf keiner mühsamen literarischen Spurensuche, um ein Echo dieser Reisen im Werk Goethes zu finden. Besonders auffällig sind die Bezüge in den beiden grossen Spätwerken «Wilhelm Meisters Wanderjahre» und «Faust II».

Der junge Wieland, ein skurriler und phantastischer Mensch, hat sich seinen Weg in die Schweiz geradezu erschrieben. Schreibend versuchte er, die Aufmerksamkeit J. J. Bodmers zu erregen, um von ihm nach Zürich eingeladen zu werden. Das war verständlich bei einem jungen, ehrgeizigen Dichter, denn das Zürich dieser Zeit galt als eines der beiden Zentren deutscher Literatur.

Nicht um zu lernen, sondern als literarischer Berater kam zwei Generationen später August Wilhelm Schlegel in die Schweiz. Ausschlaggebend dafür, dass er volle dreizehn Jahre auf Schloss Coppet am Genfer See zubrachte, war seine Faszination durch die Schlossherrin, durch Germaine de Staël. Bei ihrer Arbeit an «De l'Allemagne» bediente sie sich seines ausserordentlichen Wissens, so darf man sagen, wie einer gut sortierten Bibliothek. Schwierig und anregend zugleich wurde für Schlegel die Konfrontation mit den literarischen Repräsentanten der französischen Schweiz, dem «Cercle de Coppet».

Dagegen gab es für Friedrich Hölderlin keine Begegnungen dieser Art während seiner Schweizer Zeit als Hofmeister im Thurgau. Dafür aber die dichterische Auseinandersetzung mit seinem grossen Gegenüber, den Alpen, in deren Angesicht er hier zum ersten Mal lebte.

Für den gebildeten Europäer des ausgehenden 18. Jahrhunderts war das Bild der Schweiz geprägt vom Werk Jean-Jacques Rousseaus. Auch Goethe hat die Schweiz in Gesellschaft des Herzogs von Weimar auf den Spuren des Genfer Philosophen bereist. Dabei wurde die Petersinsel besucht, und gerührt blickte man von Vevey aus nach Meillerie hinüber.

In ganz besonderem Masse waren die Ideen Rousseaus bestimmend für den Aufenthalt Heinrich von Kleists. Der Kauf und die Bewirtschaftung eines Landgutes am Thuner See sollten die Antwort auf seine Enttäuschung über die gesellschaftlichen Verhältnisse sein, die er in Paris angetroffen hatte. Aber die Literatur war stärker als die Utopie eines einfachen Lebens in der Nachfolge Rousseaus. Im Zusammenhang mit Kleist begegnet man der Gestalt Christoph Martin Wielands noch einmal. Fünfzig Jahre sind vergangen, seit Wieland als junger Mensch bei Bodmer in Zürich hospitierte. Nun begrüsst der greise Dichter des «Aristipp» in Heinrich von Kleist bewundernd den Dramatiker der Zukunft.

Eine Fülle von Bezügen ergibt sich zwischen den einzelnen Kapiteln, nicht zuletzt durch die seine Epoche dominierende Gestalt Goethes. Nicht immer ist die Begegnung mit Goethe glücklich verlaufen – für Hölderlin und Kleist wurde sie zu einer sehr schmerzhaften Erfahrung.

Einen wichtigen Platz nehmen die Frauen in diesen «Schweizer Reisen» ein. Berühmtheiten wie Charlotte von Stein und Sophie von La Roche sind durch die an sie gerichteten Briefe gegenwärtig.

Auch auf der Schweizer Seite gibt es eine Reihe interessanter und die Reisenden inspirierender Frauengestalten – Barbara Schulthess, deren Abschrift wir die Überlieferung der Urfassung des «Wilhelm Meister», der «Theatralischen Sendung» verdanken – Julie von Bondeli, die für ihre geistvollen Briefe so berühmt war, dass Goethe sie in «Dichtung und Wahrheit» erwähnt, und - vor allen anderen – Germaine de Staël, die mit bemerkenswertem Mut ihren privaten literarischen Krieg gegen Napoleon führte.

Aus diesen Begegnungen, aus Brief- und Gesprächszitaten, Schilderungen von Naturerlebnissen, Tagebuchaufzeichnungen und Passagen aus den von der Schweiz inspirierten Werken entsteht ein vielschichtiges Bild dieser Zeit und ihrer geistigen Strömungen. Dabei werden die Kapitel der «Schweizer Jahre» in einen grösseren Zusammenhang des literarischen und privaten Lebens der fünf berühmten Besucher gestellt.

Christoph Martin Wieland in Zürich und Bern

«Wieland sitzt bei Bodmern bei einem Schreibepult, sitzt da mit stolzer Zufriedenheit und überdenkt seine Hoheit und Tugend, sitzt da und wartet auf Anbeter und Bewunderer, sie mit gnädig segnendem Blick anzulächeln, aber es kommt kein Anbeter. Wieland ist ein Mensch, der in seinem ganzen Leben nichts als ein Tintenfass und eine Wand voll Bücher gesehen hat», schrieb Salomon Gessner 1752, was beweist, dass auch ein Idyllendichter eine spitze Feder führen konnte. Und wenn man ausserdem weiss, dass der so Karikierte ganze neunzehn Jahre zählte, ergibt das allerdings ein höchst merkwürdiges Bild.

Der sonderbare, gelehrte Jüngling, den Bodmer zu sich eingeladen hatte, war bereits sein zweiter dichtender Gast, und zwar sozusagen eine Korrektur des ersten, Friedrich Gottlieb Klopstock. Unter dem Verfasser des «Messias» hatte sich Bodmer wahrhaftig jemand anderen vorgestellt. Noch vor seiner Reise hatte sich dieser brieflich und ohne alle Umschweife nach den Zürcher Mädchen erkundigt, «mit denen er Umgang haben könne». Bei seiner Ankunft in Zürich hatte sich Klopstock als ein strahlender junger Mann erwiesen, dem Leben und der Geselligkeit zugeneigt und alles andere als ein verstiegener Schwärmer. In Bodmers Haus dann hatte er stundenlang vor sich hingestarrt, anstatt fleissig am «Messias» zu dichten, hatte sogar geraucht und die Stube mit Tabaksqualm erfüllt. Nicht lange, und es war zu Unstimmigkeiten und Missverständnissen zwischen ihnen gekommen, bis Klopstock schliesslich das Haus verlassen hatte.

Ein himmelschreiendes Beispiel von Undank und eine Enttäuschung ohnegleichen für den grosszügigen Bodmer, der gehofft hatte, sich mit Klopstock einen Dichter und zugleich einen Sohn ins Haus zu holen. Doch Bodmer hatte offenbar vergessen, dass man leben musste, um dichten zu können, und wie gross Klopstocks Fähigkeit zur Umsetzung des eigenen Erlebens war, zeigt seine Ode «An den Zürcher See». Das war 1750 und 1751 gewesen.

Mit dem zweiten «Sohn», mit Christoph Martin Wieland, war dann alles ganz anders. Anstatt nach den Mädchen zu fragen, hatte dieser, als sich die Einladung Bodmers zu realisieren versprach, geschrieben: «Ich werde bemüht sein, die Gegenwart meines Körpers so wenig als möglich ist, merklich zu machen.» Bis es allerdings 1752 zu dieser Einladung kam, dauerte es noch eine Weile; Bodmer war vorsichtig geworden.

Wieland studierte seit 1750 in Tübingen die Rechtswissenschaften und hatte, trotz seiner Jugend, schon eine beträchtliche Menge geschrieben, darunter «Die Natur der Dinge oder die vollkommenste Welt», ein Lehrgedicht von viertausend Versen in sechs Büchern, mit dem der ehrgeizige Autor die Kosmologie von Leibniz noch zu übertreffen versuchte. Für die Biographie Wielands ist es von einiger Bedeutung, auch wenn es der Dichter bei der Herausgabe seiner Gesammelten Werke in den Supplementen versteckte, wie die meisten Werke seiner Tübinger und Schweizer Zeit. Immerhin brachte es ihm die Anerkennung der Schweizer Dichterschule und erregte die Aufmerksamkeit Bodmers.

Wieland hat es später «einen seltsamen Zwitter von metaphysischem Schulgewäsche und der besten Poesie» genannt. Dabei ist «Die Natur der Dinge» eine ausserordentliche Leistung, schon allein durch die philosophische Bewältigung des Stoffes. Aber auch das handwerkliche Können des Siebzehnjährigen und die grosse Anschaulichkeit seiner Verse sind erstaunlich.

Ausgelöst wurde das Gedicht durch eine Predigt, einen Spaziergang und eine Verlobung. Wieland selbst hat diese Umstände im Vorbericht zur dritten Ausgabe seiner Gesammelten Werke von 1770 mitgeteilt. Sein Vater, er war protestantischer Pfarrer im oberschwäbischen Biberach, hatte an einem sehr heissen Sonntagmorgen des Jahres 1750 über das Thema «Gott ist die Liebe» gepredigt, und zwar – wie der Sohn gefunden hat – etwas kalt. Im Anschluss an diese Predigt spazierte der junge Wieland mit der bezaubernden Sophie Gutermann hinauf zum «Lindele», einem idyllischen Aussichtpunkt etwas oberhalb der kleinen Stadt, und nach schwärmerischen Gesprächen über das Thema der Predigt kam es zur Verlobung.

Inspiriert von dem Gedanken an die reizende Begleiterin, machte sich Wieland bald darauf in Tübingen an die Ausarbeitung des Gedichts, das er, wie er sagte, ohne Amors Beistand nicht hätte schreiben können. Und diesen Beistand glaubt man tatsächlich in der Anmut und Frische der Bilder zu spüren. Wie er neben dem Jurastudium zu all diesen Versen und seinen sonstigen Dichtungen

Zeit finden konnte, nimmt wunder. Eine autobiographische Skizze aus dem Jahre 1810 gibt die Erklärung: Wieland schreibt dort, er habe bereits von der ersten Vorlesung, die er in Tübingen hörte, genug gehabt und sei daraufhin in keiner weiteren mehr gewesen.

Spätestens in Tübingen stand für ihn seine wahre Berufung fest, die Juristerei hat er nur als einen Ausweg aus der Theologie betrachtet. Diese wiederum war nichts anderes als der Versuch, auf eigenen Füssen zu stehen, um Sophie Gutermann heiraten zu können.

Dass der anspruchsvolle junge Mann dem bezaubernden und klugen Mädchen begegnete, war ein Glücksfall, auch wenn sie es später vorgezogen hat, einen anderen zu heiraten. Während seiner Tübinger Zeit und seinen ersten Schweizer Jahren war sie ihm Herzens- und Seelenfreundin. Sophie Gutermann war sensibel und gebildet und offenbar wie keine andere fähig, das Ungewöhnliche des späteren Dichters Wieland bereits im «Puppenstand» des verschwärmten Jünglings zu erkennen. Wieland war sich dieses Glücksfalls bewusst und rühmte sich später, mit siebzehn Jahren eine Geliebte gehabt zu haben, wie ein König. Noch 1805, als alter Mann, hat er ihr dankbar geschrieben: «Nichts ist wohl gewisser, als dass ich, wofern uns das Schicksal nicht im Jahre 1750 zusammengebracht hätte, kein Dichter geworden wäre.»

Wer war dieses Wunder? Da Sophie Gutermann das Frauenbild in Wielands Dichtung geprägt hat, muss man sie etwas näher kennenlernen. Sie war aus einem weltoffenen, patrizischen Milieu, sehr verschieden von dem Wielands, das bestimmt war von der Enge des schwäbischen Pietismus, und zwei Jahre älter als er. Auf einem Pastell von Tischbein d. Älteren erscheint sie als eine äussert wache, elegante junge Dame des Rokoko. Als Wieland sie kennenlernte, hatte sie bereits eine aus Konfessionsgründen aufgelöste Verlobung hinter sich. Während der Schweizer Jahre Wielands hat sie nicht auf ihn gewartet, sondern heiratete Georg von La Roche, einen Mann von Welt, den Sekretär und natürlichen Sohn des Grafen von Stadion. Ihre Tochter aus dieser Ehe war die von Goethe verehrte Maximiliane von La Roche, ihre Enkelkinder waren Clemens und Bettina Brentano. Eine Ahnenreihe also, die vom Rokoko in direkter Linie in die deutsche Romantik führt.

Sie selbst war eine inspirierte Briefschreiberin und hatte später auch als Schriftstellerin Erfolg mit ihrem Roman «Das Fräulein von Sternheim», dessen Edition Wieland 1771 besorgte.

Bodmer war also durch «Die Natur der Dinge» auf den jungen

Dichter aufmerksam geworden, und Wieland sah darin eine einzigartige Gelegenheit, etwas aus sich und seinem Genie zu machen. Seine folgenden Dichtungen sind ohne Zweifel im Hinblick auf Bodmers Beifall geschrieben. Begleitet von einem gewundenen Schreiben sandte Wieland als nächstes vier Gesänge eines Hexametergedichtes «Hermann» anonym an Bodmer, unterzeichnet nur mit «Herr W.». Wielands Hexameter sind, verglichen mit denen des «Messias», leichter lesbar und rokokohafter. Und so sehr war Wieland ein Kind des 18. Jahrhunderts, dass ihm die Halle der Germanen zu einem Spiegelsaal von François Cuvillié geriet:

«Kristallene Wände
Stiegen zur Seiten wie Spiegel empor, und gaben den Augen
In bezaubernden Bildern die waldichten Gegenden wieder,
Die sie umzogen. Hier sah man den Strom vervielfältigt schiessen,
Wallend schien er selbst den Augen zu murmeln, und tausend Wälder
Strahlten aus tausend gebrochenen Spiegeln den Gästen entgegen.»

Bodmer war begeistert und schrieb an seinen Freund Doktor Zellweger in Trogen: «Das Gedicht ist überhaupt so, wie ich es würde geschrieben haben. Klopstock bekommt einen Nachfolger.» Aber noch fürchtete er sich vor einer neuen Enttäuschung: «Ich darf ihn nicht einladen, ich darf ihn nicht lieben, wie es mir mein Herz schon befiehlt aus Furcht. Aber die Fussstapfen des 1750sten Jahres machen mich ganz schüchtern.»

In einem seiner nächsten Briefe bezeichnete sich Wieland demütig biblisch als «eines Predigers Sohn aus Biberach am Federsee» und bemerkte: «Mein Schicksal ist mir öfters unbegreiflich. Wie sehr rührt mich die menschenfreundliche Gesinnung Ihro Hochedelgeboren gegen mich. Sie wünschen mir eben das, was ich mir wünsche, nämlich frei zu sein.» Er konnte damals noch nicht wissen, dass Anpassung Selbstaufgabe bedeutete, wenn sie so weit ging wie die, welche man in Zürich von ihm erwartete.

In Briefen, die vor Bewunderung und Versicherungen seiner Verehrung kein Ende nehmen wollten, lobte Wieland Bodmers Dichtungen und diskutierte neben den Griechen die Zeitgenossen Young, Gellert, Gleim und Hagedorn. Mit Bodmer war er sich darin einig, dass die Poesie auf der olympischen Höhe gehalten werden müsse, auf die sie Klopstock gehoben hatte. Dabei nahm er sich die Freiheit, dessen Ode «Der Zürchersee» gegen Bodmers Kritik zu verteidigen, dem Klopstocks Zeilen «Lieblich winket der Wein, wenn er Empfindungen, bessre sanftere Lust, wenn er Gedanken wirkt im Sokratischen Becher» wenig gefallen wollten.

1752–53 folgten die «Zwölf Moralischen Briefe in Versen», sie gehen zurück auf eine empfindsame Milton-Verehrerin, Elizabeth Rowe, und auf Edward Youngs damals überaus populäre «Night-Thoughts». Auch mit diesem Werk ging Wieland in seinen Gesammelten Werken später ins Gericht – durch seine freimütigen und ironischen Vorbemerkungen hat er seinen Kritikern fast allzu arglos Vorschub geleistet:

«Der jugendliche Verfasser kannte damals Menschen nur aus Gemälden und ging nur mit moralischen Wesen um. Selbst die liebenswürdige Freundin, an welche diese Verse gerichtet sind, hat er sich in seiner alles verschönernden Phantasie zu einem überirdischen Wesen verschleiert.» In den «Moralischen Briefen» begegnet man zum erstenmal dem Philosophen Aristipp, der auch die Titelgestalt von Wielands grossem Altersroman werden sollte. Dessen Motto «Sibi res non se rebus submittere» war die Devise des Verfassers. Er hat sie frei, und ausnahmsweise einmal sehr wenig elegant, aus dem Horaz übersetzt: «Bald sink ich unvermerkt in Aristipps System zurück und statt mich den Dingen zu unterwerfen, seh ich, wie ich's mache, sie unter mich zu kriegen.»

Aber zurück zu den Präliminarien seiner Schweizer Reise. Bodmer diskutierte die Dichtungen und Fähigkeiten des jungen Wieland des breiten mit seinen Freunden Zellweger, Hess, Schinz, Sulzer und Künzli, und diese haben sich auch untereinander brieflich beraten, da sie fürchteten, «einen zweiten Teil der Klopstock Comödie» zu erleben.

Die Begabung und die dichterische Frühreife des jungen Menschen waren staunenswert. In ihrer Geschmeidigkeit lassen seine Verse der Tübinger Zeit bereits an die späteren Meisterwerke denken. Doch was die Inhalte anbelangt, scheint der Verfasser virtuos von einem Werk zum anderen in eine neue Haut zu schlüpfen. Als er schliesslich den «Moralischen Briefen» einen «Anti-Ovid» folgen liess, war Bodmer endgültig überzeugt und beschloss, alle Vorsicht fahren zu lassen. Dass Wieland, dem man später die erotische Freizügigkeit und den lasziven Ton seiner Dichtungen vorgeworfen hat, mit diesem «Anti-Ovid» den Bogen der Anpassung an Bodmer etwas allzu demonstrativ überspannte, musste selbst dieser bemerken. Was ihn stutzig machte, könnten folgende Verse gewesen sein:

«Zwar der begehrt von uns zuviel,
der uns im Leibe noch bloss zu Intelligenzen
und steinern vor dem Reiz der Schönheit machen will.
Wer gab die Trieb' uns dann, die so allmächtig ziehen?»

«Wieland ist in seiner Kunst zu lieben, mehr ein halber Ovid als ein Anti-Ovid, vielleicht will er sich auf den Küssen davon erholen, dass er nicht trinket», lautete der Kommentar Bodmers.

Wie hat sich der junge Mann bemüht, vor dem sittenstrengen Kritiker zu bestehen! Seine Briefe sind voller Selbstanalysen und zeugen von einem erstaunlichen Interesse an der eigenen Psyche. Hinter aller betonten Demut spürt man ein stark ausgeprägtes Selbstbewusstsein. Einmal spricht er von einer Dose Kaltsinn, die seiner grössten Zärtlichkeit beigemischt sei und durch die er sich selbst zum Rätsel werde. Keine schlechte Definition auch der Wielandschen Muse. Andere Briefe erzählen Bodmer von Sophie, und wieder andere sind in ihren übertriebenen Komplimenten an den Adressaten geradezu peinlich, denn Wieland geniert sich nicht, Bodmer für dessen Gedicht «Der Noah» mit Milton und Homer zu vergleichen. Dabei konnte es ihm gar nicht ernst sein mit seinen Lobeshymnen auf einen Gelehrten, der nie ein Dichter gewesen war. Aber es ging ihm ja gar nicht um den «Noah», es ging ihm um eine Einladung nach Zürich. Er verspürte nicht die geringste Lust, nach Göttingen zu gehen, um Professor zu werden, wie es sich sein Vater vorstellte, um «einer Menge ungezogener und wilder Jünglinge Sachen vorzusagen, die sie zum Teil nicht verstehen, zum Teil nicht hören, oder doch nur hören, um sie gleich wieder zu vergessen.»

Aus Vorsicht schaltete Bodmer noch zusätzlich seinen Freund, den Pfarrer Schinz, in seinen Briefwechsel mit Wieland ein, und im Mai 1752 erschienen überraschend drei von Bodmers Zürcher Freunden in Tübingen – Johann Georg Sulzer, Hans Kaspar Hirzel und Johann Jakob Hess –, um Wieland auf den Zahn zu fühlen. Doch das Resultat ihrer Späherdienste muss Bodmer befriedigt haben, denn schon im Juni konnte sich Wieland für eine Einladung nach Zürich bedanken. Er tat das mit einem etwas heuchlerischen Schreiben, das mit einem Postscriptum schloss: «Ich kann gleichfalls den Tabak nicht leiden, so wenig als grosse Gesellschaften und Gastmahle. Ich hoffe aber, dass dies die kleinste Ähnlichkeit sei, die ich mit Ihnen habe.»

Er hatte gehofft, ehe er in die Schweiz aufbrach, Sophie Gutermann noch einmal wiederzusehen, aber er wartete den ganzen Sommer umsonst auf sie. Sie erschien erst kurz vor seiner Abreise in Biberach. Man darf annehmen, dass ihr Vater schuld war an dieser Enttäuschung und dass auch er es gewesen ist, der sie später, was ihre Heirat betraf, zur Vernunft brachte. Ein Mädchen aus guter Familie heiratete schliesslich keinen mittellosen Dichter.

Am 16. Oktober 1752 langte Christoph Martin Wieland an der Schweizer Grenze an, dort wurde er von Heinrich Schinz in Empfang genommen. Einige Tage machte man Station auf dem Gut Johann Christoph Billeters in Wespersbühl. Dann setzten sie ihre Reise fort.

In Zürich wurde Wieland erwartet. Vielleicht mischte sich in die Erwartung, mit der Bodmer Wielands Ankunft entgegensah, auch die Hoffnung, in ihm noch einmal dem eigenen Sohn zu begegnen, der ihm als Knabe gestorben war. Man würde Bodmer wenig gerecht, wenn man ihn nur in bezug auf die beiden jungen Dichter sehen wollte, die er zu sich eingeladen hatte. Johann Jakob Bodmer war ein grossangelegter, philosophischer Mensch von einem gewiss «hohen Streben», wie man dies einmal genannt hat, aber auch ein widersprüchlicher Charakter und als solcher schwer zu fassen. Neben seinen Ämtern als Ratsherr und Historiker stritt er mit Vehemenz für seine literarischen Überzeugungen. Er hatte Miltons «Paradise lost» ins Deutsche übersetzt, womit er Klopstock, wie dieser ihm später selbst bestätigt hat, zur Dichtung seines «Messias» anregte. Während Wielands Aufenthalt in Zürich erschienen Bodmers Übersetzungen aus dem Mittelhochdeutschen als erste Textproben aus dem «Nibelungenlied»: 1753 «Der Parcival» und 1757 «Chriemhildens Rache und die Klage». Bodmer war also ein höchst verdienstvoller Mann, seine Passion aber war das Dichten.

Goethe hat gesagt, Genie sei Fleiss – er hatte gut reden. Dass aber aller Fleiss das Genie nicht aufwiegt und dass das Dichterische sich nicht erzwingen lässt, beweist das Werk Bodmers, welches an Umfang dem Goethes nicht nachsteht. Bodmers Verdienste liegen im Vermitteln als Kritiker und Übersetzer, und der Anreger hat den Dichter überlebt. Bodmer selbst hat das Übersetzen «die Wollust des Entdeckers» genannt und hat seinen Zeitgenossen und der nachfolgenden Generation den Weg in das bis dahin Unbekannte gewiesen. Dagegen erscheinen uns heute die Auseinandersetzungen zwischen dem dichtenden Gelehrten und den Schulen seiner Gegner in ihrer Spitzfindigkeit absonderlich. Mit der Blüte der Klassik sind sie in das Dunkel einer literarischen Vorzeit entschwunden. Damals aber waren sie Realität und literarischer Alltag.

Bodmer war, gemeinsam mit Breitinger, das Haupt der Zürcher oder Schweizer Dichterschule und befand sich damit in Opposition zu Johann Christoph Gottsched in Leipzig. Ursprünglich hatten beide Parteien das gleiche Ziel gehabt, die Reinigung der deutschen Sprache. 1730 veröffentlichte Gottsched seinen «Versuch einer Critischen Dichtkunst», zehn Jahre später antwortete ihm Breitinger mit der seinen. Am deutlichsten weist eine Veröffentlichung Bodmers auf die Bestrebungen der Schweizer Dichterschule hin: «Critische Abhandlung von dem Wunderbaren in der Poesie und dessen Verbindung mit dem Wahrscheinlichen, in einer Verteidigung des Gedichtes Joh. Miltons von dem Verlorenen Paradiese», erschienen 1740 in Zürich. Ebenso wie Bodmer besass Gottsched den Ehrgeiz, nicht nur Kritiker, sondern auch Dichter sein zu wollen, und schliesslich befehdeten sich beide Lager in höchst umständlicher, barocker Weise. Die Unterscheidungen, für die sie sich verkämpften, standen damals für sehr entschiedene Überzeugungen: Man dichtete seraphisch, aromatisch, cherubinisch, ätherisch, empirisch und sympathetisch – mit dem Ergebnis, dass die Fronten sich immer mehr verhärteten und die Kontrahenten sich mit Schimpfnamen bedachten.

Dabei hatten Bodmer und Breitinger 1728–29 die erste deutsche literarische Zeitung von Rang, die «Discourse der Mahlern», gegründet, waren also für die Generation vor und von Wieland durchaus Männer des Fortschritts. Und wenn Zürich in der Mitte des 18. Jahrhunderts als ein Zentrum deutscher Literatur galt, war das vor allem ihr Verdienst.

«Statt dass man in dem grossen Berlin kaum drei bis vier Leute von Genie und Geschmack antrifft, trifft man in dem kleinen Zürich mehr als zwanzig oder dreissig derselben an», bemerkte seinerzeit der Dichter Ewald von Kleist.

Für Bodmers Neugier auf die junge Literatur sprechen in besonderem Masse seine Einladungen an Klopstock und Wieland, auch wenn die Erfahrungen, die er mit ihnen machte, keineswegs seinen

Erwartungen entsprachen. Ehe es auf beiden Seiten zu Enttäuschungen kam, hat Klopstock seinen dankbaren Gefühlen in seiner Ode «An Bodmer» von 1750 Ausdruck gegeben. Dort heisst es:

«Der die Schickungen lenkt, heisset den frömmsten Wunsch
Mancher Seligkeit goldenes Bild
Oft verwehn, und ruft das Labyrinth hervor,
Wo ein Sterblicher gehen will.
. . .
Also ordnet es Gott, der in die Fernen sieht,
Tiefer hin ins Unendliche.
Oft erfüllet er auch, was sich das zitternde
Volle Herz nicht zu wünschen wagt.
Wie von Träumen erwacht, sehn wir dann unser Glück,
Sehns mit Augen und glaubens kaum.
Also freuet' es mich, da ich das erstemal
Bodmers Armen entgegen kam.»

Das ist ein Ton, der schon an Hölderlin denken lässt und im Vergleich mit der Dichtung des um zehn Jahre jüngeren Wieland überraschend modern wirkt.

1748 hatte Bodmer an seinen Freund Lange geschrieben: «Vor zehn und noch mehr vor zwanzig Jahren durfte man in der Wahl der Materie und der Ausbildung nicht so ängstlich sein, weil man es mit schlechten Konkurrenten zu tun hatte. Jetzt schreiben Jünglinge vortrefflich, und es ist verdriesslich, von Jünglingen überwunden zu werden. Ich sehe in meinen zunehmenden Jahren den Verdruss angenehm ersetzt, den mir so viele ungeschickte Scribenden gemacht haben, welche ich doch lesen musste, wenn ich sie beurteilen wollte. Jetzt kommen mir immer mehr Aufsätze in die Hand, die mir nur die angenehme Arbeit machen, Blumen zu pflücken. Daher habe ich Jünglinge von zwanzig Jahren zu Freunden. Die Muse ist ein Mädchen von unsterblicher Jugend, und schickt sich nur für Jünglinge.» Das klingt alles andere als engstirnig und spricht für Bodmer und sein neidloses Interesse an jungen Talenten.

Bodmer war, als er Wieland in sein Haus aufnahm, vierundfünfzig Jahre alt und lebte mit seiner Frau in seinem Haus zum Schönenberg am Abhang des Zürichbergs, mit Blick über den See und auf die Berge. Er nannte sein Haus, weil dessen Zimmer getäfelt waren, scherzhaft seine «föhrene Hütte». Noch mehr als die ausserordentliche Fernsicht wird den jungen Wieland allerdings Bodmers umfangreiche Bibliothek interessiert haben – bis er sie ausgelesen hatte: das tat er nämlich.

Er hatte allen Grund, bei seiner Ankunft begeistert zu sein, und wird zunächst auch das patriarchalische Dasein, das er mit Bodmer teilte, als wohltuend empfunden haben. Es heisst, dass sie am selben Tisch, im gleichen Zimmer arbeiteten und aus einer Schüssel assen. Das klingt in seiner Einfachheit rührend und idyllisch, wird jedoch auch einschüchternd und beengend auf den nicht einmal Zwanzigjährigen gewirkt haben. Der Altersunterschied zwischen Klopstock und Wieland, es sind immerhin zehn Jahre, erklärt neben ihrer charakterlichen Verschiedenheit den grösseren Anpassungswillen des Jüngeren an Bodmer. Aber auch später noch, am Ende seines Zürcher Aufenthaltes, hat Wieland die Aufnahme in den Zürcher Freundeskreis als eine «neue Glückseligkeit» bezeichnet, wie er sie ausser im Erlebnis mit Sophie nie zuvor erfahren habe.

Dass Bodmer auch ein Mensch in seinem Widerspruch gewesen ist, bezeugt dagegen ein Brief an Dr. Zellweger vom 23. März 1752 mit dem abgründigen Satz: «Ich will seine Liebe für mich und seine grossen Fähigkeiten brauchen, Klopstocken eifersüchtig zu machen.» Das sind Worte, die ein recht gefährliches Licht auf Bodmers Einladung an Wieland werfen.

Im Gegensatz zu Klopstock, den sie geliebt hatten, fanden die Zürcher den jungen Mann, der Tag und Nacht studierte, zunächst höchst merkwürdig – Ewald von Kleist charakterisierte ihn lieblos als einen «Pinsel, der die Welt reformieren will und noch keinen Bart hat, er schmeichelt Bodmer auf die niederträchtigste Art, ist erstaunlich begabt, wird sich aber unfehlbar bald erschöpfen oder sich ungesund studieren, denn er denkt an gar kein relâchement».

Bodmer verhielt sich grosszügig und steckte seinem Dichter-Sohn zuweilen ein Taschengeld zu, denn Einnahmen aus literarischer Tätigkeit waren damals genauso bescheiden wie heute. Nach Aufzeichnungen Böttigers erhielt Wieland, der seine «Empfindungen eines Christen», die «Sympathien», und die «Briefe von Verstorbenen» der Orell-Füsslischen Handlung umsonst überlassen hatte, dafür lediglich Bücher im Gegenwert von zwanzig Talern.

Herder hat später einmal von Bodmers «diktatorischem Stolz» gesprochen – Wieland hat sich diesem, solange er in seinem Haus lebte, gebeugt. Er übernahm, wenigstens nach aussen hin, Bodmers

Ansichten, und das war der Entwicklung seiner so gänzlich entgegengesetzten Natur kaum zuträglich. Geistliche Stoffe waren Bodmers Leidenschaft – ein Gebiet, das dem jungen Wieland, bis auf eine Ausnahme, fremd geblieben ist. «Der geprüfte Abraham», den er 1753 in Zürich im Hause Bodmers schrieb, entspricht in Thema und Versmass zwar der Diktatur Bodmers, kann jedoch das Unbehagen des Verfassers in dieser ihm ungewohnten Umgebung nicht verbergen. Wieland selbst wiederum hat in den Supplementen seiner Gesammelten Werke ironisch zu diesem «Abraham» Stellung genommen:

«Das folgende ist das einzige biblische Gedicht, welches der Verfasser zu verantworten hat, wiewohl ihm damals noch verschiedene, die von dem seligen Bodmer reklamiert worden sind, vor die Türe gelegt wurden.»

Doch es wurde nicht nur studiert und gedichtet im Haus zum Schönenberg. Wiederholt durfte der junge Mann Bodmer zu dessen Freunden Martin Künzli nach Winterthur und zu Heinrich Schinz nach Altstetten begleiten. Hochzeiten und Geburtstage seiner Gastgeber feierte Wieland durch Gelegenheitsgedichte wie «Ihr stillen Tiefen» oder «Freund, den mein suchendes Herz . . .», so lauteten die gemütvollen Titel. Den Herbst verbrachte Bodmer in Gesellschaft von Wieland und Breitinger «ganz vergnügt» am Ufer der Limmat oder der Sihl und bei Spaziergängen auf dem Zürichberg. Über seinen Gast zeigte er sich höchst befriedigt: «Wieland ist gewiss ein Geschenk der Vorsehung in diesen tugend- und religionslosen Zeiten. Er wird überall für einen besonderen Menschen gehalten. Er ist mit den wackersten Männern, mit Jünglingen und Mädchen bekannt, die jüngeren Freunde, die mir 1750 so viel Verdruss machten und die ihn anfänglich für einen wunderlichen Menschen hielten, denken jetzt ganz anders von ihm und suchen seine Freundschaft.»

Für Gelächter unter den Zürcher Freunden sorgte im Frühling 1755 Bodmers Dienstmagd, ein junges, dralles Ding vom Lande. Andächtig hatte sie bei Tisch die Gespräche des Hausherrn mit Wieland verfolgt und sich daraufhin in den Kopf gesetzt, einen Gelehrten wie ihn zu ehelichen. Vor Liebe ganz närrisch, drang sie des Nachts in sein Zimmer ein, «der einen rostigen Degen entblösst auf sein Bette legte, um sich zu schützen, wenn sie zu ihm einbrach und ihn notzüchtigen wollte», so Bodmer, den Wieland erschreckt zu Hilfe gerufen hatte.

In den «Briefen von Verstorbenen an hinterlassene Freunde» von 1753 – schon der Titel liess nichts Gutes vermuten – trieb Wielands Phantasie die absonderlichsten Blüten. Auch wenn er mit seinem neuen Werk der Forderung der Schweizer Dichterschule nach dem Wunderbaren in ganz besonderer Weise entgegenkam, waren Bodmer und dessen Freunde diesmal wenig begeistert von Wielands Höhenflügen. Ob es ihm tatsächlich ernst gewesen ist mit seinen Reinkarnationsgespinsten, in denen sich Utopie, Empfindsamkeit, Seraphik und falsche Frömmigkeit vermengen? Klopstocks kosmische Visionen der Sonnensysteme des «Messias» verkommen darin zu den merkwürdigsten Spekulationen des Jenseits:

«Die denkenden Bürger
dieser seltsamen Welt, wie sie Erdbewohnern erscheinet,
sind mit den künstlichsten Leib nach ihrer Bestimmung versehen.
Alles an ihnen ist Ohr; doch höret jegliches Gliedmass
auf ihm eigene Weise; die mancherlei Weisen und Töne
fliessen im Sitz der Seel' in die angenehmsten Akkorde.
Diese Geschöpfe, verwundre Dich, Freund, hat die Erde geboren.
Dorten waren sie Vögel und Sänger des flüchtigen Frühlings,
Nachtigallen, die horchenden Schönen oft Tränen entlocken,
oder hellwirbelnde Lerchen.»

Dem Leser des ausgehenden 20. Jahrhunderts mögen diese Beschreibungen weniger überraschend erscheinen als Wielands Zeitgenossen – er liest sie als eine Art von Science Fiction des Rokoko. Aber Sulzer war beunruhigt und schrieb an seinen Freund Bodmer: «Es ist viel Schönes darin, aber eine starke Verwirrung der Gedanken und eine kalte, wenigstens mich nicht anrührende Phantasie – überlassen Sie diesen Jüngling ja noch nicht sich selber.» Aber gerade das hätte Bodmer tun sollen, denn Wieland sass im Gefängnis der Vorbilder, die er zu überbieten suchte. Die Schönheit der Zürcher Landschaft scheint ihn dagegen nicht für seine Dichtung inspiriert zu haben. Dass aber auch Wieland diese Landschaft geliebt hat, erfährt man erst aus seinen Briefen, als er Zürich mit Bern vertauscht hatte und den See und die ihn umgebende Stadt vermisste.

Ein Briefwechsel mit Sophie musste über die räumliche Trennung hinweghelfen, doch bereits im Sommer 1753 kam es zu Trübungen. Die Ursache war ein sehr wenig zartfühlender Brief von

Wielands Mutter an Bodmer, in dem sie sich über ihre künftige Schwiegertochter ausliess:

«Sie mag nicht ein Loch an den Strumpf vernähen. Sie reisst es lieber zusammen und wirft es in einen Winkel! Wenn mein Sohn das Mensch zu seiner Frau bekommt, so ist er sein Lebtag ein armer Mann und Märtyrer. Sie läuft Mannspersonen nach.» Wieland stellte Sophie daraufhin zur Rede, und die Sache schien beigelegt. Bis Sophie Wieland Ende Dezember 1753 mitteilte, dass sie Georg von La Roche, den Sekretär und natürlichen Sohn des kurmainzischen Ministers Graf Heinrich Friedrich von Stadion, geheiratet habe. Vielleicht gehörten die beunruhigenden Metamorphosen des Dichters Wieland im Hause Bodmers zu den Gründen, die Sophie veranlasst hatten, La Roche ihre Hand zu reichen. Es war eine Vernunftehe, aber Sophie achtete ihren Mann für seine Intelligenz und seinen Gerechtigkeitssinn, und der gesellschaftliche Rahmen musste das Fehlende ersetzen.

Wieland reagierte auf die Nachricht formvollendet und verständnisvoll, er machte es ihr leicht: «Erlauben Sie mir, Sie zu erinnern, dass wir uns tausendmal in dem Angesichte Gottes zugesagt haben, uns so lange zu lieben, als wir die Tugend lieben würden, und wir meinten damals, dass das so viel sei als ewig. Sollte diese Zusage jetzt ungültig sein? Sollte Ihre neue Verbindung die Zuneigung unserer Seelen, die sich auf die wahre Liebe des Guten und Schönen gründet, hinwegnehmen? Nein! – Lassen Sie uns also denen, welche sich, nach ihrer niedrigen Art zu denken, einbilden, unsere Liebe höre jetzt auf, ein tätliches Dementi geben.»

Das klingt reichlich rhetorisch. Machte er es ihr auf diese Weise nicht allzu leicht, so dass sie denken musste, es sei ihm mit seiner Liebe zu ihr nicht ernst gewesen? Wieviel der Zeitstil von Wielands wirklichen Gefühlen verbirgt, ist schwer zu sagen. Es ist möglich, dass er neben seinem Schmerz auch so etwas wie Erleichterung empfunden hat. Fast glaubt man hinter seinen Worten zu spüren, dass er froh war über seine Freiheit. Vielleicht hatte er begriffen, dass er als Phantast in Sophie die Liebe in abstrakter Form geliebt hatte und nicht eigentlich sie selbst.

Man erkennt Sophie Gutermann in den Frauengestalten seiner späteren Werke, diesen reizvollen Frauen, klug, unabhängig, elegant und etwas spöttisch – es sind Frauen von Welt, den Männern überlegen, ohne dass sie es diese spüren lassen, es sei denn durch die Distanz der Ironie. Vielleicht zog Wieland es vor, Sophie nur in der

Literatur zu besitzen, da er fürchtete, ihr in der Wirklichkeit und durch die Enge der Welt, aus der er kam, nicht gewachsen zu sein. Es ist schön von ihm, dass er sich für diese Erkenntnis nicht literarisch gerächt hat, sonder fortfuhr, sie in seinen eigenen Werken zu bewundern.

Mit der Zeit – Wieland wohnte bereits seit über anderthalb Jahren bei Bodmer – scheint er dessen väterlich-despotische Zuneigung als erdrückend empfunden zu haben. Oder aber er wollte ihm nicht länger auf der Tasche liegen – jedenfalls versuchte er, sich selbständig zu machen. Er bemühte sich um Privatstunden, und während der nächsten drei Jahre unterrichtete er vier, später fünf Patriziersöhne, denn er liebte Zürich und wollte hier bleiben.

Die Stadt musste ihm wegen ihres geistig regsamen Klimas gefallen. Sie besass einen Kreis interessanter Männer, unter ihnen der Stadtrat Hirzel, Johann Jakob Breitinger und Kaspar Füssli – auch er war Maler wie später sein berühmter Sohn, daneben Kunstschriftsteller. Zu einem Freund wurde der vielseitige Salomon Gessner, Dichter, Maler und Verleger in einer Person, ein glückhafter Mann, der Wieland bei seiner Ankunft in Zürich so belustigt karikiert hatte. Gessners «Idyllen» sind Ausdruck seiner heiteren und behaglichen Natur, sind weniger bedeutend als gefällig. Seine Dichtungen «Daphnis» und «Der Tod des Abel» entstanden während Wielands Zürcher Aufenthalt, und von ihm selbst wissen wir, dass er seit 1754 häufig mit Wieland verkehrte.

Gessner theoretisierte nicht, er setzte der hölzernen Würde der biblischen Hexameter Bodmers die ungekünstelte Prosa und das naive Naturgefühl seines «Abel» entgegen und traf damit den Nerv der Zeit. Gessners Landschaften scheinen die gleichen Inhalte auszudrücken: Es ist eine Welt ohne Abgründe, ein Arkadien der Windstille, und vergeblich sucht man darin die Realität. Wielands Dichtung besitzt verwandte Züge, aber bei ihm sorgen Witz und geistreiche Eröterung stets dafür, dass es nicht *zu* gemütlich wird.

Am 25. Juni 1754 verliess Wieland das Haus Bodmers, wie er schrieb «bewegten Herzens» – er wird auch erleichtert gewesen sein. Sein Abschiedsbrief an Bodmer unterscheidet sich wesentlich von den Briefen, die er seinerzeit aus Tübungen an ihn geschrieben hatte. Er ist offen und herzlich, und Wieland bemüht sich darin, Bodmers Absichten, seinem Charakter und seinen Verdiensten gerecht zu werden. Seine konziliante Natur hat einen Bruch mit Bodmer vermieden und es vorgezogen, den Kontakt mit ihm und Breitinger zu «kultivieren», wie er es ausgedrückt hat. Aber die Trennung verlief trotzdem nicht ohne Verstimmung auf seiten Bodmers. Der Grund dazu war Eifersucht, wie seinerzeit schon Klopstock gegenüber, dem Bodmer seine Freundschaft mit dem Kaufmannssohn Hartmann Rahn vorgeworfen und verübelt hatte.

Zunächst nahm Wieland Logis bei Bodmers Schwager, Dr. Gessner, «hinter den oberen Zäunen», seine Lehrzimmer lagen im Konstanzer Amtshaus an der Kirchgasse. Aber dann riss auch dieses letzte Band mit dem Bodmerschen Vaterhaus, und Wieland zog zu einem seiner Schüler, dem Sohn des Amtmann von Grebel. Seine finanzielle Lage war bedrückend, als er so plötzlich auf eigenen Füssen zu stehen versuchte. Er war gezwungen, sich von Bodmer Geld zu leihen, und schrieb, als das nicht ausreichte, an seinen Vater, der sich mit Erfolg wegen eines Stipendiums an den Biberacher Senat wandte. Danach konnte Wieland, zusammen mit den Einkünften aus seinen Privatstunden, mit einem jährlichen Einkommen von 500 Gulden rechnen.

Im Hinblick auf seinen Unterricht entwickelte Wieland einen «Plan von einer neuen Privatunterweisung». Bodmer liess ihn auf eigene Kosten drucken, was beweist, dass er und Wieland nicht wirklich zerstritten waren. Dieser Plan Wielands enthielt den schönen Gedanken, dass «die Wissenschaften nicht in die Schüler hineinzugiessen, sondern auf eine geschickte Art aus der Seele selbst herauszulocken seien». Was für ein Lehrer mag Wieland gewesen sein, dozierte er über die Köpfe seiner Schüler hinweg? Wenn sie begabt genug waren, ihm zu folgen, hatten sie sicher einen phantasievollen und hochfliegenden Unterricht. Jedenfalls sind sie bei ihm geblieben, das ist erwiesen, und zwar fünf Jahre lang, und kamen auf diese Weise in den Genuss seiner humanen Erziehungsprinzipien.

Im gleichen Jahr nahm Wieland seine Korrespondenz mit Sophie von La Roche wieder auf. Sie hatte ihm in einem ausführlichen Brief die wahren Hintergründe entdeckt, die zu ihrer Hochzeit geführt hatten. Wieland bat daraufhin ihren Mann um die Erlaubnis, unter dessen Aufsicht wieder an Sophie schreiben zu dürfen. Ein Entschluss, dem wir einen der reizvollsten Briefwechsel des 18. Jahrhunderts verdanken.

Wielands Liebe zu Sophie von La Roche ist ihm in der Gestalt ihrer Enkelin Sophie Brentano noch einmal auferstanden. Bei ihrem Besuch in Ossmannstedt im Jahre 1800 hat der greise Dichter der Dreiundzwanzigjährigen, die er «Liebste Tochter meines Herzens» genannt hat, auf einer Bank im Park seines Landsgutes aus dem entstehenden Roman «Aristipp» vorgelesen – in ihrer Zärtlichkeit selbst eine Szene aus einem Roman Wielands. Er war beglückt von dem jugendlichen Echo, aber die Beglückung war gegenseitig, und Sophie Brentano soll zu Wieland gesagt haben, am liebsten bliebe sie auf immer bei ihm, um ihm zuzuhören. Als sie im September des gleichen Jahres starb, wurde sie im Garten von Wielands Ostmantinum beerdigt. Ein eigenartiger Fall von Treue des Schicksals.

Während seiner Zürcher Jahre entdeckte der junge Wieland die Schriften Shaftesburys. Die Weltanschauung des bedeutenden englischen Aufklärers, seine «Moral grace» und «Inward beauty», bedeutete nichts anderes als eine Erneuerung des geistig-körperlichen Bildungsideals der Griechen aus dem Geist der Aufklärung und musste Wieland in ihrer Verbindung von Weisheit und Schönheit beeindrucken. An die Seite Shaftesburys traten Xenophon, Lukian und Horaz als Leitbilder Wielands. Lessing hat Horaz den philosophierenden Dichter mit der Feinheit eines Hofmanns genannt, der Witz und Vernunft in ein mehr als schwesterliches Band brachte – eine Charakterisierung, die auch auf den späteren Wieland gemünzt sein könnte.

Als 1755 die Gottschedianer mit Schönaichs bösartigem Pamphlet «Ästhetik in einer Nuss» gegen die Zürcher ausholten, stellte sich Wieland auf die Seite der Schweizer, blieb aber relativ zurückhaltend und liess es bei einer «Ankündigung einer Dunciade für die Deutschen» bewenden. «Eine Dunciade ist von mir nicht zu erwarten», schrieb Wieland vorsichtig, «ich müsste mich erst eine lange Zeit durch Zwangsmittel zu einem solchen Werk erhitzen. Ich zweifle, ob mit den Dunsen (was so viel hiess wie Langweiler und Dummköpfe; für Wieland waren das die Gottschedianer) etwas auszurichten ist, denn sie haben zwar Augen, aber sie sehen nicht.» Er fühlte, dass sich seine elegante Feder nicht für dogmatische Kampfschriften eignete. Als er sich später in der Vorrede zu seinen «Empfindungen» doch einmal zu einer Polemik hinreissen liess, musste er dies bitter büssen.

Nach seiner freiwilligen Unterwerfung unter die Prinzipien Bodmers fing er an, die Zügel etwas locker zu lassen und seine Erfahrungen nicht nur in Büchern, sondern auch draussen im Leben selbst zu suchen. Er liess sich etwas gehen. Wir kennen seinen Tagesablauf während dieser Zeit in Zürich:

«Ich stehe also Montag morgens um sieben Uhr auf. Nach einer ganz besonderen Beschaffenheit meiner Maschine habe ich, wenn ich aus dem Bett komme, beinahe eine Stunde nötig, bis ich munter bin und mir selbst recht bewusst bin. Um acht Uhr déjeuniere ich, und lese insgeheim etwas dazu. Von neun bis elf bin ich Praeceptor. Die Stunde von elf bis zwölf geht ehe ich mirs versehe, über ein paar kleinen Beschäftigungen oder vielmehr Zeitvertreiben hin. Bis Nachmittags um zwei pflege ich nichts zu arbeiten. Bis um vier bin ich wieder Orbilius. In der Tat liebe ich das Haus als eine Schnecke, aber es ist mir nicht erlaubt, meiner Neigung hierin zu folgen, und wenn ich mich bemühe, in jeder Woche einige Abende für mich zu behalten, so risquiere ich allemal, dem einen oder anderen von meinen Freunden und Bekannten zu missfallen. Es bleibt mir also in dieser Winterszeit keine Musse zu meinen Nebenarbeiten, als in jeder Woche ein paar Abende und die Stunden der Nacht, die ich dem Schlaf zu entwenden pflege.»

Grössten Erfolg hatte Wieland bei den Patrizierfrauen Zürichs, die an ihm einen Seelenfreund fanden, der es verstand, subtil auf mehrere von ihnen gleichzeitig einzugehen. Bodmer hatte alle Berechtigung zur Unruhe: «Sie halten Wieland für einen halben Engel, der ihnen vom Himmel gesandt worden. Wieland arbeitet nicht viel mehr als Billets für seine Damen.»

Wie massgeschneidert für diesen schwärmerischen Kreis erscheinen die 1754 geschriebenen «Sympathien» Wielands – Sacharissa, Cyane und Clycera sind die kaum versteckten Porträts seiner Zürcher Anbeterinnen. Seitdem Wieland das Haus zum Schönenberg verlassen hatte, fiel er von einem Extrem ins andere – war die Lösung von Bodmer ein Abschied vom Übervater gewesen, so ist man versucht, nun geradezu von einem Gang zu den Müttern zu sprechen, denn die meisten der Damen waren gesetzteren Alters. Wieland fühlte sich unter ihnen – so drückte er sich aus – «wie der Grosstürk in seinem Serail». Dass er, nach den «Sympathien» zu urteilen, bei seinen Verehrerinnen geradezu Seelsorgerdienste verrichtete, zeigt das Ausmass der schwärmerischen Verwirrung.

Favoritin unter den Damen, für die er zärtliche Gefühle hegte, war eine Frau von Grebel-Lochmann. Wieland hat sie «seine feurigste Liebe in Zürich» genannt. Bodmer verfolgte die Verwandlungen seines geistigen Sohnes inzwischen mit dem grössten Missfallen und kam, ihn bei einem sonntäglichen Besuch zurechtzuweisen. Aber Wieland liess sich nicht mehr bevormunden und verbat sich brieflich am 22. November 1754 jede Einmischung:

«Ich verdiene keine Vorwürfe wegen meines Umgangs mit Frauenzimmern. Es sind wenige, und Personen von gutem Charakter und bekannten Sitten, mit denen ich umgehe.» Frau von Grebel-Lochmann war Witwe und dazu vierundvierzig Jahre alt, der beträchtliche Altersunterschied verhinderte eine weitere Entwicklung des platonischen Verhältnisses. Welch schwindelerregende Metamorphose, wenn man bedenkt, dass er noch vor kaum einem Jahr in Bodmers Haus den «geprüften Abraham» geschrieben hatte! Vermutlich war das alles nichts weiter als eine Reaktion auf die Überwachung durch den sittenstrengen Bodmer. Wieland war kaum zwanzig Jahre alt und scheint eher ein Schelm und Schwerenöter als ein Verführer gewesen zu sein. Da er seiner Phantasie mehr vertraute als der Realität, half sie ihm, das Erotische ins Esoterische zu sublimieren.

Es könnte sein, dass Wieland fünfzig Jahre später, in seinem grossen philosophischen Altersroman «Aristipp und einige seiner Zeitgenossen» von 1802, diese Zürcher Damen gemeint hat. Dort berichtet nämlich der junge Lysanias seiner Mutter über den Umgang mit zwei Frauen von Kyrene, die die Blütezeit ihres Lebens bereits hinter sich haben und deren Gesellschaft «für die Ausbildung seines Geistes und sein Wachstum in der Kalokagathie wenigstens ebenso vorteilhaft war, als die mit vortrefflichen Männern».

Von dem Begriff der Kalokagathie, der Wieland so teuer war, leitet sich auch der Name der Titelgestalt von Wielands Bildungsroman «Die Geschichte des Agathon» ab. Kalos k'agathos ist der Mann, der das Schöne verkörpert. Im Vorwort zu seinem Dialog «Araspes und Panthea» hat Wieland darauf hingewiesen, der erste Einfall zum «Agathon» stamme aus seiner Zeit in Bern. Die Entstehungsgeschichte beider Griechenromane, des «Agathon» und des «Aristipp», geht also zurück bis in die Schweizer Jahre Wielands.

Mit den «Bekenntnissen eines Christen» vollzog Wieland eine weitere Wendung, er wurde zum religiösen Eiferer. Sollte er tatsächlich alles das geglaubt haben, was er damals schrieb? Zu allem Überfluss entdeckte er jetzt auch noch seine polemische Ader und fiel im Vorwort zu den «Bekenntnissen» über die Anakreontiker her, die er als «Prediger der Wollust und Ruchlosigkeit» apostrophierte. Dabei wurde der harmlose Dichter Johann Peter Uz als «Leichtsinniger Witzling und Ungeziefer» denunziert. Die Vorrede war «an den hochwürdigen Herrn, Herrn A. W. F. Sack, Sr. Majestät, des Königs von Preussen, Ober-Consitorial-Rat und Hofprediger» gerichtet, eine Adresse, die ebenso übersteigert wirkt wie die Empörung Wielands.

Hinter welcher dieser Masken verbarg sich aber nun der eigentliche Wieland? Die Antwort gab er in einem Brief an seinen Freund Zimmermann selbst:

«Ich gleiche, zu meinem Unglück einem Chamäleon – ich erscheine grün in der Nähe grüner Gegenstände, und gelb in der Nähe der Gelben. Aber ich bin weder gelb noch grün, ich bin durchscheinend oder weiss.» Das ist, schon rein äusserlich gesehen, von einiger Wahrheit, denn auf seinen Porträts hat das Gesicht des jungen Wieland etwas seltsam Transparentes, Sinnlich-Sensibles, als besässe es keine Haut. In einem anderen Brief an Zimmermann aus derselben Zeit fährt er fort:

«Ich fühle, dass ich ein wunderbarer Mann, rätselhaft, ungreifbar, fanatisch in den Augen der einen, ein Lügner in den Augen der anderen, inkonsequent für tiefe Geister, verrückt für Leute von Welt, ein Dichter für die Philosophen, ein Philosoph für die Dichter, oberflächlich für die Pedanten, lächerlich oder vielleicht verdächtig den mittelmässigen Geistern bin – was weiss ich? Man hat mich für alles gehalten, was ich nicht bin, man hat mich für eingebildete Fehler verdammt, man hat mich gepriesen für eingebildete Vollkommenheiten. Nur Sie, mein Freund, kennen mich.»

Das ist, bei aller poetisierenden Übertreibung, ein Selbstbildnis von schmerzlicher Einsicht und Genauigkeit, das Porträt eines anpassungswilligen Überbegabten, der anfing, sich zu fragen, wer er in Wirklichkeit sei.

Doktor Johann Georg Zimmermann gehörte zu den engsten Freunden und Briefpartnern Wielands während seiner Schweizer Jahre. Zimmermann war Arzt, daneben Philosoph und Dichter, ein schöner, stattlicher Mann, intelligent und belesen, von eigenwilligem und impulsivem Charakter. Das zwiespältige Porträt, das Goethe in «Dichtung und Wahrheit» von ihm zeichnet, dürfte jedoch auf persönlicher Animosität beruhen. Er gehörte zu den bedeutendsten Schweizern der Aufklärung, und seine beissende Satire «Vom Nationalstolze» von 1758 liest sich auch heute noch mit

Vergnügen. Ebenso wie Wieland besass er ein leicht entzündliches Temperament. Ihr Briefwechsel setzte 1756 ein, als Wieland Zimmermann seine «Empfindungen eines Christen» schickte, und wurde mit wechselnder Intensität geführt, streitbar und überschwenglich, aber bei aller Heftigkeit der Auseinandersetzung mit grosser Herzlichkeit. In ihren Briefen verliert sich nie der Eindruck eines intellektuellen Vergnügens, stimuliert auch noch im Unernst durch das Echo des Partners. Obgleich sich Wieland und Zimmermann nur selten begegnet sind, war dies Wielands intensivste und rückhaltloseste Männerfreundschaft. In seinen Briefen an den Freund in Brugg lernt man den jungen Dichter unverstellter kennen als in seinen Werken aus dieser Zeit.

1758 schrieb Zimmermann über seine Freundschaft mit Wieland an Bodmer: «Ich habe viele sehr gute Freunde, aber keiner weiss mir die Sprache der Freundschaft so zu reden wie er, und dies Betragen macht mich gegen ihn offenherzig, frei und unbesorgt.» Von dieser Zeit an korrespondierten sie vorwiegend auf französisch, und Zimmermanns Einfluss war verantwortlich für Wielands wachsendes Interesse an der französischen Literatur. Auf Zimmermanns Anregung hin las er Diderots «Fils naturel», entdeckte d'Alembert und Montesquieu. Voltaire bewunderte er, bedauerte aber, ihn nicht lieben zu können, denn er rede ihm allzu oft als «homme d'Esprit» und nicht als Philosoph.

Christoph Martin Wieland ist ein grosser Briefschreiber gewesen, und seine Korrenspondenz bildet ein Corpus von mehr als 12 000 Briefen. Selbst für eine Epoche, in der das Briefschreiben zur Leidenschaft geworden war, ist das verblüffend. Mögen die Ergüsse des jungen Wieland an Bodmer auch noch unerfreulich sein, denn hier stolpert er vor Ehrerbietung und Demonstration seiner Fähigkeiten fast über die eigenen Beine, die Briefe an Zimmermann sind bereits echte Wieland-Briefe. Bei aller scheinbaren Flüchtigkeit sind sie von grosser schriftstellerischer Sorgfalt und voller Phantasie in ihren unbemühten, poetischen Assoziationen.

Wieland hat gesagt, er könne keine Briefe schreiben, «welche jemals verdienen, gedruckt zu werden». Das ist ohne Zweifel ein liebenswürdiges Understatement, aber es war ihm offenbar ernst damit. Sicher ist, dass er seine Briefe nicht in der Absicht geschrieben hat, sie zu veröffentlichen. Sie geben sich nie bedeutend, und gerade das gibt ihnen diesen eigenartigen Zauber – halb Causerie, halb Selbsterfahrung. Wobei es für Wieland sehr typisch ist, dass er die Dinge ad absurdum führt, indem er sie durch eine Art von Nonsense verbal erledigt. Die Virtuosität des Wortes besiegt das Problem und nicht der Tiefsinn.

Leichtigkeit ist nicht unbedingt ein Charakteristikum der deutschen Literatur, und so besitzt die Eleganz des 18. Jahrhunderts, die alle Schriften Wielands und insbesondere seine Briefe auszeichnet, im Deutschen Seltenheitswert. Goethe sagt in seinen «Gesprächen mit Eckermann» am 18. Januar 1825: «Wielanden verdankt das ganze obere Deutschland seinen Stil. Es hat viel von ihm gelernt und die Fähigkeit, sich gehörig auszudrücken, ist nicht das Geringste.»

Die meisten Werke Wielands der Tübinger und der Schweizer Zeit erschweren dem heutigen Leser den Zugang aufgrund der Versform, obgleich gerade sie eine Stärke Wielands ist. Hat man jedoch diese Hemmschwelle einmal überwunden, vermittelt der Sprachrhythmus beim Lesen einen zusätzlichen, ästhetischen Genuss, als sei der Text in Musik gesetzt. Wagt man einen Vergleich, so erinnern die Verse Wielands an einen französischen Komponisten dieser Zeit – an Rameau mit seinen etwas preziösen mythologischen Opern und den delikaten Farbwerten seiner Orchestrierungskunst.

Die Anmut, deren die deutsche Sprache bei Wieland fähig ist, hat später auch den kultivierten Grafen Stadion in Warthausen, den Schwiegervater Sophies, überrascht und überzeugt, der das Deutsche darin dem Französischen unterlegen glaubte. Wir sind diesem spielerischen Umgang mit der Sprache entfremdet, und die Versform der grossen Erzählungen Wielands war einer der Gründe, der den so höchst populären Dichter bereits in der Romantik in einen Klassiker verwandelte, von dem es hiess, er habe uns nichts mehr zu sagen. Auch im 20. Jahrhundert musste erst noch die Zeit des Expressionismus vorübergehen, ehe Wieland und seine Meisterwerke wiederentdeckt und entsprechend gewürdigt wurden.

Es gibt im Werk Wielands keinen «Werther» und keine «Räuber», keine Jugendwerke, in denen sich mit einem Mal das Genie des Verfassers enthüllt. Viele Häutungen waren nötig, bis der originale Wieland sichtbar wurde. Seine Jugendwerke sind umständlich und in ihrer Umständlichkeit bisweilen mühsam zu lesen. Bei vertieftem Interesse für sein Werk sind aber auch sie von Wichtigkeit. Sie zeigen ihn auf dem Weg zu sich selbst in einer Zeit, in der sich auch die neuere deutsche Literatur erst konsolidierte.

Schon als Sechzehnjähriger war Wieland von stupender Belesenheit, und sein Gedächtnis muss bemerkenswert gewesen sein. «Die Natur der Dinge», mit der ihm der Einstieg in die Literatur gelang, ist dafür ein erstaunlicher Beweis. Dieses Wissen spürt man hinter all seinen Werken, es verleiht auch seinen späteren Romanen, bei aller Modernität der Erzählweise, etwas Rückwärtsgewandtes. Seine Romangestalten sprechen zwar wie Menschen der Aufklärung, aber ihre philosophische Heimat ist das Griechenland der Antike. Vergangenheit und Gegenwart werden austauschbar. Rokoko, Aufklärung, Empfindsamkeit, Klassik, Wieland erlebte sie alle und schrieb noch als Zeitgenosse der frühen Romantiker. Diese haben ihn schlecht und vorlaut behandelt, allen voran die Gebrüder Schlegel. Was sollte ihnen Wielands Spott, seine Anmut, sein philosophischer Witz, sie fanden ihn oberflächlich. Er wird dazu die Achseln gezuckt haben, auch wenn es ihn sehr kränkte. War er denn nicht *auch* Romantiker? Aber sie verziehen ihm nicht, dass er sich, in ihren Augen, mit der Heiterkeit und der vernünftigen Lebensklugheit arrangiert hatte, und zogen dunkle Sehnsüchte und unerfüllbare Ideale seiner philosophischen Einsicht in die Gegebenheiten des Lebens vor. Seinen Verzicht auf Grösse nahmen sie ihm übel. Er strebte nach Glück, sie dagegen nach Wahrheit. Aber wo hielt sich diese versteckt?

In einem Aufsatz im «Teutschen Merkur» über die Frage des Pilatus «Was ist Wahrheit?» hat Wieland geschrieben:

«Sie ist weder hier noch da – sie ist wie die Gottheit und das Licht worin sie wohnet, allethalben. Anstatt miteinander zu hadern, wo die Wahrheit sei? Wer sie besitzt? Wer sie in ihrem schönsten Licht gesehen? Die meisten und deutlichsten Laute von ihre vernommen habe? Lasset uns in Frieden zusammen gehen oder, wenn wir des Gehens genug haben, unter den nächsten Baum uns hinsetzen und einander offenherzig und unbefangen erzählen, was jeder von ihr gesehen und gehört und ja nicht böse darüber werden, wenn sich's von ungefähr entdeckt, dass wir falsch gesehen und gehört oder gar eine Wolke für die Göttin umarmt haben.»

Die Kultur der Aufklärung als eine Kultur der Vernunft und Einsicht. Höflichkeit nicht nur als Eitkette, sondern als Zeichen der Toleranz. In «Minna von Barnhelm» wird gefragt: «Kann man denn nicht auch lachend sehr ernsthaft sein?» Durchaus, das Werk Wielands beweist es.

Allerdings kann so viel Anmut auch zum Ärgernis werden. Wielands Dichtung ist kein tägliches Brot, sondern eine Delikatesse und will als eine solche behandelt und genossen sein. Man sollte sich daran nicht überessen, sonst sehnt man sich inmitten so grosser ironischer Vollkommenheit nach dem genialisch Absoluten und dem hochfliegenden Gedanken: nach Penthesileas Liebesrasen, nach Käthchens unvernünftiger, hartnäckiger Liebe und ihrem Holunderbusch, oder dem somnambulen Prinzen.

Es ist gut zu wissen, dass Heinrich von Kleist gerade vom alten Wieland die grösste Bestätigung seines Genies erfahren hat. Dieser sah ihn dazu berufen, der grosse Dramatiker der deutschen Literatur zu werden, eine Stellung, die seiner Meinung nach weder von Goethe noch von Schiller bis dahin ganz ausgefüllt wurde.

Nach den Exaltationen in Zürich wird Wieland seine Besuche bei der Familie des Fabeldichters Ludwig Meyer von Knonau als wohltuend empfunden haben. Dieser lebte auf seinem Schloss zu Weiningen, inmitten der Natur, beschäftigt mit Landwirtschaft, Jagd, Malerei und Dichtung, ein origineller Mann, und ebenso unkonventionell war seine Tochter Elisabeth. Zimmermann gegenüber beschrieb Wieland sie als «ein Landfräulein, die in einem Leibe, aus dem man wenigstens drei englische Mädchen machen könnte, eine sehr idealische Seele hat». Auch sie tritt schon versteckt in den «Sympathien» auf und erscheint dort vor dem ländlichen Hintergrund, der ihr Lebensrahmen gewesen ist. In Wielands Korrespondenz mit Zimmermann steht ein grosses M. für Elisabeth Meyer von Knonau, dies sollte Maya bedeuten – der Name der Naturgöttin muss gut zu ihrem erfrischenden Wesen gepasst haben.

Ehe Wieland Zürich verliess, stellte er seinen Gesinnungswandel in einem «menschlichen Heldengedicht», dem «Cyrus» nach Xenophon, dar. «Meine Absicht ist», schrieb Wieland, «in diesem Werk die Kalokagathie, welche von den sokratischen Schülern so schön beschrieben wird, und welche die wahre Tugend des Menschen ausmacht, auszubilden.» Nach den vorausgegangenen, überhitzten Themen klingt das massvoll und realistisch. Wieland war auch später noch stolz auf die Vollkommenheit und Musikalität seiner Hexameter. Dass es der «Cyrus» trotzdem nur auf fünf Gesänge brachte und Wieland sich statt dessen an einem Drama versuchte, erlaubt die Vermutung, dass ihn die klassizistische Glätte seiner eigenen Verse ein wenig langweilte.

Ein Brief an Zimmermann bestätigt, dass «Theages», ein Fragment über Schönheit und Liebe, Bezug nimmt auf Wielands Schweizer Wirklichkeit. Zweifellos ist es das reizvollste Werk seiner Schweizer Jahre, den Leser auch heute noch unmittelbar ansprechend, und das nicht nur durch seine Kürze. Es besitzt bereits alle Vorzüge der Prosa Wielands – Eleganz des Stils bei Ernsthaftigkeit der Diskussion, der durch Anmut und Witz jede Schwere entzogen ist. Zu Beginn des kleinen Werkes entwirft Wieland mit wenigen Strichen die Szene:

«Stellen Sie sich also ein anmutiges Wäldchen vor, worin ein Paar platonische Schwärmer in einer wilden Laube von duftenden Gesträuchern sitzen: der eine mit begeistertem Angesicht und mit Gesten, welche, gleich den Druckern in einem Gemälde, seiner Rede, Leben und Wärme geben; der andre in einer horchenden Lage mit weitaufgesperrten Augen und halboffenen Lippen, wie man die bewundernde Aufmerksamkeit zu schildern pflegt: so haben Sie ein Bild von Nicias, dem Erzähler, und Ihrem ergebendsten Freunde, dem Zuhörer.» Und gegen Ende des Fragmentes heisst es:

«Wie leicht sind wir doch zu gewinnen, sagte Aspasia lächelnd, wenn man die Saite in unserem Herzen trifft, die am liebsten angibt ... Der Knabe der lächelnden Venus ist ein wahrer Proteus, der sich so gut in einen Platoniker als in eine Franziskanerkutte maskieren kann; und wenn er die Dame Phantasie auf seiner Seite hat (welches ihm ein Leichtes ist), so weiss ich nichts, was die beiden Schelmen nicht ausrichten können. Was mich betrifft, ich habe immer stoische Gleichmütigkeit und Ruhe dieser seelenschmelzenden Zärtlichkeit vorgezogen, die vielleicht ihre eignen Vergnügungen hat ...

Wollen wir uns, sagte Theages lächelnd, durch die Einfälle dieser lebhaften Dame furchtsam machen lassen? Sie hat immer einen kleinen Groll gegen das Wort Liebe gehabt, ob es gleich, selbst nach Luthers Urteil, einen so süssen und lieblichen Klang hat, dass kein Wort in einer andern Sprache die angenehmste aller Gemütsbewegungen so bedeutend ausdrückt ... Die Liebe, die ich Sie lehren will, wird nichts Zweideutiges haben, sie wird im strengsten Verstand Weisheit sein. Die Heiterkeit der Seele, welche Aspasia so sehr liebt, ist ihre unausbleibliche Frucht; aber von einer eigentlichen Ruhe weiss sie nichts. Diese sehen wir als einen Tod der Seele an. Wir müssen immer in Bewegung, aber unsere Bewegungen müssen Harmonie sein. Das ist alles.»

In der Aspasia begegnen wir zum ersten Mal einer der für das Werk Wielands so typischen Frauengestalten. Aspasia ist geistvoll, spöttisch, schön und sowohl in ihrem Urteil als auch ihrer Lebensweise unabhängig. Zu ihren Schwestern gehören die Danae aus dem «Agathon» und die Lais aus dem «Aristipp».

Als «Rosenfarb und Silber», als «Quell des Lichts und Klang der Sphären» empfand Lichtenberg die Poesie Wielands, den er einen grossen Schriftsteller nannte: «Wieland hat verwegene Blicke in unsere Seele getan, in die Seinige oder die eines anderen. Mitten in dem Genuss seiner Empfindungen greift er nach den Worten und trifft, wie durch einen Trieb, unter tausend Ausdrücken, oft den, der augenblicklich Gedanken wieder zu Empfindungen macht.»

Als die Ackermannsche Schauspieltruppe in der Schweiz gastierte, sah Wieland Sophie Charlotte Ackermann als Voltaires «Alzira» und war von ihrem Spiel so beeindruckt, dass er beschloss, ein Schauspiel für sie zu schreiben, «Lady Johanna Gray». Das tränenreiche Stück wurde von der Ackermannschen Truppe in Winterthur, Zürich und Basel mit Erfolg gegeben. «Lauter liebe fromme Menschen», spottete Lessing, und er hatte recht mit seinem Spott, denn die «Lady Johanna» ist ein echtes Kind der Empfindsamkeit.

Aber Lessing bemerkte auch mit Genugtuung, dass Wieland die ätherischen Gefilde verlassen hatte und wieder unter den Menschenkindern wandelte: «Er wird die Menschen in ihrer wahren Gestalt wieder erblicken und alsdann, wenn er diese innerste Mischung des Guten und des Bösen wird anerkannt und studiert haben, alsdann geben Sie acht, was er dann liefern wird.» «Lady Johanna Gray» war das erste deutsche Drama in Blankversen, und Wieland verwendete diese sofort mit grossem Geschick.

1758 erschien bei Orell und Compagnie in Zürich eine «Sammlung einiger Prosaschriften» Wielands. Lessings gegen sie gerichteter kritischer Angriff in den «Briefen 7–14 die neueste deutsche Literatur betreffend» war von grösster Schärfe: «Die christliche Religion ist bei Herrn Wieland immer das dritte Wort. – Man prahlt oft mit dem, was man gar nicht hat, damit man es wenigstens zu haben scheine.» Lessing hatte ein gutes Auge und sah hinter die Unsicherheit des jungen Dichters. Zu den «Empfindungen eines Christen» stellte er die Frage: «Sind Ausschweifungen der Einbildungskraft Empfindungen?» Mit der Lampe der Vernunft leuchtete er in die widersprüchlichen Äusserungen der Schriften Wielands, verstiegen und frömmelnd, wie sie damals waren.

Er schoss mit seinem kritischen Strafgericht jedoch über das Ziel hinaus, wenn er Wieland vorwarf, er habe sein Deutsch in der Schweiz verlernt, da er den Leser alle Augenblicke über ein französisches Wort stolpern liesse. Wieland selbst hat von der «Poesie des Stils» gesprochen, und dazu gehört auch sein Ausweichen ins Französische, das lediglich der Hinzugewinnung neuer Ausdrucksnuancen dient. Lessings kritische Lampe leuchtete so hell, dass er das Atmosphärische in der Dichtung Wielands nicht mehr wahrnehmen konnte, deren Qualitäten nicht nur im Gedanklichen liegen, sondern auch in allerlei sprachlichen Tücken und Zärtlichkeiten. Doch bei aller Kritik sprach Lessing Wieland seine grosse Begabung keineswegs ab und war später bereit, seine Meinung ganz entschieden zu ändern:

«Wenn man einen Wieland nicht lesen wollte, weil man dieses oder jenes auszusetzen findet, welchen von unseren Schriftstellern würde man dann lesen wollen?» Und «Die Geschichte des Agathon» hat er «den ersten und einzigen Roman für den denkenden Kopf von klassischem Geschmacke» genannt.

Lessings Angriff machte Wieland «düster und traurig». «Was ist mit erbosten und niederträchtigen Leuten zu machen? Soll ich mir einbilden, ich sei der Mond, und sie bellen lassen?» fragte er und beschloss, «sich in seinen philosophischen Mantel zu wickeln, es auf sich herunterregnen zu lassen und zu warten, bis es aufhöre». Mit diesen Worten sieht man Wieland bereits wieder auf dem Wege der Besserung – er half sich mit seinen eigenen Waffen, der Ironie und der Anmut, die seiner Dichtung ihre geistige Schwerelosigkeit verleihen.

Nun begriff Wieland, wie gefährlich und missverständlich sein Verhalten zu Bodmer für ihn als Dichter geworden war, und wollte nicht mehr als «Waffenträger eines chef de secte» agieren. «Weil ich die Ehre habe, mit Herrn Bodmer in vertrauter Liaison zu sein, so muss ich ein Bodmerianus, und weil ich Hexameter gemacht habe, ein Hexametrist heissen und mir Torheiten aufbürden lassen, an denen ich ebensoviel Schuld habe als an den Fehlern des Gouverneurs von Marokko.»

Ernüchtert entwarf er eine Art von satirischem Roman, «Luzians des Jüngeren wahrhafte Geschichten». Der dritte Teil sollte von einem Staate verständiger Bienen handeln, der fünfte sogar von einer Reise in den Bauch eines Walfisches – niemand ausser Zimmermann, dem er einen kleinen «échantillon» schickte, erfuhr von diesem Projekt, einer Gesellschaftssatire auf politische und religiöse Zustände. Wieland schrieb dazu:

«Müde, von der Höhe der 10. Sphäre mit den Bewohnern dieses Feuerwasserballs eine Sprache zu reden, die sie nicht verstehen, steige ich herab und meine Philosophie nimmt die Maske der Torheit vor, um den Toren zu gefallen und leise lächeln zu machen. Hat sie die Lektüre gähnen gemacht, so wollen wir das Ding dem Feuer überantworten.»

Seine Eleven waren erzogen. Wieland beschäftigte sich mit der Planung von Studienreisen für seine Schüler, bestimmte die Reiseroute und sprach davon, dass Umstände, die sich nicht beschreiben liessen, ihn daran hinderten, sie zu begleiten. Mit Sicherheit meinte er damit seine finanzielle Situation und die Ungewissheit der Zukunft. Es drängte Wieland nach einer Veränderung:

«Ich wünschte, dass ich durch die anständige Arbeit einiger Jahre, und sollten es gleich zehn oder fünfzehn sein, mich in Stand setzen könnte, mein übriges Leben, sofern ich länger leben soll, in einer freien und philosophischen Retraite anzubringen.» – Die Versorgung, das Kreuz aller Dichter von Wieland bis Musil.

Am liebsten wäre ihm eine Professur in der Schweiz gewesen. Isaac Iselin versuchte, ihn für seinen Erziehungsplan zu gewinnen, Wieland sollte Professor für Logik und Metaphysik an der Hohen Schule in Basel werden. In diesem Zusammenhang entwarf er den «Plan einer Akademie zu Bildung des Verstandes und des Herzens junger Leute» – schön, dass er dabei auch die Herzen nicht vergass. Der Markgraf von Baden-Durlach dachte an den Aufbau einer Ritter-Akademie und interessierte sich für Wieland als Mitarbeiter. Eine reiche protestantische Familie in Marseille suchte einen Hofmeister – aber nichts von all dem wollte sich realisieren. Auch seine «Ode auf das Bildnis Friedrichs des Grossen» sowie die Widmung seines Dramas «Clementina von Porretta» an die Prinzessin von Chur-Sachsen sind im Zusammenhang mit seiner Suche nach einer angemessenen Stellung zu verstehen.

An seinen Freund Zimmermann schrieb er am 20. Februar 1759:

«Die grosse Schwierigkeit liegt, wie Sie wissen, nicht darin, dass ich unbrauchbar bin. Das Schlimmste ist, dass beinahe alle établissements, die ich vielleicht nach langem Warten und nach tausend überwundenen Hindernissen erhalten könnte, mich in einen Zustand setzen würden, der mir kaum erträglich wäre. Mir graut und ekelt vor akademischen Lehrämtern; für die deutschen Höfe bin ich zu ehrlich, und gesetzt ich könnte in dem armseligen Biberach, wo ich daheim bin, eine politische Stelle erschleichen, so ist es fast Sünde, dass ich meine Zeit mit Lappereien und Trödeleien verderben soll.» Der dieses schrieb, sollte später neun Jahre im bürokratischen Joch der Kanzlei seiner Heimatstadt Biberach zubringen.

Um sich abzulenken, reiste Wieland im April 1759 für eine Woche zu Johann Georg Zimmermann und dessen Frau Katharina nach Brugg. Es wurde eine glückliche Woche, und er hat in seinen Briefen noch oft auf sie Bezug genommen. Zimmermann war es auch, dem er damals sehr offen über seine Zeit in Zürich geschrieben hat:

«Ich musste Wege gehen, die ich nicht gewählt hatte. Vermutlich ist es meine Torheit, die nicht begreifen kann, dass alles dies das Beste ist, wenn es aber Weisheit ist, von seinen Umständen eine so gute Partei zu ziehen, als möglich ist, so hab ich Hoffnung, noch ein Aristippus zu werden, wenn nur die Lehrjahre überstanden sind.» Es ist anzunehmen, dass zu dieser Neubesinnung auch die kritische Zurechtweisung Lessings beigetragen hatte.

Schliesslich begnügte er sich mit einer Hauslehrerstelle bei den Söhnen des Landvogts von Sinner in Bern, die Zimmermann vermittelt hatte. Aber Wieland war vorsichtig geworden und erkundigte sich vorher sehr genau, zu wem er diesmal ins Haus zog.

Am 13. Juni 1759 stieg Wieland im «Goldenen Falken» in Bern ab. Bei aller Schönheit der Stadt auf dem Felsen über der Aare vermisste er die Weitläufigkeit Zürichs und dessen See. Der Unterricht im Hause Herrn von Sinners langweilte ihn bald, obwohl die Bedingungen, die man ihm stellte, äusserst günstig waren. In seiner Geselligkeit entsprach ihm Bern, das er «eine Aristokratie nach französischem Muster» nannte, weit weniger als das bürgerliche Zürich. Dabei hatte Wieland einen ausgezeichneten Eindruck in Bern gemacht, und die grossen Herren der Stadt behandelten ihn mit Respekt und Entgegenkommen.

Prof. Fellenberg schrieb über ihn an Isaac Iselin in Basel: «Ich habe noch nie jemanden getroffen, der im Alter von 26 Jahren über ein derartiges Wissen verfügte. Er spricht über alles und stets als

Philosoph. Der Umgang mit ihm bereitet mir ein Vergnügen wie kaum ein anderer.»

Wieland hatte auch in Bern das Glück, Freunde zu finden. Besonders wohl fühlte er sich auf dem Besitz der Familie von Tscharner ausserhalb der Stadt, wo er häufig zu Gast war. Auf reizende Weise beschreibt Wieland einen sommerlichen Ausflug mit seinen Gastgebern:

«Seit vergangenen Donnerstag abend bin ich bis gestern abends bei unserm würdigen Freund Tscharner zu Bellevue gewesen. Sein Umgang, seine Freunschaft und die Gesellschaft des Engels, bei welchem er zu schlafen die Ehre hat, ist meine grösste Glückseligkeit in Bern. Am Freitag machten wir einen Besuch zu Kersatz. Stellen Sie sich ihren Freund neben der Frau Tscharner in einem Phaeton vor, wie er ihr sagt, dass er wünschte, sich in eine Mücke verwandeln zu können, um das Vergnügen zu haben, auf ihren Wangen zu ruhen, indes dass Hr. als Gutscher auf einem kleinen Vordersitz gepflanzt ist und in vollem Trab mit uns dahinfliegt. Der älteste Herr Tscharner ist wie Sie und Frau Zimmermann ihn mir geschildert haben. Seine Gemahlin hat mir ungemein gefallen. Diese machen zusammengenommen eine Familie aus, an der ein so zärtlicher Philosoph und so platonischer Poet wie ich nicht satt werden kann, sich zu ergötzen.»

Daneben berichtete er von Spaziergängen mit den Professoren Fellenberg und Stapfer und stellte fest: «Wir drei sind von der Natur ganz füreinander gemacht.» Den grossen Albrecht von Haller hat Wieland leider nicht getroffen, aber stets künsterlisch experimentierend versuchte er, mit einem Gedicht über die Agrikultur in die Fussstapfen des Dichters der «Alpen» zu treten.

Wielands Briefe erzählten dem Freund von Ausfahrten und gesellschaftlichem Müssiggang, ja er spottete, die Gelehrten Berns seien «so fleissig, dass sie nichts täten» – was er eigentlich nicht wissen konnte. Noch einmal versuchte er, sich zu verwandeln und sich diesem neuen Lebensstil als Weltmann anzupassen. Einmal erkundigte er sich sogar im Ernst bei Zimmermann, ob er in Bern einen schwarzen Rock tragen könne.

Aber bald klagte er: «Ich bin nicht für das, was man die Welt heisst, gemacht. Alle ihre Ergötzungen sind innerliche Plagen für mich, obgleich ich aus Gefälligkeit daran Anteil nehme und vergnügt erscheine. Freiheit, Musse, Einsamkeit, ein Freund, eine Freundin nahe bei mir, und die Natur vor mir, ist nach dem mich dürstet.» Es war ihm damit ernst, denn trotz seiner späteren Besuche auf dem Musenhof in Warthausen und seiner Tätigkein als Erzieher bei der Herzogin Anna Amalia in Weimar war sein Lebensziel – ausser dem Schreiben, versteht sich – ein Leben auf einem eigenen Landgut, zusammen mit seiner Familie und seinen Büchern. Auch hierin war er ein Jünger des Horaz. Immerhin hat er dieses Ziel wenigstens auf Zeit, für sechs Jahre, mit dem Besitz von Ossmannstedt erreicht, auch wenn er sich damit finanziell übernahm und froh sein musste, als er das Ganze nach dem Tod seiner Frau nicht allzu ungünstig wieder abstossen konnte.

«Wenn das Amt, alle Tage vier Stunden in den Elementen der Grammatik zu unterrichten, lange fortdauert, so wird mein Geist bald gänzlich erlöschen und zu einer Pygmäe werden», schrieb Wieland an Zimmermann, denn die Söhne Herrn von Sinners zählten erst zwölf Jahre. Hinzu kam, dass die Dame des Hauses schwierig und despotisch war. Auch Wieland nahm kein Blatt vor den Mund, und sein Mangel an Enthusiasmus für seine Schüler kam dem Hausherrn zu Ohren. In dessen «Denkwürdigkeiten» liest man denn auch: «Herr Wieland entsprach keineswegs meiner Hoffnung. Er schwunge sich in höhere Sphären, gemeine Unterweisung war weit unter seinem in der Tat erhabenen Genie. Er versäumte seine Pflichten und nach vier Monaten dimitierte ich diesen seither in Deutschland so berühmt gewordenen Gelehrten.»

Das war für beide Teile sicher die beste Lösung. Wieland zog aufs erste zu der Familie von Tscharner, und die von Sinnerschen Söhne liessen sich durch vier Jünglinge ersetzen, die gross genug waren, um Wielands Ideen leichter folgen zu können.

Wollte er Bodmer nur darüber trösten, dass er ihn verlassen hatte, oder wurde ihm tatsächlich die Zeit so lang? Jedenfalls schrieb er ihm: «Lesen, schwatzen, Besuche machen und empfangen, Spazieren gehen, Spazierenfahrten zu benachbarten Freunden, Essen, Trinken, Schlafen machen die grossen Geschäfte dieser langweiligen Lebensart aus.» Für einige Abwechslung sorgte immerhin die Ackermansche Truppe, die sich seit Mitte November in Bern aufhielt. Wieland schrieb ein zweites Drama, «Clementina von Porretta», für Charlotte Ackermann, aber die Theaterleute zogen weiter, ohne Wielands Stück aufgeführt zu haben.

Nach einer Reihe unmutiger Briefe schrieb Wieland plötzlich aus Bern an den Freund Zimmermann: «Die letzten 14 Tage sind die einzigen, die ich hier *gelebt* habe. Ich war alle Tage bei Jungfer

Bondeli.» Der Himmel hatte ein Einsehen gehabt und Wieland eine Freundin geschickt, ein Echo und einen Gesprächspartner, wie man ihn sich interessanter gar nicht vorstellen konnte. Ihre erste Begegnung glich allerdings eher eine Katastrophe:

«Mademoiselle Bondeli hat es vollendet verstanden, mich während zweier Stunden zu langweilen. Zu gleicher Zeit sprach sie mir von Plato, Plinius, Cicero, Leibnitz, Aristoteles, Locke, von gleichschenkligen Dreiecken und von ich weiss nicht was; sie spricht einfach von allem. Es gibt nichts in der Welt, das der aussergewöhnlichen Geschicklichkeit ihrer Zunge zu vergleichen wäre. Sie besitzt Geist, Wissen, Belesenheit, Philosophie, Geometrie, Sphärische Trigonometrie, wenn sie wollen, aber sie besitzt die Gabe, mir ausserordentlich zu missfallen. Die törichten Frauen sollen leben.» Das war natürlich übertrieben, um Zimmermann zum Lachen zu bringen. Aber Julie von Bondeli hatte offenbar alles auf eine Karte gesetzt, da sie sich ihres Aussehens weniger sicher war.

Selbst wenn man den Ton, der zwischen den beiden Freunden herrschte, in Abstrich bringt, war dies ein Anfang, der auf weiteres gespannt machen durfte. Zwei Wochen später dachte Wieland bereits ganz anders und nannte Julie «une fille de mérite». Er war gefangen, und das war kein Wunder.

Julie von Bondeli lebte auf dem Landgut ihres Vaters, einem Mitglied des Grossen Rates von Bern, in Koeniz. Sie hielt wenig vom Gesellschaftlichen, aber um so mehr von den Wissenschaften, war literarisch gebildet und interessierte sich für Philosophie und Mathematik. Sie war eine echte Aufklärerin und von ihrem Intellekt her eine ganz und gar ungewöhnliche junge Frau. Rousseau hat von ihr gesagt, es ei erstaunlich, dass sie Bernerin sei. Das ging vermutlich weniger gegen Bern, als dass es besagen wollte, sie fiele intellektuell aus dem Rahmen. Zu ihren Freundinnen gehörten die Töchter Albrecht von Hallers und Vincenz B. von Tscharners. Sie war kränklich, und ihr Äusseres entsprach kaum den Geschmack der Zeit – dem Pastell eines unbekannten Malers nach zu urteilen, war sie zwar nicht unbedingt schön, aber offen und sympathisch. Wielands Meinung von Julie veränderte sich in Etappen:

24. Juli 1759 an Zimmermann:

«Die Jungfer Bondeli ist eine prude par principes, und will nichts von Liebe hören. Sie ist meine Freundin und ich soll ihr Freund sein. So sei es dann so. Ich habe diesen Abend mit Mlle Bondeli verbracht. Sie hat Verdienste, aber sie passt nicht zu mir. Mir ist nicht wohl in ihrer Nähe.»

8. August 1759 an denselben:

«Ich liebe Julie und mich dünkt, die äusserliche Schönheit ausgenommen, vereinige sie alle schönen und guten Eigenschaften in sich, die ich an meinen übrigen Freundinnen verteilt bewundert habe. Julie ist eine Philosophin und, was noch mehr ist, eine Frau von Genie. Sie hält die Freundschaft für eine vernünftige und beständige Liebe und will nicht anders geliebt sein. So hasst sie alles, was den Schein einer überspannten Leidenschaft trägt.»

Nichts mehr von Langeweile – vor lauter Staunen über dieses Wunder an Intelligenz kapitulierte der Anspruchsvolle und verlobte sich mit ihr. – Dass sie ihn intellektuell und vom Wissen her dominierte, hat er befürchtet, auch war sie natürlich längst nicht so reizend wie Sophie, die ihm unvergessen war.

«Mich dünkt zuweilen, ich müsse bezaubert sein. Bern ist mir lieb und doch weiss ich nicht, wie ich mich davon losbinden soll.» Das ist nicht unbedingt der Kommentar eines glücklich Verliebten, und in einem Schreiben an Katharina Zimmermann sehnte er sich zurück nach den glücklichen Tagen, die er bei ihnen verbracht hatte. Er wünschte sich, Schultheiss von Biberach zu sein, um seinen Freund dort zum Stadtphysikus ernennen zu können. Statt dessen erfuhr er aus einem Brief Katharina Zimmermanns von der Berufung ihres Mannes nach Göttingen als Leibarzt des Königs von England.

In seinen Briefen entwickelte Wieland die verschiedensten Pläne – aber von keinem schien er selbst so recht überzeugt zu sein. Er dachte an die Gründung einer Zeitschrift, eine Idee, die sich aber erst sehr viel später mit dem «Teutschen Merkur» verwirklichte. Ein anderes Mal wollte er in Zofingen eine Verlagsbuchhandlung eröffnen und bat Zimmermann in diesem Zusammenhang um eine Übersetzung der Schriften Shaftesburys. Dann wieder trug er sich mit dem Gedanken, selbst zu übersetzen – doch auch dazu kam es erst während seiner Zeit in Biberach. Mit ausserordentlichem Mut, nur geringen Kenntnissen des Englischen und einem sehr wenig kompetenten Wörterbuch machte sich Wieland an die Übersetzung der Werke Shakespeares, die er dank Bodmer für sich entdeckt hatte. Trotz mancher Schwächen, die bei den Voraussetzungen unvermeidbar waren, wurde sie zu einer bewunderungswürdigen Leistung, die erst eine Generation später durch

August Wilhelm von Schlegel überboten wurde. Im Alter hat sich Wieland auch in der Kunst des Übersetzens an den Briefen des Horaz und Ciceros als Meister erwiesen.

Als Wieland am 30. April 1760 von seiner Vaterstadt Biberach zum Kanzleiverwalter und Senator ernannt wurde, ergriff er diese Gelegenheit, um Bern geradezu übereilt zu verlassen. Er nahm sich nicht einmal die Zeit, sich von Julie von Bondeli zu verabschieden, die gerade in Neuchâtel Besuche machte. Das legt den Gedanken nahe, dass er sich ihr mit seiner überstürzten Abreise ganz bewusst entzog, weil er ihren Einfluss auf seine Dichtung fürchtete. Für Julie von Bondeli galt das Ideal des Rokoko als amoralisch, und ihre theologischen Ansichten waren nicht weniger konsequent. In einem Brief an Zimmermann hat sie sich selbst daran die Schuld gegeben, dass Wieland seinen «Luzian» verbrannte.

Wieland hat ihr aus Biberach reichlich herzlos von seinen Liebschaften berichtet, worauf sie sich zurückzog und die Verlobung mit ihm löste, die ohnehin nie eine gewesen war. Mit einiger Animosität beurteilte sie Wielands Roman «Die Abenteuer des Don Sylvio von Rossalva». Unvoreingenommen lobte sie die einfache Eleganz des Stils, machte aber, verletzt wie sie war, die «moralische Verderbtheit» des Autors verantwortlich für die Qualitäten seines Romans. Bei der Bedeutung der erotischen Komponente im Werk Wielands traf sie damit in gewisser Weise den Nagel auf den Kopf. – Wieland aber hat später gesagt, er wäre nicht der Schriftsteller geworden, der er sei, wenn er Julie von Bondeli geheiratet hätte.

Zu dem Vorwurf der «Unsittlichkeit» hat sich Wieland am Ende seines Lebens in einem Gespräch mit dem Altertumsforscher Karl August Böttiger geäussert:

«Ich habe besondere Vorstellungen von den ‹Sacris phallis› des grauen Altertums. Es waren die ehrwürdigsten Naturfeierlichkeiten. Sobald der Mensch nur ein Glied in seinem Leibe hat, dessen er sich schämen muss, hat er seine Unschuld verloren, warum ziehen wir den Hunden und Ochsen nicht auch Hosen an? Der heiligste Naturtrieb ist durch Pfafferei entadelt und verschrien worden. Um dieser Bigotterie habe ich Themen ausgewählt, die ich absichtlich ergriffen habe, nicht dass sie mir, wie Schiller beliebt zu sagen, unglücklicherweise in die Hände gefallen wären.»

Geheiratet hat Wieland eine ganz andere Frau, die Augsburger Kaufmannstochter Dorothea von Hillenbrand. Sie hat ihm vierzehn Kinder geschenkt, fünf Söhne und neun Töchter. Es war eine sehr glückliche Ehe, sodass Wieland, als Dorothea starb, nicht zu trösten war und sagen konnte, er habe nicht ein einziges Mal gewünscht, nicht verheiratet zu sein.

Der briefliche Kontakt mit der Schweiz blieb bestehen; im Falle Bodmers beschränkte er sich auf den Austausch von Höflichkeiten. Enttäuscht hat der Gelehrte Wielands Muse eine Metze genannt und sich grollend von ihm zurückgezogen. Wieland hat ihm diesen Groll nicht vergolten, sondern hat auch im Alter nicht vergessen, was Bodmer ihm bedeutet hatte.

Sporadisch korrespondierte Wieland auch weiterhin mit Zimmermann. Dieser machte ebenfalls die Bekanntschaft von Julie von Bondelis, und zwar in seiner Eigenschaft als Arzt. Im Anschluss daran ist es auch zwischen dem Freund und der Freundin zu einem Briefwechsel gekommen. In ihrer Offenheit und der Präzision der Formulierung sind Julie von Bondelis Briefe an Zimmermann sehr ungewöhnlich, man ist beeindruckt von ihrem menschlichen und geistigen Format. Sie sind höchst aufschlussreich im Hinblick auf ihre Beziehung zu Wieland, die für Julie immer nur im Geistigen bestanden hatte. Auf seiten Wielands dagegen bedurfte ihre Freundschaft offenbar der erotischen Komponente als Stimulans.

Julie von Bondeli verfolgte das Wohl und Wehe ihres einstigen Verlobten in Biberach mit einigem Spott, wenn auch nicht gänzlich lieblos. Sie sträubte sich gegen ein Wiedersehen mit Wieland und wäre ihm bei einem weiteren Besuch in der Schweiz aus dem Weg gegangen. Ihre Bekenntnisse gipfelten in einem Brief vom 3. Dezember 1763:

«Jedoch andererseits glaubten Sie mir auch, dass ich nicht wie alle ledigen Frauen lüge, wenn ich sage, dass ich mir wegen meiner Verheiratung keine Sorgen mache. Nein, nein, mein lieber Freund. Ich sage es, weil ich fühle, dass ich vom Scheitel bis zur Sohle nicht für die Ehe geschaffen bin. Die Quadratur des Kreises, die Entdekkung der Längengrade, selbst das grösste aller Werke scheint mir kein so erschreckendes Unternehmen zu sein, wie die Frau des besten aller Männer zu werden.»

Man glaubt ihr das ohne weiteres, und ihre Beziehung zu Wieland wäre demnach nichts anderes als ein Missverständnis gewesen. Doch nicht nur Sophie von La Roche, auch Julie von Bondeli geistert durch das Werk Wielands, und zwar keineswegs als Karikatur.

Auf sympathische Weise wird der hässlichen, aber geistreichen Frau im «Neuen Amandis» ein Denkmal gesetzt:

> «So wahr es ist, dass Tugend, Verstand und andere Gaben
> Des Geistes und Herzens, in einer schönen Gestalt
> Mehr Reiz und raschere Allgewalt
> Auf alle Herzen sogar den rauhesten Wilden, haben,
> Als ohne äusseren Schmuck, bloss durch den innern Gehalt:
> So können wir doch getrost uns auf die Erfahrung beziehen
> Dass, wenn ein hässliches Mädchen es einmal so weit gebracht
> Und sich durch geistige Schönheit, geheime Sympathien,
> Durch Witz und reizenden Ungang, und unverwandtes Bemühen
> Gefällig zu sein, zur Dame von einem Herzen gemacht,
> Dass dann die Leidenschaft, worin wir für sie glühen,
> Das Stärkste ist, was man sich denken kann.»

Es wäre ein eigenartiger Zufall, wenn Wieland damit nicht auf seine Zeit in Bern und die dortige Bezauberung durch Julie von Bondeli angespielt hätte.

Wieland ist zeit seines Lebens unzufrieden mit seinem Äusseren gewesen, unzufrieden auch mit seinen Porträts, und kein Maler konnte es ihm recht machen. Zierlich, ja fragil, das Gesicht entstellt von Pockennarben, war er kein Bild sieghafter Männlichkeit. Er hat immer wieder in seinen Briefen darauf hingewiesen, dass mit seinem Äusseren kein Staat zu machen sei. Schon in einem Brief an den Pfarrer Schinz vor seinem Aufbruch in die Schweiz waren der sonderbaren Beteuerung – er werde bemüht sein, die Gegenwart seines Körpers so wenig als möglich bemerkbar zu machen – die Worte gefolgt: «Er ist ohnehin ein sehr unbeträchtlicher Teil von mir und nicht geschickt, meine Seele zu empfehlen.» Ein bezeichnender Satz, und er steht in der Korrespondenz Wielands nicht allein.

In einem Brief an den Erfurter Universitätslehrer Riedel schrieb der Dichter, er sei ärgerlich über sein Äusseres aus Selbstgefühl. Aber man könnte sich nicht geben, was einem die Natur verweigert habe. Doch, man konnte es, wenn man ein Dichter war, und Wieland tat es in der Gestalt seines «Agathon», der stark autobiographische Züge trägt, was die Transposition in das Griechenland der Antike nicht zu verbergen sucht. Er stattete sozusagen sich selbst in

nig freundlich, trotzdem blieb Wieland am liebsten draussen auf dem Lande, «da ihm in der Stadt so viel Kriegsgeschrei um die Ohren sause». Viele der alten Freunde waren gestorben, Bodmer, Breitinger, Salomon Gessner. Aus dem «Pinsel» von einst war der Nestor der Weimarer Klassik geworden, und man gab sich die Türe in die Hand, um den berühmten Mann zu sprechen.

Pestalozzi verbrachte viele Stunden im Gespräch mit Wieland. Der Maler Anton Graff machte Visite, er hatte zwei Jahre zuvor ein Porträt des Dichters gemalt, und mehrmals empfing Wieland den Besuch Lavaters. Zwanzig Jahre früher hatte er euphorisch an ihn geschrieben: «Engel Gottes! Lieber bester Laveter, mein Herz allein nennt Deinen Namen, glaube nicht, dass ich zu gut von Dir denke! Gewiss tue ich es nicht. Aber ein grosses seliges Gefühl dessen, der Dich gemacht hat, dessen Organ Du bist, durchdringt mich fast alle Zeit, wenn ich an Dich denke!» Inzwischen hatte der erotische Ton der Verserzählungen Wielands Lavater so entsetzt, dass er alle Christen dazu aufgerufen hatte, für den sündigen Schriftsteller zu beten. Wielands Reaktion auf Lavater klang diesmal sehr viel skeptischer, als er nach Weimar berichtete:

«Von unserem vielseitigen, vieldeutigen, vielfarbigen und in allen Gestalten, die er gleich einem neuen Peregrinus Proteus anzunehmen weiss, merkwürdigen Lavater, kam und mag ich ihnen nicht sagen, als dass ich mir nur weniger als jemand getraue, über dieses Rätsel von einem Menschen etwas bei mir selbst festzusetzen.»

In einem Brief an Anna Amalia, die nicht nur seine «Durchlauchtigste Fürstin» und Arbeitgeberin, sondern auch seine lebenslange Freundin gewesen ist, schwärmte er und nannte seinen Aufenthalt «das idyllische Leben in der Zürcher Zauberwelt». Aber der Rest seines Briefes galt politischen Nachrichten, dem bevorstehenden Frieden zwischen Frankreich und dem österreichischen Kaiser. An Caroline Herder schrieb Wieland:

«Wirklich rückt uns der Krieg so nahe auf den Leib, dass man sogar in der Schweiz sich ein wenig zu fürchten anfängt, und auf alle etwaigen Fälle, die zur Behauptung der Neutralität und Verteidigung der helvetischen Grenzen nötigen Vorkehrungen trifft.» Und obgleich er sich beinahe schämte, im Angesicht «öffentlicher Calamitäten» über seine eigenen Bedrängnisse Klagen anzustimmen, fürchtete er, infolge der Wirren der Französischen Revolution einen kostspieligen Winter in Zürich verbringen zu müssen.

Dazu ist es nicht gekommen, aber Wieland blieb noch einmal dreizehn sehr glückliche Wochen in der Stadt seiner literarischen Lehrjahre. Bei seiner Einreise hatte allerlei Bürokratismus Wielands spöttische Zunge in gefährliche Bewegung versetzt. Er drohte damals, den «Abderiten» einen dritten Teil hinzuzufügen. Aber nur boshafte Gemüter könnten meinen, dass er bei dem Entwurf seines satirischen Romans an die Schweiz gedacht hätte, denn Abdera ist überall.

August Wilhelm von Schlegel bei Madame de Staël auf Schloss Coppet

Dreizehn Jahre waren auch in einer weniger schnellebigen Epoche eine gewaltige Spanne Zeit im Leben eines jungen Gelehrten, doch fast genauso lang, von 1804 bis 1817, hat sich August Wilhelm Schlegel auf Schloss Coppet, der Besitzung von Madame de Staël am Genfer See, aufgehalten. Allerdings mit einigen Unterbrechungen, denn während dieser Zeit begleitete er sie auch auf Reisen und schliesslich sogar auf ihrer Flucht durch Russland bis nach Schweden. Seine Stellung in Coppet war die eines Erziehers ihrer Kinder, aber auch, und das war entschieden wichtiger, die eines literarisch-philosophischen Beraters. August Wilhelm Schlegel wurde für damalige Verhältnisse ausserordentlich gut bezahlt, darüber hinaus stellte ihm Germaine de Staël eine Rente bis an sein Lebensende in Aussicht, falls er bereit wäre, einige Jahre bei ihr in Coppet zu bleiben. Seine Verpflichtungen würden es ihm erlauben, sich ausserdem auch den eigenen Studien und der schriftstellerischen Arbeit zu widmen.

Er ist nicht einige Jahre, er ist bis zu ihrem Tode bei Madame de Staël geblieben. Der eigentliche Grund dieser dreizehn Jahre der Ergebenheit war jedoch zweifellos die Faszination Schlegels durch die geistreiche Frau. Sie hatte ihm gegenüber, als sie ihn in Berlin kennenlernte, alle ihre Waffen, auch die weiblichen, ins Spiel gebracht, um sich des klugen Mannes als Berater zu versichern. Das spricht für ihren strategischen Weitblick, denn sie war in der Absicht nach Weimar und Berlin gekommen, ein Buch über Deutschland zu schreiben – das später berühmte «De l'Allemagne».

Ihre Bekanntschaft mit August Wilhelm Schlegel verdankte sie Goethe: Sie hatte den Dichter bei ihrem Besuch in Weimar um eine Empfehlung an den vielgerühmten Mann gebeten. «Ich schreibe sie gerne», heisst es in einem Brief Goethes an Schlegel, «weil ich nun Dank von beiden Teilen verdiene, wo sich alles von selbst gegeben hätte.»

Madame de Staël hatte Weimar, wo nicht in Entzücken, so doch in Erstaunen versetzt, und dem Erstaunen war ein gewisses Mass kritischer Ablehnung beigemischt gewesen. Das Erstaunen galt ihrer ungewöhnlichen Redegewandtheit, auf französisch versteht sich, und ihrer Leidenschaft fürs Diskutieren. Goethe sah sich vor, er war gewarnt worden, nicht zuletzt durch einen Brief seiner Mutter, die, wie man weiss, das Herz auf dem rechten Fleck hatte. Verschreckt von dem Besuch Madame de Staëls bei ihr in Frankfurt, hatte sie an den grossen Sohn geschrieben: «Was will diese Frau von mir? Ich habe in meinem Leben kein ABC Buch geschrieben, und auch in Zukunft wird mein Genius mich davor bewahren.» Goethe verspürte wenig Lust, später zitiert zu werden, und ging deshalb der illustren Reisenden aus dem Wege, schützte das schlechte Winterwetter und seine Arbeit vor und blieb fürs erste in Jena. Den strapaziösen Besuch überliess er seinem Freund Friedrich Schiller.

Obwohl dieser kaum Französisch sprach, verwickelte ihn Madame de Staël in die anspruchsvollsten Gespräche, dabei bat sie ihn um nichts Geringeres als um eine Erklärung des Wortes «transzendental». Er hat sich wacker gehalten und antwortete ihr, wenn man dies verstünde, habe man auch Kants Doktrin begriffen.

Sein Bericht an Goethe fiel indessen sehr positiv aus: «Es ist alles aus einem Stück und kein falscher und pathologischer Zug an ihr. In allem, was wir Philosophie nennen, folglich in allen letzten und höchsten Instanzen, ist man mit ihr im Streit und bleibt es trotz allen Redens. Aber ihr Naturell und Gefühl ist besser als ihre Metaphysik, und ihr schöner Verstand erhebt sich zu einem genialischen Vermögen.» Schliesslich wurde sie auch ihm lästig, denn ihr ausgedehnter Besuch hinderte ihn an seiner Arbeit am Tell.

Als Madame de Staël sich nach diesen ersten Erfolgen anschickte, Goethe selbst in Jena aufzuspüren, zog dieser es vor, nach Weimar zurückzukehren, zeigte sich jedoch konziliant und zu Gesprächen geneigt. Auch er war beeindruckt von ihren ausserordentlichen Geistesgaben, setzte aber ihrem Egoismus den seinen entgegen und liess sich nicht von ihr aushorchen. Goethe scheint gerade ihr ständiger Enthusiasmus, auf den sie sich so viel zugute hielt, suspekt gewesen zu sein, und so blieb sein Verhältnis zu ihr das der Distanz. Später, beim Erscheinen von «De l'Allemagne» hat jedoch gerade er, entgegen der beinahe einhelligen Ablehnung in Deutschland, die gerechtesten Worte für ihre Leistung gefunden.

Wieland hatte als erster in Weimar vor dem Esprit und der gesellschaftlichen Virtuosität der berühmten Frau die Waffen gestreckt und schrieb ihr, als sie nach Berlin weitergereist war:

«Madame, seit Sie sich von Weimar entfernt haben, sind wir zu dem Naturzustand zurückgekehrt, den Sie von uns kennen; den Zustand friedlicher, eintöniger und manchmal etwas fader Unschuld, ungefähr so, wie sich die römischen Katholiken den Zustand gestorbener, ungetaufter Kinder vorstellen.»

In Berlin empfing man Madame de Staël mit ausserordentlichem Interesse. Sie wurde an den preussischen Hof gebeten, dessen Atmosphäre auf das angenehmste von der gewinnenden Persönlichkeit der jungen Königin Luise bestimmt wurde. Madame de Staël war keine Frau, die eine andere ihrer äusseren Vorzüge wegen beneidete, und so schrieb sie an ihren Vater Jacques Necker, dass sie nie in ihrem Leben eine schönere Frau gesehen habe. Die Mitglieder der Aristokratie bemühten sich persönlich ins Hotel «Stadt Paris», um die Autorin der «Delphine» und erklärte Feindin Napoleons zu sich einzuladen. Sie verkehrte in den verschiedenen literarischen Zirkeln und unterhielt sich dabei auch mit der klugen Rahel Levin, der späteren Frau Varnhagen von Enses. Diese aber blieb Madame de Staël gegenüber sehr reserviert und hat von ihr gesagt: «Sie hat nichts als einen mich inkommodierenden Sturmwind. Es ist nichts Stilles in ihr.»

Madame de Staël lernte eine ganze Reihe berühmter Gelehrter und Schriftsteller kennen, darunter Ludwig Tieck, Fichte, Johannes von Müller, Kotzebue und Schleiermacher, und im Salon der Prinzessin Radzivill kam es endlich auch zu der Begegnung zwischen ihr und August Wilhelm Schlegel. Dass er ein Mitbegründer der Romantischen Schule war, nahm bei seiner kritischen Zurückhaltung und eleganten Unverbindlichkeit einigermassen wunder. Novalis, Tieck, besonders aber Schlegels genialischer Bruder Friedrich passten weit eher zu dem Bild, das man sich von einem Romantiker machte. Aber Goethe wusste, warum er Madame de Staël Schlegel empfohlen hatte, sie brauchte den denkbar besten Helfer für die schwere Aufgabe, die sie sich gestellt hatte. Ehrgeiz oder politische Rachegelüste Napoleon gegenüber reichten als Motive für eine derart kolossale Aufgabe kaum aus. Die eigentliche Triebfeder war vielmehr eine Art von Sendungsbewusstsein, eine Öffnung zwischen den Kulturen Deutschlands und Frankreichs zu bewirken, denn sie hat später geschrieben:

«Als ich das Studium des Deutschen begann, kam es mir vor, als ob ich in ganz neue Sphären träte, worin sich das auffallendste Licht über alles verbreitete, was ich bis dahin auf eine verworrene Weise empfunden hatte.»

August Wilhelm Schlegel war Mitarbeiter an Schillers «Horen» gewesen und hatte 1798, zusammen mit seinem Bruder Friedrich, die literarisch-philosophische Zeitschrift «Athenaeum» gegründet. Obwohl es die hochoriginelle und anspruchsvolle Zeitschrift nur auf drei Jahrgänge brachte und 1800 ihr Erscheinen wieder einstellen musste, stiess sie auf grosses Interesse und wurde auch in der Folgezeit stark beachtet. Allein im 20. Jahrhundert ist sie zweimal nachgedruckt worden. Es war die Absicht der Brüder Schlegel, sich mit dem «Athenaeum» ein Podium zu schaffen, von dem aus sie in vollkommener Übereinkunft und gegenseitiger Ergänzung des Geistes, ohne Einmischung eines Herausgebers (im Fall der «Horen» war dies der von ihnen wenig geschätzte Friedrich Schiller gewesen) ihre Ideen und Ansichten äußern konnten. «Philosophieren heißt, die Allwissenheit gemeinschaftlich suchen», liest man in einem der Hefte der Zeitschrift, was gleichbedeutend war mit der «Symphilosophie» genannten Geisteshaltung der Frühromantik. Für die meisten Beiträge zeichneten Friedrich und August Wilhelm Schlegel selbst, gelegentliche Beiträge schrieben Novalis, Caroline Schlegel, Schelling und Schleiermacher. Seines polemischen Charakters wegen war das «Athenaeum» bald ebenso geliebt wie gefürchtet.

Gleich der erste Beitrag des ersten Heftes, August Wilhelm Schlegels «Die Sprachen», war von höchstem Anspruch: Die Lektüre eines streng wissenschaftlichen Stoffes wird durch die geistreiche Charakterisierung der nationalen Eigenschaften der Gesprächspartner und die Eleganz der Sprache in ein Lesevergnügen verwandelt. Nicht weniger anspruchsvoll waren auch die meisten der folgenden Beiträge des «Athenaeums».

Den Abschluss des 2. Jahrgangs der Zeitschrift bildete ein «Litterarischer Reichsanzeiger», in dem August Wilhelm Schlegel den Literaturbetrieb seiner Zeit geisselte. Dort konnte man in Anspielung auf Wielands gesammelte Werke, die damals gleich in vier verschiedenen Ausgaben bei Göschen erschienen, lesen: «Wieland wird Supplemente zu den Supplementen herausgeben, unter dem Titel: ‹Werke, die ich sogar für die Supplemente zu schlecht halte, und völlig verwerfe.› Diese Bände werden aber unbedruckte Blätter enthalten, welches sich besonders bei dem geglätteten Velin schön ausnehmen wird», und ähnliche Respektlosigkeiten. Goethe, der dem «Athenaeum» sonst sehr positiv gegenüberstand, ergriff daraufhin für seinen Freund Wieland Partei und riet zur Mässigung.

August Wilhelm Schlegels bis dahin größtes Verdienst war jedoch zweifellos die Übersetzung von siebzehn Schauspielen Shakespeares ins Deutsche, wobei er neben philologischer Exaktheit ein ungewöhnliches Mass an Einfühlungsvermögen und nachschöpferischem Genie bewiesen hatte. Seine Übersetzung Shakespeares darf man, der Musikalität ihrer Sprache wegen, getrost eine Nachdichtung nennen. Sie bleibt so nah am Original wie möglich und gibt trotzdem nicht den Eindruck einer Übersetzung. Vergleicht man sie mit den vorausgegangenen Versuchen Wielands, erscheint sie erst recht als ein ausserordentlicher Glücksfall sprachlicher Aneignung. Natürlich verraten Schlegels Verse ihre Entstehung im Umfeld der frühen Romantik, und so hat es in unserer Zeit immer wieder Versuche einer Neuübersetzung gegeben, allein sie konnten den Schlegelschen Fassungen ihren Platz in der deutschen Literatur nicht streitig machen.

Goethe wusste die Kapazität dieses Mannes auch als Interpret seiner eigenen Werke zu schätzen und hatte, sozusagen als Gegenleistung, Schlegels Schauspiel «Ion» nach Euripides 1802 am Theater von Weimar zur Aufführung gebracht. Schlegels Rezension von «Hermann und Dorothea», insbesondere aber sein grosser Essay «Etwas über William Shakespeare bei Gelegenheit Wilhelm Meisters» zeigen die aussergewöhnlichen Qualitäten seiner vergleichenden Literaturkritik. Es war also der rechte Mann, und er erschien zu rechten Zeit.

Germaine de Staël war ausserordentlich beeindruckt, als sie den jungen Gelehrten in Berlin kennenlernte, und schrieb am 23. März 1804 an ihren Vater, den Bankier Necker, nach Coppet: «Ich habe hier jemand getroffen, der in der Literatur mehr Kenntnisse und Geist besitzt als irgend jemand, den ich kenne. Benjamin wird Dir erzählen, dass er in Deutschland grosses Ansehen geniesst. Aber was Benjamin nicht weiss, ist, dass er Französisch und Englisch wie ein Franzose oder Engländer spricht und dass er alles, was es in dieser Welt gibt, gelesen hat, obwohl er erst 36 Jahre alt ist. Ich tue, was ich kann, um ihn dazu zu bewegen, mit mir zu kommen. Er könnte natürlich nicht Erzieher meiner Kinder werden – dazu ist er zu bedeutend –, aber er könnte Albert Stunden geben, und mir würde er für mein geplantes Buch viel nützen.» Und eine Woche später an ihre Cousine Necker de Saussure in Genf: «Wer mich in Berlin interessiert? Der berühmte Prinz Louis Ferdinand? Einer unter den hiesigen Granden? Nein! Ein Professor. Ein deutscher Professor. Was sagen Sie dazu, liebe Freundin? Aber wenn Sie meinen, es sei ein Flirt, so irren Sie sich.»

Schlegel zögerte lange – es galt, sich auch von Sophie Bernhardi-Tieck, der Schwester des Dichters, zu lösen. Dass er sich schliesslich verführen liess, Madame de Staël zu folgen, ist überraschend, wenn man bedenkt, welchen Klang sein Name bereits in der deutschen Geisteswelt besass. Später hat er ihr einmal geschrieben, er sei ihr damals in Berlin gefolgt, weil sie so unglücklich gewesen sei. Das nimmt für ihn ein, denn es zeugt in der Tat von ungewöhnlicher Zartheit. Unglücklich war Madame de Staël, weil sie vom Ende ihres geliebten Vaters erfahren hatte und sich in ihre Verzweiflung Selbstvorwürfe mischten, dass der grosse Finanzier nicht in ihren Armen gestorben war. Gerade diese Umstände, unter denen Schlegel und sie sich begegneten, mögen ihrer Beziehung besonderes Gewicht gegeben haben.

Doch dann entschloss sich August Wilhelm Schlegel kurzerhand und verliess Berlin gemeinsam mit Madame de Staël. Benjamin Constant erwartete sie in Weimar, er war ihnen, der schlimmen Nachricht wegen, entgegengefahren. Auf diese Weise hatte Schlegel schon während der Reise in die Schweiz Gelegenheit, ein Mitglied des «Cercle de Coppet» kennenzulernen. Bei gegenseitiger Wertschätzung scheinen die beiden Männer von Anfang an wenig Sympathie für einander gehabt zu haben. Schlegel ist, was Frauen anbelangt, zeit seines Lebens von einiger Naivität geblieben. Dass er sich aber, nachdem er Benjamin Constant kennengelernt hatte, noch irgendwelche Hoffnungen machen konnte, Madame de Staël auch über den Gelehrten und Freund hinaus zu interessieren, ist allerdings erstaunlich. Er hätte trotz allem Interesse, das sie ihm entgegenbrachte, und der Intensität ihrer Gespräche merken müssen, von welch ausschliesslicher Wichtigkeit Bejamin Constant für sie war. Aber vermutlich verdrehte sie Schlegel ganz bewusst den Kopf, und das verstand sie offenbar, sobald sie redete, so gut wie niemand sonst.

Ihr Weg führte die Reisenden über Göttingen und Würzburg, wo Schlegel seine frühere Frau Caroline wiedersah, die den Philosophen Schelling geheiratet hatte. Man hatte sich vorgenommen, alle Bitterkeiten der Vergangenheit vergessen sein zu lassen, und so verliefen die Tage ohne Spannungen. Die prachtvolle barocke Residenz fanden die Reisenden geschmacklos, Tiepolos Deckengemälde scheinen sie nicht einmal bemerkt zu haben. Ihre Heimreise in die Schweiz dauerte über zwei Wochen, und je mehr man sich dem Schloss von Coppet näherte, desto hemmungsloser überliess sich Germaine de Staël ihrem Schmerz. Man kann sich vorstellen, dass der zurückhaltende Schlegel befremdet und peinlich berührt war von so viel demonstrativer Trauer. Am 18. Mai 1804 kamen die Reisenden am Genfer See an, und August Wilhelm Schlegel erblickte zum ersten Mal den Ort, an dem er die nächsten dreizehn Jahre im Gefolge der vitalen, aber anstrengenden Herrin von Coppet verbringen sollte.

«Visitez le château» liest man heute auf einem Schild an der Route Suisse, und der äussere Aspekt des Schlosses hat sich seit jenen Tagen kaum verändert. Die Schlossanlage liegt etwas erhöht über dem kleinen, schöngefügten Ort mit den Berner Arkaden und ist nicht auf den See hin ausgerichtet, sondern weist in Richtung Genf. Betritt man den Schlosshof, so ist die Täuschung für einen Augenblick vollkommen: Man hat dem Schloss die Patina der Zeit belassen, und so will es einem scheinen, als befänden sich die einstige Besitzerin und ihre illustren Gäste nur auf einem Spaziergang im Park.

In der Bibliothek des Schlosses hat August Wilhelm Schlegel gearbeitet, und die gefüllten Bücherschränke erinnern an die für ihren Esprit berühmten Streitgespräche des Salons von Coppet. Die Räume sind feucht und kühl, als hielten sie den Atem an. Das ganze Haus scheint der grossen Vergangenheit zu lauschen, und aus den Fenstern des ersten Stocks blickt man über die alten Dächer von Coppet auf die unvergleichliche Szenerie des Genfer Sees. Aber die Hausherrin hat einmal gesagt, sie würde für ein interessantes Gespräch zwar hundert Kilometer weit reisen, doch einer Landschaft wegen kein Fenster öffnen. Während ihrer Verbannung aus Frankreich war das Schloss ihres Vaters für sie nicht nur ein ländliches Paradies, sie hat es oft auch als Gefängnis empfunden. Und auch August Wilhelm Schlegel hatte mit diesem Zauberberg einige Schwierigkeiten.

Zunächst aber war er entzückt von Coppet, es war Frühling, Park und Landschaft entfalteten ihren ganzen Zauber. An Sophie Bernhardi-Tieck schrieb Schlegel: «Meine Lage und äussere Lebensweise ist übrigens so angenehm als möglich. Der tägliche Gang des Hauses bewegt sich mit Leichtigkeit und Ordnung ohne allen Zwang. Das Schloss ist sehr geräumig, die Zimmer heiter und bequem möbliert, das Ganze beinahe prächtig. Ich bewohne das ehemalige Schlafzimmer der Mutter. Die Lage des Schlosses ist schön und bequem, nur wenige Schritte oberhalb der Genfer Strasse; die Aussicht wäre unvergleichlich, wenn nicht das zwischen uns und dem See liegende Städtchen etwas störte. Das einzige Leiden sind die gleichgültigen und langweiligen Besuche. Bis jetzt sind wir noch keinen Tag ohne Gäste gewesen, allein es ist der erste Anlauf, und man lässt mich hoffen, es werde damit abgetan sein.»

Schlegel irrte sich – Besuche und eine Art von Hofhaltung gehörten zu Madame de Staëls Bedürfnissen und ihrem Lebensstil. Es galt, sich daran zu gewöhnen, daß für Intimität und ein Zusammensein zu zweit oder zu dritt, wie Schlegel es liebte, kein Platz war. Im gleichen Brief fuhr er fort: «Constant ist ein unendlich geistreicher Mann von seltener Feinheit des Witzes.»

Es ist immer ein Wagnis, in eine aussergewöhnliche Familie einzuheiraten, und etwas Ähnliches versuchte August Wilhelm Schlegel mit seinem Eintritt in den «Cercle de Coppet». In Berlin war er Madame de Staël allein gegenübergestanden, und in Berlin wußte man, wer er war. In Gegenwart von Benjamin Constant mögen ihm bereits während der Reise Zweifel an der Richtigkeit seines Entschlusses gekommen sein. Constant hatte Madame de Staël zehn Jahre zuvor 1794 in Lausanne kennengelernt, und für beide war es eine schicksalhafte Begegnung. Der hochintelligente, schwierige Mann war waadtländischer Aristokrat, Politiker und ein begabter Schriftsteller. Sein Roman «Adolphe» hat die Zeit frischer überdauert als die Romane seiner berühmten Freundin, und sein «Journal intime» wirkt durch seine subtile und schonungslose Analyse der eigenen Gefühle außerordentlich modern. Für die Zwiespältigkeit seiner Beziehung zu Madame de Staël ist es von grösstem Interesse, aber auch aufschlußreich im Hinblick auf Schlegel und die Verschiedenheit ihrer Charaktere:

1. Mai 1804: «Ich streite mich mit Schlegel über Don Quichote ... sobald man ihn angreift, leidet er geradezu physisch. Als er für Cervantes Partei nahm, wurde er blaß und seine Augen füllten sich mit Tränen. Der Mann braucht Gefühle, schliesst man eine Türe, so kommen sie durch eine andere wieder herein.»

20. Mai 1804: «Schlegel war schrecklich langweilig in Gesellschaft, aber ganz besonders freundlich danach bei einem Zusammensein zu zweit.»

17. August 1804: «Streit über die Religion, Schlegel und ich sind

der gleichen Meinung. Geheimnis der Wesensverwandtschaft, die anderen spüren das nicht.»

Benjamin Constant war Schlegel gegenüber fair und respektierte dessen Argumente. Wenn sie ihm gefielen, griff er die Ideen Schlegels auf und entwickelte sie in seinen eigenen Werken weiter. Benjamin Constants «Wallstein» – keine Übersetzung, sondern eine Adaption der drei Dramen Schillers für ein französisches Publikum – ist, verglichen mit den entsprechenden Leistungen Schlegels, gescheitert. Von Interesse bleibt dagegen das Vorwort, das Benjamin Constant später auch in seine «Mélanges de la littérature et la politique» aufgenommen hat. Es zeigt sein ausserordentliches Verständnis für die kulturelle und psychologische Eigenart der Nation Schillers. Seinen heute noch so lebendigen autobiographischen Werken mass Benjamin Constant selbst weit weniger Bedeutung bei als seinen politischen und religionsphilosophischen Schriften, die ihn bis an sein Lebensende beschäftigt haben.

Nun lernte Schlegel auch die weiteren Intimi Madame de Staëls kennen, unter ihnen Karl Viktor von Bonstetten, einen Mann aus der Generation Jacques Neckers, unruhig und von intellektueller Neugier. Er stammte aus einer alten Berner Familie, hatte in Holland und Cambridge studiert und längere Zeit in Italien und Paris gelebt. Als bailli von Nyon war er nach dem Fall des patrizischen Berner Regimes nach Dänemark geflohen und hatte sich seit seiner Rückkehr ganz besonders eng an den «Cercle de Coppet» angeschlossen, nicht ohne sich bisweilen über die Strapazen des brisanten Salons Madame de Staëls zu beklagen. An seine Freundin Friederike Brun schrieb er einmal gereizt: «Ich bin diese Verschwendung von Intelligenz müde. In Coppet verschleudert man an einem Tag mehr Geist als anderswo in einem Jahr – ich bin halb tot, so leid bin ich das alles.» Im Ärger hat er Madame de Staël einmal einen «Wirbelwind aus Feuer» genannt, doch sobald er von Coppet fern war, langweilte er sich. Auch er betätigte sich als Schriftsteller, schrieb zunächst auf deutsch, später, unter dem Einfluss Madame de Staëls, ebenfalls auf französisch. 1805 erschien in Genf seine «Voyage sur la scène des six derniers livres de L'Enéide». Am interessantesten geblieben ist sein «L'homme du Midi et l'homme du Nord ou l'influence du climat» – schon dieser Titel verrät den Einfluß der Anschauungen Madame Staëls in «De l'Allemagne». Trotz seines Alters war er von grosser Lebhaftigkeit und ein brillanter Gesellschafter.

Zum «Cercle» gehörte ausserdem der spätere Soziologe Jean Charles de Sismondi, der Sohn eines Genfer Pfarrers. Er hatte sich aus gesellschaftlichen Gründen selbst geadelt, wobei er sich auf einen italienischen Vorfahr berief, ursprünglich hiess er ganz einfach Simonde. Von Haus aus besass er nicht die geistige Beweglichkeit und Eleganz der anderen Mitglieder des «Cercle», denen gegenüber er stets einen kritischen Blick behielt. Aber die intellektuellen Anregungen des Salons von Coppet wusste er geschickt für seine literarischen Ambitionen zu nützen. In Paris erschien von 1809 an seine mehrbändige «Histoire des Républiques italiennes du moyen-âge».

Sismondi erhielt von Schlegel Unterricht im Deutschen. Seine «Litérature du Midi de l'Europe», die er im Winter 1811 auf 1812 auch als Vorlesungsreihe in Genf gehalten hat, ist in vielem Schlegels Wiener Vorlesungen verpflichtet, was Sismondi und Schlegel jedoch nicht daran hinderte, sich von Zeit zu Zeit heftig zu befehden.

«Im Grunde genommen hat Schlegel einen sehr wenig deutschen Geist, er hat davon nur das Wissen und das Kombinatorische, aber bei ihm ist alles verbohrt und despotisch wie bei einem Franzosen, was seine Vor- und Nachteile hat», beschwerte er sich einmal bei Madame de Staël.

Constant, Bonstetten und Sismondi hatten das Glück, finanziell unabhängig zu sein. Bei aller Ernsthaftigkeit, mit der sie ihren schriftstellerischen Interessen nachgingen, waren sie sozusagen «Gentleman-Literaten». Das sind andere Voraussetzungen als die Schlegels, der aus dem Berliner Universitätsmilieu kam. Jeder Freundeskreis, insbesondere jeder literarische Zirkel, besitzt seinen ganz spezifischen Tonfall, die Art und Weise, wie man sich untereinander die Bälle zuspielt. Dazu kam, dass man in Coppet französisch sprach, was Schlegel zwar ausserordentlich gut beherrschte, wie auch das Spanische, Italienische und das Englische, nur war es eben nicht seine Muttersprache. Selbst für ein Sprachgenie wie Schlegel gab es da sicherlich Nuancen, die ihm entgingen, ganz zu schweigen von Wortspielen. Wie leicht konnte es da zu Missverständnissen, zu Kränkungen kommen. Da sich jedes einzelne Mitglied des «Cercle» auch noch persönlich auf Madame de Staël als Frau bezog, waren Animositäten die natürliche Folge.

Dass die Atmosphäre in Coppet bisweilen gespannt war, erfährt man aus Benjamin Constants «Journal intime». Als die Hausherrin einmal allein nach Genf gefahren war, um Besuche zu machen, notierte er: «Bonstetten, Schlegel, Sismondi und ich haben wie Schuljungen ohne Aufsicht zu Mittag gegessen. Eine merkwürdige Frau etc. Wenn sie sich beherrschen könnte, würde sie die Welt beherrschen.»

Was wusste man hier eigentlich über August Wilhelm Schlegel? Was bedeuteten in einem anderen, durch die Sprache geschiedenen Lebenskreis seine Leistungen, seine Mitarbeit an den «Horen», am «Athenaeum», seine Vorlesungen als ausserordentlicher Professor in Jena und Berlin, seine Stellung in der Bewegung der jungen deutschen Romantik? Dass er enttäuscht war und sich zurückgesetzt fühlte, lag nicht nur an der Geschlossenheit des «Cercle de Coppet», sondern auch an der Besonderheit seiner Stellung. Auch er war eine Art Hofmeister, selbst wenn ganz besondere Umstände diese Tatsache verschleierten. Er fing an zu begreifen, was er hinter sich gelassen hatte.

Auf Schloss Coppet schrieb man sich Briefe, die von den Dienstboten von Zimmer zu Zimmer befördert wurden, und sehr bald schrieb August Wilhelm Schlegel einen ersten Beschwerdebrief an Madame de Staël. Er schliesst mit den Worten: «Sie sind bei der Einordnung ihrer Freunde zum Anciennitätsverhältnis zurückgekehrt, nur in der kurzen Zeit, da sie fern von Coppet waren, haben Sie es zu meinen Gunsten durchbrochen. Es ist mir ganz klar, bleibt dieser Zustand derselbe, dann ist mein Leben dahin!»

Das klingt wie der Brief eines verschmähten Liebhabers, und den gleichen Ton besitzen auch manche seiner späteren Briefe – Schlegel war ein sehr empfindlicher Mann. Bei all seiner grossen Intelligenz und seinem geradezu enzyklopädischen Wissen war Treue seine hervorstechendste Charaktereigenschaft. Dazu kam ein ausgeprägtes Selbstbewusstsein, das man, je nachdem, wie man die Dinge ansah, auch als Eitelkeit empfinden konnte. Er hat bisweilen bitter unter den Extravaganzen und Libertinagen Madame de Staëls gelitten, und die finanziellen Vorteile der Situation, in die er sich begeben hatte, erscheinen als ein hoher Preis für einen bis dahin so unabhängigen Geist wie ihn.

Aber Madame de Staël war das seelische Gleichgewicht ihres Gastes keineswegs gleichgültig, denn schon ein Vierteljahr nach seiner Ankunft lud sie auch seinen Bruder Friedrich, den Verfasser der erotisch freizügigen «Lucinde» und herrlicher, später von

Franz Schubert vertonter Gedichte, nach Coppet ein. Der Cercle interessierte sich jedoch nicht allzu sehr für Friedrich Schlegels oft aus Freude am Paradox formulierte Ideen und folgte seinen philosophischen Vorlesungen höchst kritisch. Im Grund genommen war man wenig begeistert von ihm, Madame de Staël dagegen fand die Gespräche mit ihm interessant. Nach seiner Abreise urteilte sie in einem Brief an Johannes von Müller über die Brüder Schlegel:

«Friedrich Schlegel war fünf Wochen hier, und ich hatte genügend Zeit, um zu einem Urteil über ihn zu kommen. Er versteht viel von der Metaphysik und hat in seinem Geist und Talent etwas durchaus Originelles, aber ich ziehe seinen Bruder vor ... Es sind zwei sehr bedeutende Menschen, sie wären noch bedeutender, wenn sie ihre Ausserordentlichkeit nicht so stark glaubten betonen zu müssen.»

Ende November 1805 entschloß sich Madame de Staël zu einer Reise nach Italien. Das Unternehmen begann schwierig genug, denn die Überquerung der Alpen im Winter war keine leichte Sache. In ihrer Begleitung reisten ihre drei Kinder Auguste, Albertine und Albert, ausserdem Sismondi und Schlegel. Bonstetten war zu Hause geblieben – Sismondi erstattete ihm, nicht immer sehr respektvoll, brieflich Bericht:

«Auf Reisen ist Madame de Staël noch weit mehr Französin und Frau als gewöhnlich, und mit diesen beiden Eigenschaften urteilt sie mit grosser Strenge über die Völker. Das einzige, was ihr an den Italienern gefällt, ist der erstaunliche Erfolg, den sie bei ihnen hat.»

Schlegel kümmerte sich als Lehrer um die Kinder und war besonders seiner Schülerin Albertine zugetan, einem ausserordentlich begabten Kind, das bereits mit sieben Jahren Virgil im Original lesen konnte. Unermüdlich und voller Begeisterung besuchte er die Museen des Landes, aber Madame de Staël fand eine ständige Bewunderung der Antike enervierend.

«Man geht ziemlich streng mit dem armen Schlegel um, man billigt ihm nur vier Paradoxa pro Tag zu, und wenn ihn die Lust zu einem fünften anwandelt, bricht ein Sturm über ihn los, dass er es vorzieht, ganz zu schweigen. Sonst stehen alle gut miteinander, aber Freundschaft kann man das nicht nennen», schrieb Sismondi an Bonstetten.

Berühmt geworden ist diese Reise durch Madame de Staëls Roman «Corinne ou l'Italie», eine Umsetzung ihrer persönlichen Erlebnisse in Italien. Die grosse Allure der Verfasserin wird auf jeder Seite des Buches deutlich, auch wenn der Roman mit den Jahren einigen Staub angesetzt hat. Die Handlung ist zumindest für den Leser des ausgehenden 20. Jahrhunderts von gelinder Komik. Natürlich entstammt das Personal des Romans ausschliesslich den ersten Kreisen der Gesellschaft, ist reich, elegant und intelligent dazu. Corinne ist – wie könnte es anders sein – ein um die Attribute vollkommener Schönheit bereichertes Porträt ihrer Verfasserin. In der Gestalt des Oswald verschmelzen die Charaktere der beiden Männer, für die sich Madame de Staël während dieser Zeit begeisterte – Dom Pedro de Souza und Prosper de Barante. Eine Fülle von Personen, Schauplätzen und Geschehnissen. Kein Wunder also, dass Madame de Staël später Goethes «Wahlverwandtschaften» Kühle und Handlungsarmut vorgeworfen hat . . . Was geblieben ist von diesem zeitgebundenen, aber gerade dadurch auch sehr reizvollen Seelengemälde, sind hervorragend geschriebene Passagen wie die Überquerung der Alpen während eines Schneesturms, die Spaziergänge auf dem Forum Romanum sowie die subtile Schilderung psychologischer Vorgänge.

Für die Niederschrift von «Corinne» unterbrach Madame de Staël ihre Arbeit an «De l'Allemagne»; offenbar bedeuteten diese Reise und der daraus entstandene Roman ein notwendiges Atemholen und ein Betätigungsfeld für ihre ausserordentliche Phantasie, ehe sie sich endgültig an ihre grosse Aufgabe machte, die so viel Disziplin und exaktes Wissen erforderte.

In Rom wurde sie in die Accademia degli Arcadi aufgenommen, und auch dieses Ereignis hat sie dekorativ übersteigert in ihrem Roman geschildert. So berühmt war «Corinne», dass sie auch in der geistreichsten aller Opern Rossinis, seiner «Viaggio a Reims», als harfenspielende Improvisatorin auftritt, die durch den grundlosen Tiefsinn ihrer Kunst ihre Zuhörer verzaubert. Rossini komponierte das Werk für die Krönung von Charles X. und hielt damit der Eitelkeit der grossen Welt seiner Zeit auf listige Weise den Spiegel vor.

August Wilhelm Schlegel begann in Rom eine umfangreiche Elegie, die in etwas ermüdenden Hexametern die Geschichte der Stadt feiert. Er griff dabei klangvoll in die Saiten und wandte sich am Schluss des Gedichtes direkt an die Freundin:

«Doch, wie die Nacht mit verheißenden Augen herabschaut,
ahnet der strebende Geist freudige Wiedergeburt.

Tröstend begegnete so Dein Blick mir, edle Gefährtin,
Jener entzückende Strahl göttlichen Doppelgestirns.
Wahrheit wohnet in ihm und die liebende hohe Begeisterung.»

Wichtiger als diese Verse ist sein «Schreiben an Goethe über einige Arbeiten in Rom lebender Künstler», eine ausgedehnte Betrachtung, die er 1805 in der Jenaischen Allgemeinen Zeitschrift für Literatur erscheinen liess. Wie gross sein Verständnis auch der bildenen Kunst gegenüber war, zeigen diese Beobachtungen über Maler und Bildhauer der römischen Kolonie. Zu Antonio Canova bemerkte er:

«Widerstreit zwischen seiner natürlichen Neigung und dem durch den Anblick der Antike erregten Wetteifer. Jene ohne diesen hätte ihn vielleicht auf den Abweg des Sentimentalen geführt.»

Auch die aus Chur gebürtige Malerin Angelika Kauffmann, eine Frau von ebensoviel Talent wie Herzenswärme, lernte Wilhelm Schlegel in Rom kennen. Zu ihrem Freundeskreis hatte bereits Goethe während seines Aufenthaltes in der Ewigen Stadt gehört. Über ihre Porträts urteilte Schlegel:

«Sie sind lebhaft koloriert, mit Geschmack gekleidet, wiewohl mit einer gefälligen Abglättung des Charakteristischen, wie sich unsere Zeitgenossen gern abgebildet sehen, da sie nicht gern durch zuviel Charakter beleidigen wollen. In ihren Kompositionen ist ein Widerschein poetischer Ideen freilich wie der Sonnenschein im Monde.»

Madame de Staël war zunächst nicht übermässig begeistert von Italien gewesen, sie hatte für Kunstwerke und Natur erst dann Interesse, wenn sie ihr durch die Gegenwart eines geliebten Menschen interessant gemacht wurden. Nun wurden sie es am Arme von Dom Pedro de Souza. Und so gesteht im Roman Corinne Lord Nelson während eines Spazierganges durch die Ewige Stadt:

«Ich weiss nicht, ob ich mich irre, aber mir scheint, dass man sich teurer wird, wenn man zusammen die Denkmäler bewundert, die zur Seele durch eine wirkliche Grösse sprechen.» Sie irrte sich nicht, sie hatte gefunden, was sie brauchte – Dom Pedro war die Inspiration. Schlegel wird sich kopfschüttelnd an die Altertümer gehalten haben. Er erscheint nicht in «Corinne»; seine Charaktereigenschaften, gelehrte Sachkenntnis und Treue, eigneten sich offenbar weniger für einen romantischen Roman über Italien. Trotzdem ist er gegenwärtig – seine Begeisterung und sein Wissen bilden

den Hintergrund der zahlreichen Gespräche über Kunst, die in «Corinne» geführt werden.

Im Nachwort ihres Romans weist Madame de Staël selbst darauf hin, dass sie manchen ihrer Gedankengänge den Gebrüdern Schlegel verdanke, sodass Wilhelm Schlegel bei seiner Besprechung des Romans in der Jenaischen Literarischen Zeitung 1807 mit einiger Berechtigung schreiben konnte: «Wir Deutschen sind nur in den Noten mit Lob bedacht. Wenn wir anders nicht für eine unromantische oder gar unpoetische Nation zu achten sind, so möchten wir die berühmte Verfasserin ersuchen, uns das nächste Mal in den Text aufzunehmen.»

Sie nahm die Deutschen nicht nur in den Text ihres nächsten Buches auf – vielmehr wurden sie und ihre Kultur zu dessen ausschliesslichem Thema.

Wieder in Coppet, machte sich Madame de Staël an die Ausarbeitung von «Corinne». Auf Dom Pedro de Souza, der ihren leidenschaftlichen Briefen gegenüber kühl geblieben war, folgte Prosper de Barante, der Sohn des Präfekten von Genf. Zwar haben sich Barante und Schlegel später sehr gut vertragen, aber Schlegel war konsterniert von der Austauschbarkeit der Inspirationsquellen im Leben von Germaine de Staël, und so verlief der Winter von 1805 wenig harmonisch. Schlegel fühlte sich schlecht behandelt und schrieb ihr einen bedeutenden Brief, in dem er ihr – sagen wir es ruhig mit den romantischen Worten der Zeit – «sein Innerstes offenbarte»:

«Sie wissen doch, wie lange ich zögerte, Ihr Anerbieten anzunehmen. Sie waren so unglücklich und alles entschied sich in einem Augenblick. Aber ach, bald musste ich erfahren, wie ich in Ihr Unglück mit hineingerissen wurde. Die berühmte Frau, die unbedingt von jedem bewundert werden will, die siegreiche Rivalin aller, bedrückt und zerreisst mir das Herz, sie behandelt mich mit einer Herablassung, die ich von niemandem bis jetzt hingenommen habe. Lassen Sie mich doch jene andere Frau wiedersehen, die von der Welt verkannt oder zum wenigsten nicht genügend gekannt wird, deren wahres Wesen himmlische Güte, reine Zärtlichkeit, rührende Sorge für ihre Freunde ist. Die Unterredung gestern abend muss unbedingt die letzte dieser Art sein.»

Das war ein schmerzliches, aber deutliches Ultimatum. Die Briefe Madame de Staël an Schlegel aus dieser Zeit sind nicht erhalten, sie hätten diese widersprüchliche Beziehung vielleicht anders beleuchtet. Schlegels Stellung in Coppet war höchst zwiespältig, aber so schwierig sie war, sie hatte auch ihre positiven Seiten. Er bewohnte das «blaue Zimmer», und die angrenzende grosse Bibliothek stand ihm als Arbeitszimmer zur Verfügung. Der ungewöhnliche Lebensstil Germaine de Staëls ergänzte diese Annehmlichkeiten.

Wieland hat die Gebrüder Schlegel einmal als «übermütige Götterbuben» bezeichnet, damals, als sie im «Athenaeum» über ihn herfielen. Betrachtet man die literarischen Arbeiten und das Porträt August Wilhelm Schlegels aus einer früheren Zeit – es zeigt einen eigenwilligen, sehr sinnlichen Menschen –, hat Wielands Charakterisierung nichts Überraschendes. Auf den Schreiber des zitierten, verzweifelten Briefes will sie jedoch nicht mehr passen. Im «Athenaeum» hatte Schleiermacher die Liebe einmal hochmütig eine Desorganisation genannt – hier war sie Schlegel begegnet, und er war hilflos.

Dass ihn Madame de Staël schliesslich zu folgender Erklärung zwang, gibt ihrem Verhältnis eine gefährliche Dimension, die an die Unterwerfung der Helden durch die virtuos frisierten Damen Heinrich Füsslis denken lässt:

«Sie haben den Wunsch ausgesprochen, liebe anbetungswürdige Freundin, ich sollte Ihnen ein schriftliches Versprechen geben, glaubten aber, ich zögerte es hin. Hier haben Sie es: Hiermit erkläre ich, dass Sie jedes Recht auf mich haben und ich keines auf Sie. Verfügen Sie über meine Person und mein Leben, befehlen und verbieten Sie – ich werde Ihnen in allen Stücken gehorchen. Ich verzichte auf jedes weitere Glück als jenes, das Sie mir freiwillig schenken wollen. Ich will nichts besitzen und alles nur von Ihrer Grossmut annehmen. Ich bin gern bereit, an meinen eigenen Ruhm überhaupt nicht zu denken, ich will mich ausschliesslich Ihnen widmen, mit allem, was ich an Kenntnissen und Talenten besitze. Ich bin stolz darauf, Ihnen zu eigen gehören zu dürfen.

Ich werde keine neuen Verpflichtungen auf mich nehmen, die mich von Ihnen trennen könnten, nur hoffe ich auf Ihr Einverständnis, die alten Verpflichtungen, die frühere Verbindlichkeiten mir auferlegen, einlösen zu dürfen. Vielleicht tue ich Unrecht daran – ich weiss es nicht – mich so völlig in meinen Gefühlen und Entschlüssen an einen anderen Menschen zu binden. Aber Sie haben eine übernatürliche Macht über mich – es wäre nutzlos, dagegen anzukämpfen. Ich glaube, in den sonderbaren Wechselfällen meines Lebens, die Hand des Schicksals zu sehen. Gewiss war es nicht ein Zufall, der uns zusammengeführt hat, dass Sie inmitten gesellschaftlicher Zerstreuungen, aber auch gerade in dem Augenblick, als der grausamste und unersetzlichste Verlust Sie traf, sich zu mir hingezogen fühlten. Ich selber, der ich den grössten Teil meines Lebens gesucht habe, habe endlich gefunden, was unvergänglich ist und was mich bis zum Grabe hin nicht verlassen wird.

Nutzen Sie Ihre Macht über mich nicht aus: Sie könnten mich leicht unglücklich machen, ohne dass ich Waffen gegen Sie in der Hand hätte, vor allem aber beschwöre ich Sie: Verbannen Sie nie aus Ihrer Umgebung

Ihren Sklaven A.W. Schlegel, Coppet, 18. Oktober 1805

Das ist bedenklich, und das Wort Sklave liest man mit Unbehagen unter diesem Schreiben. Noch beunruhigender ist, dass auch Benjamin Constant 1796 eine ähnliche, allerdings gegenseitige Ergebenheitserklärung unterschrieben hat.

Wie ungeheuer muss die Faszination dieser Frau gewesen sein. Es wäre indessen falsch, nur das Autoritäre und Verwöhnte ihres Charakters triumphieren zu sehen. Germaine de Staël war eine grosse Natur, und die Intensität ihrer Lebensäusserungen war unbarmherzig. Dass auch sie sehr tiefe und echte Gefühle für August Wilhelm Schlegel empfand, zeigt folgender Brief an seinen Bruder Friedrich, kurz nach dieser Auseinandersetzung:

«Unser Leben hier ist langweilig genug, denn mit Ausnahme von zwei oder drei Menschen, wer es auch sei, kann man sich mit niemand unterhalten. Ich fürchte nur, Ihr Bruder wird dadurch ein wenig melancholisch, er schreibt mir Dinge, die doch nur Wirkungen des Landes sind, in dem wir leben, denn er kann nicht zweifeln, dass ich ihn wirklich und für alle Zeit wie einen Bruder liebe.»

Das ist schön gesagt, und es war ihr gewiss ernst mit ihren Worten, denn die beiden haben sich die Treue gehalten, jeder auf seine Weise und unter Aufbietung grosser Energien. Inspiration und Irritation hielten sich dabei die Waage.

Schlegel gewöhnte sich daran, dass er sich nicht gewöhnte – aber heimisch ist er in Coppet, das er ironisch einmal seine «geräuschvolle Einsamkeit» genannt hat, nicht geworden. Auch die anderen gewöhnten sich an ihn, an seine Launenhaftigkeit, seine Eitelkeit und seinen Hang zur Schwermut. Kummer über seine Zurücksetzung werden sie eher erheiternd als tragisch gefunden haben. Er war so etwas wie der Zuschauer grosser Passionen, auf dessen Gefühle man keine besondere Rücksicht zu nehmen brauchte, da er eben zur Familie gehörte.

Obwohl in Coppet das Leben selbst bereits theatralisch überhöht war, spielte man dort mit Leidenschaft Theater. Im Winter 1805/06 gab man die «Merope» und den «Mahomet» von Voltaire, aber Madame de Staël hatte auch selbst ein Stück für sich geschrieben: «Hagar in der Wüste». Benjamin Constant und A. Wilhelm Schlegel waren dabei ihre Mitspieler. Anscheinend genoss es Germaine de Staël, die ihr mehr oder weniger Ergebenen in ihren Stükken Texte sprechen zu hören, zu denen sie sonst nicht unbedingt bereit gewesen wären. Sie hatte in ihrer Jugend bei der berühmten Clairon Schauspielunterricht genommen und war eine hochbegabte Darstellerin. Schlegel war so beeindruckt von ihren Fähigkeiten, dass er für den Berlinischen Damenkalender 1807 eine «Schrift über einige tragische Rollen von Madame de Staël» für Madame Bethmann verfasste, eine damals prominente Schauspielerin des Königlichen Nationaltheaters in Berlin. Er selbst scheint nicht gerade begabt für das Theater gewesen zu sein. «Nur Schlegel kann es fertig bringen, im Trauerspiel komisch zu sein und im Lustspiel keine Spur von Komik zu zeigen», spottete Benjamin Constant in seinem «Journal intime».

1806 brach man aufs neue von Coppet auf. Zunächst nach Auxerre, das schliesslich kaum amüsanter sein konnte, aber immerhin lag es in Frankreich. Von dort siedelte man nach Schloss Acosta in der Nähe von Rouen über. Aber auch hier gestaltete sich die Atmosphäre wenig erfreulich, bald kam es zu Spannungen und Eifersüchteleien. Benjamin Constants «Journal intime» ist während dieser Zeit von besonderer Aggressivität in bezug auf Schlegel. Dieser war krank, er litt an Madame de Staëls Liebe zu Prosper de Barante und hatte Heimweh nach Deutschland. Aber dieses Heimweh scheint mehr eine Sehnsucht nach Gesprächen gewesen zu sein, die in einem ihm vertrauten Boden von Sprache und Literatur wurzelten. Besorgt lud Madame de Staël auch seinen Bruder Friedrich, dessen Gegenwart schon einmal geholfen hatte, nach Acosta ein.

Napoleon Bonaparte war Germaine de Staël von Anfang an mit dezidierter Ablehnung begegnet. In seinen Augen verkörperte sie all das, was er an einer Frau *nicht* liebte – sie war selbstbewusst, intelligent und engagierte sich politisch. Ausserdem war sie die Tochter Jacques Neckers, dessen «Dernières vues de politique et de finance» er als Kritik an seinem Regime empfand, und die Geliebte Benjamin Constants, der es gewagt hatte, Napoleon gegenüber im Tribunat Stellung zu beziehen.

Der Erfolg ihres Romans «Delphine» lieferte Napoleon schliesslich den Vorwand zu handeln. Allzusehr glich die liberale Heldin des Buches ihrer Autorin. Germaine de Staël wurde bedeutet, sie sei in Frankreich unerwünscht und habe das Land innerhalb von fünf Tagen zu verlassen. Seitdem war Paris für sie ein verschlossenes Paradies. Die Gebrüder Schlegel aber besuchten dort das Théâtre Français, um auf andere Gedanken zu kommen. Dabei trafen sie mit Adalbert von Chamisso zusammen, dem späteren Dichter des «Schlemihl» und der gemütvollen Texte zu Robert Schumanns Liederzyklus «Frauenliebe und -leben». Auch Helmina von Chézy, an deren zweifelhaftes romantisches Drama «Rosamunde» Schubert später seine Musik verschwendete, begegneten sie in Paris. Chamisso sollte Schlegels Vorlesungen ins Französische übersetzen und wurde von Madame de Staël grosszügig auf Acosta, später auch nach Coppet eingeladen.

Chamissos Kommentare zum Leben auf Acosta sind die eines Aussenstehenden und daher von besonderem Interesse: «Er, Schlegel, ist eitel, eifersüchtig, aber gross, uneigennützig, bieder und reines Gold. Der Teufel ist immer los, Freundschaft ist hierzulande eifersüchtiger als Liebe», schrieb er damals an Karl August Varnhagen von Ense.

Auch Juliette Récamier war zu Gast in Acosta. Im Stil des 18. Jahrhunderts vertrieb man sich mit amourösen Schreibspielen die Zeit, wobei Schlegel ein wenig sein Herz an die reizende Frau verlor. Aber das waren Kindereien, die lediglich gesellschaftlicher Langeweile entsprangen. Madame de Staëls Sehnsucht nach Paris war schliesslich so gross, dass sie der Versuchung nicht widerstehen konnte und dort eine Freundin besuchte. Diese wiederum hatte nichts Besseres zu tun, als sie bei der Polizei zu denunzieren. Napoleon war über den Aufenthalt seiner Feindin in der Hauptstadt rascher informiert als selbst sein Polizeiminister, und die Unvorsichtige wurde zum zweitenmal aus Frankreich ausgewiesen.

Ein gesellschaftlich besonders brillanter Sommer sollte über die allgemeine Niedergeschlagenheit hinwegtrösten. Unter den ständig wechselnden Gästen von Coppet waren der Prinz August von Preussen, der General von Clausewitz und Pestalozzi. Clausewitz hatte sich eng an Schlegel angeschlossen und interessierte sich für dessen Ausführungen über mittelhochdeutsche Literatur. Die Dame des Hauses nannte die beiden «Les deux Allemands», und darauf waren sie stolz. Diskutierend gingen sie miteinander spazieren und liessen es sich nicht nehmen, bei Tisch nebeneinander zu sitzen.

Schon 1803 hatte Schlegel in Berlin eine enthusiastische Vorlesung über das Nibelungenlied gehalten – sie endete mit den Worten: «Wenn es überhaupt noch gelingen mag, unsere Nationalmythologie zu erneuern, so können aus dieser einen epischen Tragödie eine Menge enger beschränkte, dramatische entwickelt werden. Nachdem wir lange genug in allen Weltteilen umhergeschweift, sollten wir endlich einmal anfangen, einheimische Dichtung zu benützen.» Der von Schlegel ersehnte Erneuerer dieses Sagenkreises erschien noch zu seinen Lebzeiten – es war allerdings ein Musiker, es war Richard Wagner.

Ob es überhaupt nötig und in einer von französischem Geist bestimmten Atmosphäre klug war, eine «Comparaison de la Phèdre de Racine et celle d'Euripide» zu schreiben, sei dahingestellt. Es ist misslich, wenn ein Ausländer die heiligen Güter einer Nation angreift, und genau das tat Schlegel mit seiner Schrift gegen Racine. Ohne Zweifel war diese angeregt von seinen Pariser Theaterbesuchen und Madame de Staëls Darstellung der Phaedra. Schlegels Überlegung – bei Racine widersetze sich Hippolyte dem Begehren Phaedras aus Liebe zu einer anderen Frau und das nehme dem Stück das Tragische – ist zwar eine Überlegung wert, aber sie ändert nichts an der sprachlichen Vollkommenheit von Racines Meisterwerk. Diese dichterische Virtuosität ist es aber gerade, der Schlegel die Verfälschung des griechischen Mythos anlastet. Seine Schrift wurde von den Fachkollegen in Frankreich durchaus ernst genommen, denn er schrieb ein ganz ausgezeichnetes Französisch, aber wie zu erwarten, fand sie wenig Gegenliebe und hat später dazu beigetragen, auch ihn politisch verdächtig zu machen.

Madame de Staël liess sich indessen von Louise Vigée-Lebrun als Corinne malen. Das dabei entstandene Porträt hängt heute im Musée des Beaux-Arts in Genf. Eine kleine Replik des Bildes erinnert in der Bibliothek von Coppet an den widersprüchlichen Zauber dieser ungewöhnlichen Frau. Die Attribute der Zeit, das elegante

Kleid im griechischen Stil und die Harfe, stehen in sonderbarem Gegensatz zu der naiven Frische des begeisterten Gesichtes und der fast bäurischen Kraft des Körpers.

Auf den Besuch der Malerin folgte der des Bildhauers Friedrich Tieck, eines Bruders des Dichters, dem Madame de Staël den Auftrag zu ihrer Porträtbüste und dem Basrelief für das Grabmahl ihres Vaters gegeben hatte. Sie hätte es sich leisten können, hierfür eine Koryphäe wie Canova zu engagieren, aber «das Gefühl für Kunst fehlt ihr», hatte schon Bonstetten festgestellt, «das Schöne, das nicht Geist und Beredsamkeit ist, existiert nicht für sie».

Das Eingeschlossensein in Coppet durch die Verbote Napoleons liess Madame de Staël Amerika und seine Freiheit als das gelobte Land erscheinen; immer wieder hat sie ernsthaft in Erwägung gezogen, sich dort niederzulassen. Es ist anzunehmen, dass Schlegel ihr auch dorthin gefolgt wäre.

Entschieden gesünder als der Ausfall gegen Racine und dessen Phaedra war ein Ausflug auf den Spuren Rousseaus und seiner Nouvelle Héloise, zu dem Schlegel Albert de Staël im Juli 1807 mitnahm. Schlegel hatte zu seinem Schüler ein besonders herzliches, kameradschaftlich-väterliches Verhältnis. Sie besuchten die durch den Roman geheiligten Stätten am Genfer See und reisten anschliessend weiter nach Bern. Von dort aus unternahmen sie wenige Tage später eine grosse Wanderung durch die Deutschschweiz. Ihre Reise war bis ins kleinste nach William Coxes dreibändigen «Travels in Switzerland», einem damals höchst populären Reiseführer, vorbereitet, der sich in der Bibliothek von Coppet befand.

August Wilhelm Schlegel war begeistert – er liebte die Natur und war alles andere als ein Stubengelehrter. Seit seiner Ankunft in Coppet schwamm er regelmässig im Genfer See, zudem war er ein passionierter Reiter. Seine Beobachtungen von dieser Reise hat er 1812 und 1813 als «Umrisse, entworfen auf einer Reise durch die Schweiz» in «Alpenrosen», einem Schweizer Almanach, in Bern herausgegeben. In Auszügen decken sie sich mit seinen Briefen an Madame de Staël.

«Das Volk interessiert mich auf dieser Reise noch mehr als die Natur», schrieb er, «ich bin entzückt, Gegenden kennenzulernen, die mich wieder an die Menschenwürde glauben lassen. Mein Herz weitete sich, als ich meine Muttersprache wieder hörte, obwohl sie im Volksmunde recht roh klingt, und diese schönen Berner Gesichter erschienen mir als Typus dessen, was die deutsche Nation einmal war und was sie sein sollte.»

Offenbar hatte Schlegel für den Augenblick genug von Coppet und dem Französischen. Überzeugt brach er eine Lanze für die Mundart und verteidigte sie gegen eine staatlich diktierte Angleichung an die Schriftsprache: «Die Sprache ist eine Nationalangelegenheit, worüber im freien Gemeinwesen, durch Stellvertreter aller Teile des Ganzen verhandelt werden sollte . . .»

«In den hohen Bergländern glaubt man oft, die Minnesänger reden zu hören. Nicht wenige jener Dichter blühten im Umfange der Schweiz, und die Anhänglichkeit an das Alte hat sich hier, wie in den Sitten überhaupt, so in der Sprache bewiesen.» Allerdings wollte sie ihm nur in der freien Natur gefallen: «Die Mundart des Gebirges ist wie ein rauschendes Instrument, das im Freien wohltuend, in Mauern eingeschlossen aber gellend wird . . .»

August Wilhelm Schlegel und Albert de Staël haben sich nicht geschont – man war, was Fussreisen betraf, zu Beginn des 19. Jahrhunderts nicht gerade zimperlich. Zwar benutzten sie bisweilen die Pferde oder einen zweirädrigen Wagen, den grösseren Teil der Strecke aber bewältigten sie zu Fuss. Ihr Weg führte sie über den Grimselpass, sie sahen Unterseen und Lauterbrunnen mit dem Staubbach, den Schlegel schon allein wegen des Gedichtes von Goethe besuchen musste, und stiegen auf die Wengeneralp. Patriotisch gestimmt, gefiel ihnen die Gegend um den Grindelwaldgletscher entschieden besser als das Gebiet des Mont Blanc, das ihnen von Schloss Coppet aus ohnehin vor Augen lag, wenn das Wetter schön war.

In Meiringen mussten sie wegen des Regens ein paar Tage pausieren, eine Gelegenheit für Schlegel, seine bisherigen Eindrücke niederzuschreiben. Dabei verklärte sich ihm das Haslital klassizistisch zu dem «Land der schönsten Bäuerinnen, die ihre Haare nach griechischer Art aufstecken». Als endlich das Wetter besser wurde, marschierten sie «wie die Rekruten» durch das Valle Leventina bis Faido im Tessin und kehrten von dort über den St. Gotthard wieder zurück zum Vierwaldstättersee.

Sie waren müde von den Strapazen und hatten nichts dagegen, in Luzern einen klaren Tag für eine Rigi-Besteigung abzuwarten. Schlegel nützte die Zeit zu einem Brief an Madame de Staël. Er habe diese Wanderung gebraucht, schrieb er ihr, um nach dem Trubel, in dem er in Coppet gelebt habe, wieder Luft holen und arbeiten zu können. Und doch hatte er ihr nur wenige Tage zuvor aus dem Tessin wie ein Jüngling gestanden: «Ich möchte Ihnen so gerne schreiben können: kommen Sie, ich erwarte Sie, wir geben uns ein Stelldichein auf der Isola Bella.»

Im Spätherbst 1808 brach Germaine de Staël in Begleitung Schlegels nach Wien auf – auch diese Reise stand im Zusammenhang mit dem entstehenden Buch, mit «De l'Allemagne». Aber wie immer wusste Madame de Staël das Nützliche mit dem Angenehmen zu verbinden und hoffte, in Wien den Grafen Moritz O'Donnell wiederzusehen, für den sie ein Faible hatte. In einem Brief vor ihrer Abreise rühmte sie ihm gegenüber die Bestrebungen ihres Cercle stolz als «etwas heute sehr Seltenes», bezeichnete seine Ziele als «edel und rein» und verwies auf die literarische Leistungen seiner Mitglieder. Sie reisten zunächst bis München, das Madame de Staël ganz entschieden missfiel und das sie geistlos und langweilig nannte. Für Schlegel brachte der Aufenthalt in München ein weiteres Wiedersehen mit seiner früheren Frau Caroline, seiner «blauäugigen Athene», wie sie sich einmal selbst genannt hatte.

Schlegel liebte Frauen mit starker Persönlichkeit; auch Caroline war eine eigenwillige, impulsive Natur. Schlegel hatte sich ihr gegenüber in der Vergangenheit höchst ritterlich verhalten, hatte sie aus dem jakobinischen Gefängnis von Mainz befreit und sie – obwohl sie ein Kind erwartete, das nicht das seine war – geheiratet. Genauso wohlerzogen und formvollendet hatte er drei Jahre später zugunsten von Schelling auf sie verzichtet. Ihre Ehe mit dem Philosophen war glücklich, und auch diesmal verlief ihr Wiedersehen mit Schlegel gelöst und heiter.

Über Madame de Staël hat Caroline Schelling geschrieben: «Sie ist ein Phänomen von Lebenskraft, Egoismus und unaufhörlicher geistiger Regsamkeit. Ihr Äusseres wird durch ihr Inneres verklärt und bedarf es wohl, es gibt Momente, wo sie wie eine Marketenderin aussieht und man sich doch zugleich denken kann, dass sie die Phaedra im höchsten, tragischen Sinne darzustellen fähig ist.»

Mitte Januar 1808 trafen die Reisenden in Wien ein. Sie wohnten standesgemäss, Madame de Staël hatte für ihren Aufenthalt das Palais Aichelberg in der Plankengasse gemietet. Sie überbot den Ruf, der ihr vorausgeeilt war, durch die Brillanz ihrer Konversation und den Mut, in ihrem Schauspiel «Hagar» selbst aufzutreten. Den eleganten Schlegel fand man interessant und zerbrach sich über seine Beziehung zu Madame de Staël den Kopf.

Gemeinsam hörten sie Haydns «Schöpfung», aber sie machten keinerlei Anstrengungen, Haydn oder Beethoven selbst kennenzulernen. Haydn lebte zu dieser Zeit bereits geschwächt und zurückgezogen, und Beethoven hätte dem Redefluss der Staël ohnehin das Bollwerk seiner Taubheit entgegengesetzt. In der Oper hörten sie «Don Giovanni» und Glucks «Iphigenie», nicht aber den «Fidelio». Er hätte ihnen gefallen müssen, Madame de Staël wegen seiner Dramatik und Schlegel des Themas der Treue wegen. Es fällt auf, dass in ihrer Korrespondenz die Musik keine Rolle spielt. Die beiden Autoren, die eines der berühmtesten Bücher über Deutschland schreiben sollten, machten sich offenbar nicht sonderlich viel aus Musik.

Etwas später stiess auch Sismondi in Wien zu ihnen; er konstatierte empfindlich, Schlegel habe inzwischen allzugrossen Einfluss auf Madame de Staël und ihre literarischen Ansichten gewonnen. Für Schlegel verlief diese Reise denkbar erfreulich, denn er trat als Gelehrter endlich wieder aus dem Schatten der grossen Freundin. Madame de Staël hatte – und das zeigt besser als alles andere ihre Freundschaft für Schlegel – einen Saal für ihn gemietet, in dem er die Vorlesungen halten konnte, die er in Coppet ausgearbeitet hatte. Der hohe Eintrittspreis von 25 Gulden machte diese Veranstaltungen allerdings zu einer internen Angelegenheit der grossen Gesellschaft. Schlegel, stets auf sein Äusseres bedacht, erschien auch bei diesem Anlass höchst fashionable gekleidet.

«Über dramatische Kunst und Literatur», so lautete der Titel dieser Vorlesungen, und ihr Erfolg war ausserordentlich. Sie sind bei weitem die umfangreichsten der kritischen Untersuchungen Schlegels. Bei seinen Schriften zur Kunst handelt es sich ja nicht, wie noch bei Lessing, um Kunsttheorien, d. h. darum, wie ein Kunstwerk im Idealfall auszusehen habe, sondern es geht Schlegel um das Erkennen der künstlerischen Vielgestalt, um eine möglichst grosse Einfühlung in das fremde Kunstwerk. Wieder erscheint er als idealer Vermittler, insbesondere auf seinem ureigensten Gebiet, bei Shakespeare und den Spaniern. Die einleitende Vorlesung gilt allgemeinen Betrachtungen über das Wesen der Kritik und der Aufgabe des Kritikers.

«Das Pantheon ist nicht verschiedener von der Westminster

Abtei oder St. Stephanskirche in Wien, als der Bau einer Tragödie von Sophokles ... Aber nötigt uns denn wirklich die Bewunderung des einen zur Geringschätzung des anderen? Können wir nicht zugeben, dass jedes seiner Art gross und wunderwürdig, wiewohl dieses ganz etwas anderes ist und sein soll als jenes? ... Die Welt ist weit und es kann gar manches darin nebeneinander bestehen. Aber die einseitige, unwillkürliche Vorliebe macht keineswegs den Kunstkenner, sondern im Gegenteil die freie Haltung über abweichende Ansichten mit Verlängerung persönlicher Neigungen.»

Schlegels übertrieben kritische Abwertung der klassischen französischen Literatur will allerdings schlecht in dieses grosszügige Konzept passen und erklärt sich nur aus dem politischen Umfeld. Durch die Willkür Napoleons befand sich Europa in einem Zustand totaler Unordnung und Umstrukturierung. Als Reaktion auf den fremden Einfluss begann die junge deutsche Romantik, sich in Literatur und Philosophie auf ihr Nationalgefühl zu besinnen. Ein Jahr zuvor hatte Fichte in Berlin seine «Reden an die Deutsche Nation» gehalten.

Goethe war sehr verärgert über Schlegels Geringschätzung Molières und machte noch Jahre später, am 28. März 1827 in einem Gespräch mit Eckermann, seinem geradezu olympischen Zorn darüber Luft:

«Ich habe noch in diesen Tagen in seinen ‹Vorlesungen über dramatische Poesie› mit grossem Widerwillen verschluckt, was er über Molière sagt. Er behandelt ihn, wie Sie wissen, ganz von oben herab ... Einem Menschen wie Schlegel ist freilich eine so tüchtige Natur wie Molière ein Dorn im Auge; er fühlt, dass er von ihm keine Ader hat, er kann ihn nicht ausstehen ... In der Art und Weise wie Schlegel das französische Theater behandelt, finde ich das Rezept zu einem schlechten Rezensenten, dem jedes Organ für die Verehrung des Vortrefflichen mangelt und der über eine tüchtige Natur und einen grossen Charakter hingeht, als wäre es Spreu und Stoppel.»

Schlegels Kritik an den französischen Klassikern verleitete ihn jedoch keineswegs zu einer Überbewertung der deutschen Literatur, ganz im Gegenteil, diese Kapitel fallen sogar seltsam kurz und indifferent aus. Vielleicht hat ihm Goethe auch das verübelt, es wäre menschlich. Schlegel legte sich ganz bewusst Zurückhaltung gegenüber seinen Zeitgenossen auf: «Je mehr ich mich der neuesten Zeit nähere, desto mehr sei es mir erlaubt, meine Bemerkungen auf das Allgemeine zu richten, und mich nicht auf die Beurteilung von Werken noch lebender Schriftsteller einzulassen, mit denen ich zum Teil in Verhältnissen der Freundschaft oder Gegnerschaft gestanden habe.»

Schlegels Charakterisierung Lessings erscheint, verglichen mit seinem Enthusiasmus für Calderon und Shakespeare, etwas matt und pedantisch, auch wenn er die Bedeutung des «Nathan» durchaus zu würdigen weiss. Immerhin wird «Minna von Barnhelm» ein wahres Lustspiel der feineren Art genannt.

Das Urteil über Schiller ist, in Anbetracht der Abneigung Schlegels, zumindest höflich. «Wilhelm Tell» stellt er über die anderen Dramen Schillers und nennt die Behandlung des Stoffes «treu und herzlich und bei Schillers Unbekanntschaft der schweizerischen Natur und Landessitte von bewundernswürdiger örtlicher Wahrheit». Interessant ist, dass Schlegel der Schweiz Schillers «Tell» als patriotisches Freilufttheater empfiehlt: «Im Angesicht von Tells Kapelle am Ufer des Vierwaldstädtersees unter freiem Himmel, die Alpen zum Hintergrunde, hätte diese herzerhebende, altdeutsche Sitte, Frömmigkeit und biedern Heldenmut athmende Darstellung verdient, zur halbtausendjährigen Feier der Gründung schweizerischer Freiheit aufgeführt zu werden.»

Das dem Werk Goethes gewidmete Kapitel verrät Schlegels Bewunderung, auch wenn die Darstellung im Verhältnis zu ihrem Gegenstand allzu knapp erscheint. Für «Faust» findet Schlegel die rechten Worte und nennt ihn «dieses labyrinthische, grenzenlose Werk». Dabei merkt er an, Goethe besässe zwar unendlich viel dramatisches, aber nicht ebensoviel theatralisches Talent, was sehr präzis beobachtet und empfunden ist.

In diesen Kapiteln wäre, bei allem Scharfsinn, weniger Diplomatie und grössere Parteinahme mehr gewesen. Aber das sind kaum Einwände von Bedeutung gegenüber einer Leistung, die Hans Mayer «den ersten bedeutenden Entwurf einer Geschichte der auf Europa ausgerichteten Weltliteratur in Goethes Sinne» genannt hat. Für das geistige Format dieses Entwurfes mögen folgende Überlegungen Schlegels stehen:

«Wäre es dem Menschen möglich, alle Religion, auch die unbewusste und unwillkürliche zu verleugnen, so würde er ganz Oberfläche werden und kein Inneres mehr haben. Der Mensch kann sich nie ganz vom Unendlichen abwenden, einzelne verlorene Erinnerungen werden von der eingebüssten Heimat zeugen.» Veröffentlichungen der Wiener Vorlesungen erschienen in den verschiedensten Übersetzungen – selbst ins Russische – und brachten August Wilhelm Schlegel europäischen Ruhm. Die Bayerische Akademie der Wissenschaften ernannte ihn zu ihrem korrespondierenden Mitglied – ein wichtiger, ein notwendiger Erfolg nach seiner allzugrossen Anpassung an Madame de Staël, die bis zur Selbstaufgabe gegangen war.

Die Heimreise führte die beiden Reisenden über Prag und Teplitz nach Dresden und brachte ein Wiedersehen mit Friedrich Schlegel. Danach trennten sich ihre Wege, und Madame de Staël reiste allein weiter nach Weimar. Wiederum konstatierte Wieland, «dass es sich ihr über alle Massen gut zuhören liess», und verzieh ihr sogar, dass sie sich mit August Wilhelm Schlegel eingelassen hatte, den er seit dessen schnödem Angriff gegen ihn im «Athenaeum» geflissentlich übersah.

Schlegel machte einen Umweg über Hannover, um seine Mutter wiederzusehen. Anschliessend besuchte er in Kassel Johannes von Müller, den Verfasser der «Geschichte der Schweizerischen Eidgenossenschaft». Seit seiner Parteinahme für Napoleon fristete der grosse Mann ein wenig glückliches Schattendasein am Hofe Jérômes von Westfalen. Caroline und A. Wilhelm Schlegel hatten seinerzeit im «Athenaeum» eine bewundernde Rezension über von Müllers «Briefe an Victor Karl von Bonstetten» geschrieben, in der es heisst:

«Ihr grösster Reiz ist, dass sie nicht für einen Dritten dastehen ... Sie sind wie echte Liebesbriefe, die zufällig in fremde Hände fallen. Der Mann kann lächeln über die Wärme seiner Jugendtage, aber er wird nur auf diesem Wege zum Mann. Wer Müllers Schweizergeschichte kennt, muss diese Briefe lesen, um sie noch besser zu verstehen; wer sie nicht kennt, muss sie lesen, um sich dafür empfänglicher zu machen. Was Geschichte ist, darüber kann die Heiligkeit aufklären, womit sie Müller behandelt.»

Im August 1808 beschloss Madame de Staël, nach Interlaken zu reisen, um ein grosses Schweizer Volksfest mitzuerleben. Da sie aber umgeben von einer ganzen Hofhaltung dorthin aufbrach, zog Schlegel es vor, zu Hause zu bleiben, um seine Wiener Vorlesungen für den Druck vorzubereiten. Etwas boshaft schrieb er an Madame de Staël:

«Ich finde, es bedeutet eine ungeheure Zeitersparnis, wenn man die Lippen nur zu öffnen braucht, um zu atmen und die wenige Nahrung, die man nötig hat, zu verschlingen. Mein Mittagsmahl dauert eine Viertelstunde und mein Abendessen zehn Minuten. Machen Sie sich wegen meiner Einsamkeit keine Sorgen, ich bin dafür geboren.»

Man fragt sich, was Madame de Staëls farbige Schilderung des Hirtenfestes von Unterseen später in einem Buch mit dem Titel «De l'Allemagne» zu suchen hatte, und liest zu Beginn dieses Kapitels dort ungern allerlei Verallgemeinerungen über die Deutschschweiz und ihre Bewohner, auch wenn die Beschreibung des Festes selbst begeistert ausfällt.

Der Winter 1808/09 gehörte der Arbeit an dem grossen Werk. Schlegel nahm seine Stellung als literarisch-philosophischer Berater ernst und hatte begonnen, für den Verleger und Buchhändler Georg Andreas Reimer in Leipzig Listen deutscher Bücher zusammenzustellen, die in der Bibliothek von Coppet fehlten.

Bezeichnend für Schlegels geradezu zärtliches Verhältnis zu Büchern ist der Anfang eines Briefes an Madame de Staël: «Zu Hause fand ich eine ganze Reihe von ausgezeichnet gekleideten Personen vor, die, als sie erfuhren, dass ich im Begriffe stand, zu verreisen, mich noch einmal sehen wollten. Wir haben uns zärtlich umarmt. Es waren etwa hundert neue Bücher, die eingebunden worden waren. Mir kommt es so vor, als sei ich der Burgvogt Ihres Schlosses, und müsse dort so lange wohnen, bis eine höhere Macht mich von hier fortruft.»

Harmonie herrschte in Coppet. Um so dramatischer wurde sie unterbrochen, als Madame de Staël erfuhr, dass Benjamin Constant hinter ihrem Rücken Charlotte von Hardenberg geheiratet hatte. Ohne Zweifel war dieser Schritt ein Versuch der Befreiung von der «liaison fatale», wie Benjamin Constant seine Beziehung zu Germaine de Staël nannte. Schlegel hatte aufgehört, sich zu wundern, und vergrub sich in seine Arbeit. Seiner massvollen Natur musste die Passion zwischen Madame de Staël und Benjamin Constant, die bisweilen einem Inferno geglichen hatte, lediglich als schlechter Geschmack erscheinen, aber Sismondi hatte einmal geschrieben:

«Man hat Madame de Staël nicht gekannt, wenn man sie nicht in Gesellschaft von Benjamin Constant erlebt hat. Er allein hatte die Macht, durch seinen Geist, der dem ihren ebenbürtig war, den ihren anzufeuern, eine Beredsamkeit zu wecken, eine Tiefe der

Seele und der Gedanken, die sich nie in ihrem ganzen Glanz gezeigt haben, als in seiner Gegenwart. Wie auch er niemals so sehr er selbst war, als in Coppet.» Doch zu diesem Zeitpunkt glich ihre Beziehung nur noch einem tödlichen Zweikampf. Mit bemerkenswerter Offenheit schrieb Schlegel an Germaine de Staël nach Lyon:

«Die Aussicht, Monsieur Constant in Ihrer Begleitung wiederkommen zu sehn, bedeutet für mich wirklich keine Freude. Das geringste Übel wäre, dass seine Gegenwart Sie mit allen Ihren Freunden entzweite. Aber jede Zeit, die Sie noch mit ihm verbringen, ist doch für Ihre eigene Bestimmung verloren. Sie hält die Rückkehr Ihres Glückes oder wenigstens Ihrer Ruhe auf.»

Aber schliesslich war er es, dem die Aufgabe zufiel, den Widerspenstigen nach Selbstmorddrohungen von beiden Seiten wieder nach Coppet zurückzubringen. Man darf annehmen, dass sich Schlegel auch dieser Aufgabe kühl und in vollendeter Form entledigte. Die eigentliche Bestimmung Madame de Staëls war für ihn ohne Zweifel die konzentrierte Arbeit an «De l'Allemagne», und für ihn selbst war sie schliesslich der Grund, warum er sich überhaupt in Coppet aufhielt.

In dieser gespannten Situation bedeutete jeder Besuch eine willkommene Ablenkung. Auf ihrer Reise nach Interlaken hatte Madame de Staël Zacharias Werner kennengelernt, Dramatiker und Prediger der Liebe in sehr konkreter Form. Der sonderbare Heilige tauchte auf ihre Einladung hin nun bereits zum zweiten Mal in Coppet auf, nannte die Hausherrin «Unsere liebe Frau» und fing an, seine mystischen Ideen zu propagieren. Bonstetten und Sismondi war dies alles ein Greuel, aber der Wundermann beeindruckte Madame de Staël und sogar den sonst so kritischen Schlegel. Die Bewohner des Schlosses spielten bei einer Aufführung von Zacharias Werners Schicksalsdrama «Der 24. Februar» mit.

Die mystische Krise ging vorüber, aber Madame de Staël war gereizt und liess es Schlegel gegenüber allzu oft zu Ungerechtigkeiten kommen, bis er sich schliesslich sehr heftig zur Wehr setzte:

«Selbst wenn ich zugestände, dass in meinem Alter Erziehung noch angebracht wäre, so ist es doch ein Hauptgrundsatz eben dieser Erziehung, jemanden unter vier Augen und nicht vor allen Leuten zurechtzuweisen. Aber Sie hielten es für nötig, mich zu desavouieren. Ich vermag Ihnen nicht zu sagen, wie jämmerlich ich eine Freundschaft finde, die den anderen im Stich lässt. Das ist nun alles, was ich für das täglich peinigende Opfer meiner Unabhängigkeit und für all den Kummer, den ich in mich hineinfressen musste, eingetauscht habe. Was gäbe ich darum, meine fünf verlorenen Jahre wieder zu haben!»

Es wurden dreizehn Jahre daraus, und sie waren offenbar nicht verloren, nur eben in ihrer Konstellation schwierig und durch das verwöhnte und autoritäre Temperament Germaine de Staëls ermüdend. Doch Schlegel gelang es, sich in der Folgezeit immer stärker gegen ihre Bevormundung zu behaupten. Welch ungeheures Stimulans diese Frau für sein Leben bedeutete, hat er offenbar gewusst, sonst hätte er sich von ihr gelöst, und auch die finanzielle Unabhängigkeit, die sie ihm bot, hätte ihn kaum gehalten. Sein späteres Leben ohne sie mag ihm dagegen trocken und konventionell erschienen sein.

Die Arbeit an «De l'Allemagne» hat Madame de Staël bis 1810 beschäftigt. Auf Chaumont, dem Schloss von Catherina di Medici, schrieb sie im Februar 1810 noch am Schluss des dritten Bandes, während der erste Band bereits in Paris gedruckt wurde. Schlegel war indessen zu Verhandlungen mit der Zensur nach Paris gereist.

Hatte Goethe noch in seinen Annalen von 1804 über Madame de Staël geschrieben, sie besässe kein Pflichtgefühl – hier hat sie das Gegenteil bewiesen, zusammen mit einiger Naivität und grossem Selbtbewusstsein, ohne die sie die kolossale Aufgabe wohl kaum in Angriff genommen hätte. Aber, und das war schliesslich das Wichtigste, sie war begabt, und so trägt das Buch den Stempel ihrer grossen Persönlichkeit: wie diese ist es geistreich *und* herzlich. Dass August Wilhelm Schlegel bei seiner Entstehung eine wichtige Rolle gespielt hat, steht ausser Frage. Die Darstellung eines derartig umfangreichen Stoffes wäre ohne die Absicherung durch seine ausserordentlichen Kenntnisse nicht möglich gewesen, trotz der Besuche der Verfasserin in Weimar und Wien. Goethe, der am Beginn der Bekanntschaft von Madame de Staël und August Wilhelm Schlegel gestanden hatte, nannte «De l'Allemagne» denn auch «das Buch von Schlegel-Staël». Der Einfluss Schlegels ist gross, er ist aber keineswegs ausschliesslich, was sich schon allein bei der Gegenüberstellung Goethe – Schiller zeigt. Offensichtlich gehörte Madame de Staëls Sympathie Schiller und nicht Goethe – ganz im Gegensatz zu Schlegel, um nur ein Beispiel unter vielen zu nennen. Sagen wir lieber, Madame de Staël bediente sich der Kenntnisse Schlegels wie einer reich bestückten Bibliothek.

Die Deutschen selbst haben ihr Werk eher als Einmischung und

Anmassung empfunden. Aber um sie ging es Madame de Staël ja gar nicht in erster Linie, es ging ihr um Frankreich. Und dort hat «De l'Allemagne» das Deutschlandbild in der Kultur auf lange Zeit ganz entscheidend bestimmt.

Die Verfasserin ist von ihrem Gegenstand begeistert:

«Der unterscheidende Charakter der deutschen Literatur besteht darin, dass alles auf das innere Leben bezogen wird, und da dies das Geheimnis der Geheimnisse ist, knüpft sich daran eine grenzenlose Neugier.»

Was den Reiz des Buches ausmacht, ist sein ungemein engagierter Charakter, fern aller Trockenheit einer wissenschaftlichen Arbeit. Manche Passagen erinnern in ihrem Scharfsinn an die Maximen von La Rochefoucauld, und belebt eilt man beim Lesen von einem dieser erfreulichen Stützpunkte zum anderen. Welche Gedankenfülle, welche Plastik der Formulierungen! Dem gegenüber stehen nichtssagende Verallgemeinerungen und Urteile, die auf einem Mangel an historischer Distanz beruhen, was die Lektüre zu einem Wechselbad aus Entzücken und Ärgernissen macht. Aber wie bei allen grossen Naturen interessieren bei Madame de Staël auch noch ihre Fehlurteile und Irrtümer.

Sehr persönlich und mit einiger Kompetenz nähert sie sich der deutschen Literatur. Goethe bewundert sie auf unkonventionelle Weise, aber auch hier stören oberflächliche Pauschalurteile. Liest man als Kontrast einige Seiten im Briefwechsel Goethes mit Schiller, wird einem deutlich, wie fremd Madame de Staël letzten Endes die Welt von Weimar bleiben musste. Dagegen wird sie Wieland auf wenigen Seiten erstaunlich gerecht, den sie, auch hier im Gegensatz zu August Wilhelm Schlegel, sehr schätzte.

Dass zwei der ganz Grossen, Hölderlin und Kleist, nicht in diesen Kapiteln erscheinen, zeigt die allgemeine Verständnislosigkeit der Zeit und ihrer Geistesgrössen diesen Ausnahmeerscheinungen gegenüber. Hat Schlegel Madame de Staël nicht auf Hölderlin hingewiesen? 1796 hatte er noch den jungen Dichter durch eine Rezension ermutigt, als ein «Taschenbuch für Frauenzimmer von Bildung» 1799 einige Gedichte Hölderlins veröffentlichte, darunter «An die Parzen». Damals hatte Schlegel geschrieben:

«Diese Zeilen lassen schliessen, dass der Verfasser den Gedanken zu einem Gedicht von grösserem Umfang mit sich herumträgt, wozu wir ihm von Herzen jede äussere Begünstigung wünschen, da die bisherigen Proben seiner Dichteranlage, und selbst das hier ausgesprochene Gefühl ein schönes Gelingen hoffen lassen.» In «De l'Allemagne» steht jedoch kein Wort über Hölderlin. Dagegen werden die Dramen von Zacharis Werner mit ärgerlicher Ausführlichkeit besprochen. Für Kleist sieht die Sache nicht gerade besser aus. 1813 veröffentlichte Germaine de Staël ihre «Reflexions sur la suicide», sie waren direkt vom Selbstmord Heinrich von Kleists am Wannsee veranlasst. Darin fragt sie: «Hatte dieser Mann nicht die Haltung eines Schriftstellers ohne Genie, der mit einer wirklichen Tragödie die Wirkungen hervorbringen will, die er in der Dichtung nicht erreichte?» Hatte sie Kleist gelesen?

Bei den Kapiteln über Philosophie spürt man, dass sich Madame de Staël auf einem Gebiet bewegt, das sie passionierte. Sie übersetzt dem Leser den abstrakten Stoff mit grosser Anschaulichkeit. Da August Wilhelm Schlegel nie selbst auf seine Verdienste um «De l'Allemagne» hingewiesen hat, sei seine «Esquisse d'un exposé sur la philosophie pour Madame de Staël» erwähnt, die erst 1935 in Paris veröffentlicht wurde. Das Kapitel XXXI von «De l'Allemagne» handelt «Von den literarischen Reichtümern Deutschlands und seinen zwei grössten Kunstrichtern, August Wilhelm Schlegel und Friedrich Schlegel». Die Art und Weise, wie Madame de Staël dabei die Arbeiten ihres Freundes charakterisiert, stellt nicht nur diesem, sondern auch ihr selbst das schönste Zeugnis aus:

«Ich befand mich in Wien, als Schlegel dort seine Vorlesungen hielt. Nur Geist und Belehrung erwartete ich von den Vorlesungen, welche den Unterricht zum Zweck hatten, ich war erstaunt, einen Kunstrichter zu hören, der beredt war wie ein Redner und der, weit entfernt, über Mängel herzufallen, von denen seit jeher das neidische Mittelmass lebt, es nur darauf anlegte, das schöpferische Genie zu vermitteln.»

Was diese grossdenkende Frau aus einem anderen Kulturkreis gegenüber Deutschland und seinen Dichtern und Denkern als Zeitgenossin empfand, bleibt von ganz besonderem Interesse. Die drei Schlusskapitel von «De l'Allemagne», über den Enthusiasmus, sind als Glaubensbekenntnis der Verfasserin heute so lesenswert und bewegend wie damals.

Das Buch enthält kein Wort gegen Frankreich, aber es ist die Apotheose eines Landes, das von Napoleon besiegt worden war. Als «De l'Allemagne» schliesslich 1810 in Paris erschien, wurde das Werk verboten, eingezogen und vernichtet. Napoleon empfand es als Affront, denn es erwähnte nicht einmal seinen Namen. «Literatur, sonst nichts? Darauf falle ich nicht herein. Man kann Politik machen, indem man über Literatur, Moral, Kunst, über irgend etwas spricht. Frauen sollten beim Stricken blieben», mit diesen Worten hatte Napoleon 1807 in Chambéry Auguste de Staël abgefertigt, als dieser sich für seine Mutter verwandte. Und der Zensor Rovigo schrieb an die Verfasserin: «Ihr Werk ist nicht französisch» – womit er recht hatte; es war ein Buch von europäischem Rang.

Madame de Staël war verzweifelt, aber auch Schlegel traf das Verbot des Buches, an dem er sechs Jahre mitgearbeitet hatte, vernichtend. Für den Verleger Nicolle in Paris führte die Beschlagnahme zum Bankrott. Ein Exemplar jedoch entging der Razzia Napoleons und gelangte durch A. Wilhelm Schlegel nach Bern, später zu seinem Bruder Friedrich nach Wien und konnte für die zweite Drucklegung 1813 in London verwendet werden. Diese Reise Schlegels nach Wien wurde zu einer Tour de force. Die fünfhundert Wegstunden erledigte er in fünf Wochen und besuchte in Wien weder Bibliotheken noch Theater, sondern bemühte sich dort ausschliesslich um politisch wichtige Beziehungen.

1811 wurde der Vater von Prosper de Barante als Präfekt von Genf durch den Baron Capelle abgelöst. Dieser liess keine Gelegenheit vorübergehen, die Verfasserin von «De l'Allemagne» zu schikanieren. Hartnäckig drängte er auf die Entfernung Schlegels, dem er als Autor der Schrift über Racine antifranzösischen Einfluss auf deren Tafelrunde vorwarf. In ihren «Dix ans d'exil» präzisierte Madame de Staël: «In Wirklichkeit aber wurde Herr Schlegel verbannt, weil er mein Freund war, weil seine Unterhaltung mir in meiner Einsamkeit Abwechslung verschaffte und weil man damals systematisch darauf aus war, meine Seele in Fesseln zu schlagen und mir alle Freuden des Geistes und der Freundschaft zu nehmen.»

Dass es ihr ernst war mit ihren Plänen einer Auswanderung nach Amerika, zeigt ein Brief vom 5. Oktober 1811 an Joh. H. Meister: «Sie wissen, dass Schlegel hierher, nach Coppet, zurückgekommen ist; der Polizeiminister hat seine Reise mit mir nach Amerika bewilligt, und ich bin zu dieser Reise entschlossen, wenn ich eine Passage auf der Fregatte ‹La Constitution› bekomme.»

Juliette Récamier hatte es gewagt, Madame de Staël zu besuchen und war dafür von Napoleon aus Paris verbannt worden, den Duc de Montmorency traf das gleiche Schicksal. Damit war die Isolierung Madame de Staëls, die ohne die Gesellschaft nicht leben konnte, vollkommen. A. Wilhelm Schlegel riet ihr daraufhin zur Flucht: «Wir haben nun ständig die Erfahrung gemacht, dass alles nur schwieriger wird, wenn man seine Entschlüsse aufschiebt. Ich weiss wohl, dass, wenn ich an Ihrer Stelle wäre, ich es als Mann schon lange Gott, den Menschen und mir selbst gegenüber für meine Pflicht gehalten hätte, um jeden Preis das Land zu verlassen und ungerechte Unterdrückung durch meine freiwillige Unterwerfung nicht zu sanktionieren.» Nichts mehr von der allzugrossen Nachgiebigkeit seiner ersten Jahre auf Schloss Coppet, wo er, gelähmt von Kompromissen, fast das Profil verlor. Die Krisenzeit zeigt Schlegel in bewundernswerter Haltung, als wagemutigen Freund voller Entschlusskraft und bereit zum Risiko.

Als erstes begab sich Schlegel nach Bern, um den Kanzler Mousson um Aufklärung über seine Lage zu bitten. Dort wurde ihm bedeutet, die geringen Mittel des Widerstandes, die die Schweiz noch besitze, müssten für öffentliche Angelegenheiten aufgespart werden. Selbst der Erwerb des Bürgerrechtes der Schweiz werde ihn gegebenenfalls nicht schützen. Es war sehr kalt in Bern in diesem Winter, und Schlegel schrieb an Madame de Staël nach Genf:

«Wie gut, dass wir unsere Winterquartiere bezogen haben, denn wenn der Winter bei Ihnen dort ebenso streng ist wie hier, wäre Coppet augenblicklich nicht bewohnbar.» Bern gefiel Schlegel von allen Schweizer Städten am besten: «Ich bin ganz stolz darauf», schrieb er, «in einer sauberen, schön gebauten Stadt mit breiten Strassen und schönen Bogengängen spazierengehen zu dürfen.» Er sei bis über beide Ohren in geschichtliche Studien vergraben, besuche aber trotzdem regelmässig die Abendgesellschaften der Stadt.

Aus dieser Zeit stammt ein bedeutender Brief Schlegels über seine religiösen Überzeugungen. Er ist an den Duc de Montmorency gerichtet, einen im Gegensatz zu Madame de Staël überzeugten Katholiken. Schlegel gibt sich darin als tiefreligiöser Mensch zu erkennen: «Dringende Arbeiten, zu deren Ablieferung ich mich verpflichtet hatte, wie man eine Schuld zum abgemachten Termin bezahlen muss, haben mich gehindert, längst geplante ernsthafte und regelmässige Studien über die Heilige Schrift aufzunehmen, über die Geschichte der Religion und über die wichtigsten Kirchenväter, besonders die der ersten Jahrhunderte, als die Überlieferung aus der Zeit Jesu noch frisch war.» Er bekannte seine Neigung für den Kult der katholischen Kirche, der seine Seele, so hat er sich ausgedrückt, besser einstimme als die Nüchternheit des Protestantismus. Er erwog einen Übertritt zum Katholizismus, hat diesen jedoch nach den Erfahrungen der Restaurationszeit nicht vollzogen. Ja, der spätere Glaubenswechsel seines Bruders Friedrich sollte schliesslich sogar zum Bruch zwischen ihnen führen.

Auch Ludwig Tieck, ein Freund Schlegels aus der Zeit in Jena, hielt sich damals für zwei Wochen in Bern auf, da er in Unterwalden Nachforschungen über Nikolaus von der Flüe anstellte. Schlegel war glücklich über Tiecks Besuch, denn Bern war, wie er schrieb, nicht gerade der Ort, um literarische Anekdoten zu sammeln. «Das höchste von Literatur, das wir hier haben, ist ein schlechtes deutsches Theater, wo Stücke von Kotzebue und die Opern aus Wiener Vorstadttheatern das Nec plus ultra darstellen.»

Madame de Saussure, die Kusine Madame de Staëls, hatte begonnen, Schlegels Wiener Vorlesungen ins Französische zu übersetzen, doch Madame de Staël bat ihn darüber noch um Stillschweigen. Das schien ihn zu amüsieren: «Die Vorsicht, die Sie mir für meine Briefe an Madame Necker de Saussure empfehlen, hat bei mir ein leises Lächeln hervorgerufen. Das wäre doch ein sonderbares Geheimnis, das ihre Familie, wenn es entdeckt würde, zur Verzweiflung brächte: ‹Sie liebt Sie also?› – ‹Nein, sie übersetzt mich.›»

Unter den literarischen Neuerscheinungen erwähnte er Madame de Staël gegenüber Goethes Autobiographie «Dichtung und Wahrheit», die in den Jahren 1811–12 in mehreren Lieferungen auf dem Büchermarkt erschien. Aber er bezweifelte, dass ihr das Werk so gut gefallen werde wie ihm:

«Es gibt ein Bild der äusseren Welt, so wie sie sich dem Kinde darbietet, ein Bild, das mit wunderbarer Klarheit, Heiterkeit und Eleganz gezeichnet ist. Ich erkenne im Kinde sehr gut den späteren Mann. Diejenigen allerdings, die für sein charakteristisches Werk den Werther halten, werden das nicht finden. Man wird vielleicht in der Folge sehen, dass er diesen Roman nicht als Meister und Führer, sondern nur als passives Werkzeug der zeitgenössischen Empfindsamkeit geschrieben hat.» Schlegels Bemerkungen enthielten eine diskrete Kritik am Goethebild Madame de Staëls. Schon bei ihrem Besuch in Weimar war sie enttäuscht gewesen, nicht dem Dichter des «Werther», sondern einem gewandelten, gelasseneren Goethe begegnet zu sein.

Aber nur wenig später verzichtete Schlegel auf seine allzugrosse

Rücksichtnahme, ohne Zweifel eine wirkungsvollere Methode gegenüber Madame de Staëls ausserordentlichem Selbstbewusstsein. Zwar versicherte er ihr noch zu Anfang seines Aufenthaltes in Bern:

«Ich bilde mir ein, mich hier zu amüsieren, aber im Grunde ist wirklich eine reizvolle Gesellschaft unmöglich, wenn man je mit Ihnen zusammen gewesen ist.» Aber dann waren es doch die Gespräche mit einer anderen Frau, die ihm seinen Aufenthalt in Bern so besonders angenehm machten:

Marianne Haller war die Frau des Stadtbaumeisters Karl Gabriel Haller und die Tochter des Pfarrers Müslin am Berner Münster. Sie unterhielt sich gern mit Schlegel, und er besuchte sie fast täglich. Die Sache überschritt gewiss nicht die Grenzen der gebotenen Schicklichkeit, und er selber erzählte Madame de Staël in aller Offenheit davon, allein Marianne Haller wurde zum Stein des Anstosses. Diesmal aber setzte sich Schlegel ganz entschieden zur Wehr:

«Liebe Freundin – ich habe das Empfinden, dass Sie mein Vertrauen missbrauchen, wenn Sie sich als Zensor über ein höchst unschuldiges Verhältnis aufspielen, über das ich mit der grössten Aufrichtigkeit zu Ihnen gesprochen habe . . .

Ich verabscheue Besuche, die man nur der Form wegen macht, ich verabscheue Gesellschaften von hundert Personen, ein wirklich inneres Leben ist nur zu zweit oder im Rahmen eines kleinen Zirkels von Menschen möglich. Frau Haller hat Herz, sie hat Geist, ohne viel Wesens davon zu machen, sie liebt deutsche Literatur, sie liebt die Dichtkunst im allgemeinen. Aber da sie sich niemals darauf etwas einbildet, so konnte ich ihr zu meinem Vergnügen viele schöne Dinge mitteilen, die für sie ganz neu waren.»

Das waren keine blossen Anspielungen, das war offene Kritik am Leben in Coppet. Hätte Schlegel gewusst, wie wenig Berechtigung Madame de Staël gerade damals zur Eifersucht hatte, hätte er vermutlich noch anders reagiert. Denn ihre Anschuldigungen entbehrten nicht einer gewissen Komik, wenn man weiss, dass sie sich kurz zuvor in den zweiundzwanzig Jahre jüngeren Offizier John Rocca verliebt hatte und von ihm ein Kind erwartete.

Mit der Vollendung von «De l'Allemagne» hatte die Beziehung zwischen Madame de Staël und August Wilhelm Schlegel den Charakter einer Verpflichtung verloren, sie war neu zu definieren. Schlegel wird darüber Erleichterung empfunden haben und fing an, sich auf seine Freiheit zu besinnen. Doch ist er dabei stets loyal geblieben. Es lässt sich denken, dass die gemeinsame Arbeit und die damit verbundenen Gespräche ihrer Beziehung eine Dimension gegeben hatten, die allem Persönlichen den Stachel nahm. Es ging um Wichtigeres.

Schlegel war Romantiker, und so schrieb er an Madame de Staël: «Habe ich Sie je enttäuscht? Bitte vertrauen Sie auf mein Herz.»

Da sie sich ständig beobachtet und polizeilich überwacht fühlte, verliess Madame de Staël Coppet am 23. Mai 1812 unter dem Vorwand einer Spazierfahrt und reiste nach Bern, wo Schlegel sie ausserhalb der Stadt erwartete. Bei der Beschaffung der Pässe konnte sie ihre Verbindung mit John Rocca, den sie inzwischen geheiratet hatte, nicht länger vor Schlegel geheimhalten – kaum der beste Beginn für eine gemeinsame Flucht. Schlegel war es vollkommen unverständlich, dass der schlichte junge Mann Madame de Staël glücklich machen konnte. Als Übersetzer Shakespeares rächte er sich, indem er ihn «Caliban» nannte. Unbehelligt gelangte die Reisegesellschaft, zu der auch die drei Kinder Madame de Staëls und vier Schweizer Bediente gehörten, nach Wien. Da Napoleon mit der Grande Armée auf Russland marschierte, bot sich ihnen kein anderer Fluchtweg nach England als der wahnwitzige Umweg über Moskau, St. Petersburg und Schweden, was kaum vorstellbare Strapazen bedeutete. Ihre Flucht liest sich denn auch wie ein Kapitel aus «Krieg und Frieden». Sie waren unter den letzten Reisenden, die das alte Moskau noch im Glanz seiner zahllosen goldenen Kuppeln gesehen haben, ehe es in Flammen aufging.

Als Feindin Napoleons wurde Madame de Staël in St. Petersburg von Zar Alexander I. empfangen, der sich lange mit ihr über politische Fragen unterhielt. Zu Schiff gelangten die Reisegefährten von der finnischen Hafenstadt Abo nach Schweden. Bei der Überfahrt versetzte die stürmische See Madame de Staël jedoch in solche Furcht, dass danach zwischen ihr und Schlegel nie wieder von einer Emigration nach Amerika die Rede war.

Schon im Salon von Coppet hatte man alle Hoffnungen auf Bernadotte gesetzt. Als ihnen der ehrgeizige Mann nun bei ihrer Ankunft in Schweden begegnete, zeigte er sich äusserst zuvorkommend, behandelte Madame de Staël wie eine alte Freundin und machte Schlegel zu seinem Privatsekretär. Dies war keine Zeit für Literatur, und Schlegel war entschlossen, in den Befreiungskriegen eine aktive Rolle zu spielen. Griff er zur Feder, so verfasste er politische Manifeste. Als erstes erschien seine Denkschrift «Über

Deutschlands Zustand und die Mittel, um eine Volkserhebung zu erregen».

Schlegel nahm seine neuen Aufgaben ernst, und Madame de Staël musste nach einem Aufenthalt von sechs Monaten ohne ihn nach England weiterreisen. Dort wurde sie mit offenen Armen empfangen, und «De l'Allemangne» konnte endlich in einem zweiten Anlauf in London erscheinen. Die Verfasserin hatte ihr Buch um eine Vorrede erweitert, in der sie dessen sabotierte Veröffentlichung in Frankreich schilderte. Durch die Verflechtung künstlerischer und politischer Motive ist «De l'Allemagne» zu einem der berühmtesten und meistdiskutierten Bücher des 19. Jahrhunderts geworden.

In ihren Briefen aus London warf Madame de Staël Schlegel Gleichgültigkeit vor und schalt ihn, er schriebe zu wenig. Ihre Klagen verrieten, wie sehr ihr der Gesprächspartner fehlte:

«Ich habe das Buch, in dem mich alles an Sie erinnert, veröffentlicht. Die Ausgabe war in drei Tagen vergriffen. Aber was nützt mir das, mit wem soll ich darüber reden. Ich habe so viel verloren, als ich Sie verlor. Sollte ich Sie jemals wieder für mich haben, werde ich alles tun, um Sie für immer zu behalten.» Aber Schlegel blieb diesen Beteuerungen gegenüber skeptisch und beklagte sich, dass «De l'Allemagne» auch zwei Monate nach Erscheinen noch nicht in seinen Händen sei. Doch alles Literarische schien ihn nur sehr bedingt zu interessieren, seine wenigen, aber umfangreichen Briefe handelten fast ausschliesslich von politischen Tagesereignissen.

1812 nahm Schlegel das Adelsprädikat seiner Vorfahren wieder an – er stammte aus dem sächsischen Kleinadel – und nannte sich seit dieser Zeit wieder August Wilhelm von Schlegel. Ebenso selbstbewusst wirkt auch sein ordengeschmücktes Porträt, hinter dem man eher einen distinguierten Diplomaten als einen Mann der Literatur vermuten würde.

Madame de Staël hätte ihre Tochter Albertine gern mit dem jungen Grafen Baudissin, einem Freund August Wilhelm Schlegels aus Dänemark, verheiratet gesehen – aber die Sache war nicht zu arrangieren. Aufgrund eines eigenartigen Zufalls sollte aber gerade er, zusammen mit Ludwig Tiecks Tochter Dorothea, später die Schlegelsche Übersetzung der Dramen Shakespeares zu Ende führen.

Albert de Staël war in einem Duell mit einem russischen Offizier gefallen, und Schlegel hatte die traurige Aufgabe, der Mutter von den Umständen, unter denen er gestorben war, zu berichten. Diese waren ebenso grausam wie die Zeitläufte selbst – sein Gegner hatte Albert de Staël mit einem Säbelhieb den Kopf vom Rumpf getrennt.

Doch gab es auch Erfreuliches zu berichten: Ludwig Tieck hatte A. Wilhelm Schlegel seinen Roman «Phantasus» gewidmet. Anstatt einer Vorrede heisst es dort: «Es war eine schöne Zeit meines Lebens, als ich Dich und Deinen Bruder Friedrich zuerst kennenlernte: eine noch schönere, als wir und Novalis für Kunst und Wissenschaft vereinigt lebten und uns in mannigfaltigen Bestrebungen begegneten.»

Tiecks «Phantasus» schildert in kritischen Gesprächen, die die einzelnen Märchen, Erzählungen und Dramen innerhalb des Romans verbinden, die freie Geselligkeit und den Kult der Freundschaft im Hause der Gebrüder Schlegel während der Jahre 1799/1800 in Jena. Sie stehen stellvertretend für die Lebensform und das literarisch und philosophisch Experimentelle der Frühromantik. Nichts zeigt besser als die Widmung Tiecks, wie weit sich A. Wilhelm Schlegel inzwischen von seinen Ursprüngen entfernt hatte. In den Wirren der Zeit war aus dem Literaten ein Politiker und Mann des Krieges geworden, der im Gefolge von Bernadotte auch noch an der Völkerschlacht von Leipzig teilnehmen sollte.

Sehr direkt und aufrichtig sind die Briefe Madame de Staëls an Schlegel gerade dieser Zeit: «In diesem Augenblick fühle ich, wieviel Kraft Sie mir geschenkt haben, und noch benütze ich sozusagen beim Gehen die Hilfen, die die Unterhaltungen mit Ihnen mir geschenkt haben.» Schlegel antwortete ihr: «Liebe Freundin, für mein ganzes Leben bin ich Ihr ergebener Freund. Alles was ich erlebe und sehe werden wir an unseren Abenden durchsprechen. Ich hoffe, künftig wird die Welt so neu geordnet werden, dass Sie Ihren Aufenthalt dort wählen können, wo Sie wollen, und dass Sie mich langweiligen Kerl nicht mehr nötig haben.»

August Wilhelm von Schlegel hat sich einmal ironisch ihren «Freigelassenen» genannt – auch hier war er von erstaunlicher Präzision und Einsicht. In ihrer Korrespondenz hatten sich die Gewichte verlagert, nun war Madame de Staël die Bittende. Sie versuchte, ihn nach England und nach Schottland zu locken, aber er lehnte ab. Naturschönheiten erschienen Schlegel in diesen bewegten Zeiten «wie eine Idylle mitten unter den letzten Gesängen der Ilias».

Mit der ihr eigenen grossen Geste erinnerte ihn Madame de Staël an ihre Begegnung 1804 in Berlin: «Ich habe immer gedacht, dass mein Vater Sie dazu bestimmt hat, mir die Augen zuzudrükken. Ich habe alles für Ihre Ankunft vorbereitet, ich liebe Sie im Leben wie im Tod.»

Erst nach einem weiteren Jahr schickte sich Schlegel an, Madame de Staël in London abzuholen. Aber die Frau, die er dort antraf, war gealtert und krank. Er begleitete sie zurück in das befreite Paris, wo sie trotz ihrer geschwächten Gesundheit nicht auf das gesellschaftliche Leben verzichten wollte, das immer ihr Lebenselement gewesen war. Der Herzog von Weimar, die Gebrüder von Humboldt, der russische Zar – wo sonst gab es einen derartigen Kreis brillanter Gesprächspartner.

Auch in Paris stand nun einer Veröffentlichung von «De l'Allemagne» nichts mehr im Wege. Sofort war das Buch in aller Munde und hatte bald das 70. Tausend erreicht. Dem lebhaften Interesse, auf das es in Frankreich stiess, stand in Deutschland eine fast einhellige Ablehnung gegenüber – man bedankte sich für diese wenn auch noch so gut gemeinte Bevormundung. Das deutsche Selbst- und Nationalgefühl war inzwischen in einer Weise erstarkt, dass es keines fremden Zuspruchs bedurfte.

Nur Goethe äusserte sich in einem Brief an Knebel vom 18. Mai 1814 positiv:

«Wir Deutschen hätten uns wohl kaum selbst so resümieren können, wie man es in diesem Buch von Schlegel-Staël tut.»

— Mitte Juni 1814 kehrten Madame de Staël und Schlegel nach Coppet zurück, begeistert empfangen von den Bewohnern des kleinen Ortes, zu deren Freude sich die Fenster des Schlosses wieder öffneten. Auch die Getreuen von einst, Bonstetten und Sismondi, waren zur Stelle. Nun, da Madame de Staël sich freiwillig hier aufhielt, erschien ihr Coppet in anderem Licht. Schlegel richtete sich aufs neue in seinem «blauen Zimmer» ein und begann, in der angrenzenden Bibliothek zu arbeiten. Er hatte keine weiteren politischen Ambitionen und wandte sich wieder seinem ureigensten Gebiet zu, der Literatur in allen ihren Erscheinungsformen. Fast war alles wieder so wie früher. Madame de Staël schrieb an ihren Erinnerungen «Dix ans d'Exil» und korrespondierte mit ganz Europa. Aus ihren Briefen spricht die aussergewöhnliche Intelligenz dieser Frau, ihre beständige Neugier auf Literatur und Philosophie. Man bewundert ihren politischen Instinkt, aber auch ihr gesellschaftliches Geschick und ihre Lust am Manipulieren – es lohnte sich einfach nicht, ihr zu widerstehen.

Seit Napoleon nicht mehr zu fürchten war, kamen die Engländer wieder in Scharen in die Schweiz, und wer etwas auf sich hielt, gab seine Karte in Coppet ab. Schlegel fand, im Schloss werde zu viel politisiert und die Literatur gerate dagegen ins Hintertreffen. Madame de Staël war anderer Meinung – in Zeiten wie diesen werde alles Grosse das Resultat einer guten Gesellschaftsordnung sein, und die Beschäftigung mit der Politik sei Religion, Moral und Dichtung zugleich.

An der Akademie in Bern hätte man Schlegel gern zum Professor für Literatur gemacht, aber er zögerte und sah sich doch eher an einer der grossen renommierten Universitäten Deutschlands. Madame de Staël hatte keinen Grund mehr zur Eifersucht – zu Schlegels Enttäuschung konnte sich Marianne Haller nach dem Tod ihres Mannes nicht entschliessen, seine Frau zu werden.

— Im September 1814 reiste Madame de Staël, begleitet von Schlegel und ihrer Tochter Albertine, nach Paris. Einer der Gründe dieser Reise war, die zwei Millionen zurückzugewinnen, die Frankreich ihrem Vater Necker seit der Regierungszeit Louis XVI. schuldete. Während ihres Aufenthaltes in der Metropole bewohnten sie ein etwas baufälliges Palais in Cluny. Aber wie glanzvoll trotzdem die Abendgesellschaften Madame de Staëls waren, erfährt man aus den «Denkwürdigkeiten» Karl Augsut Varnhagen von Enses: «Wie die Bourbonen erlebte auch Frau von Staël ihre Restauration.» Varnhagen war bei Madame de Staël durch Schlegel eingeführt worden, den er von Berlin her kannte, wo er 1803 als Student dessen Vorlesungen gehört hatte. Varnhagens Porträt der «begabten Frau», wie er Madame de Staël in den «Denkwürdigkeiten» nennt, schwankt zwischen Bewunderung und Befremden:

«Ihr Wesen gab mir das Gefühl eines Zwiespaltes, der keine Vermittlung fand, mir stand in ihr zugleich eine Fürstin vor Augen und eine Bürgerfrau, und welches von beiden, oder gar beides nur Maske sei, schwebte in beängstigendem Zweifel.»

In Paris wurden Schlegel und Madame de Staël von der Nachricht überrascht, Napoleon sei in der Provence gelandet und marschiere in Richtung auf die Hauptstadt. «So lange der Mann lebt, ist noch nichts getan. Aber es ist schwierig, vierundzwanzig Millionen

Männer zu Boden zu strecken, um einen von ihnen zu treffen», hatte Madame de Staël Schlegel prophezeit. Von neuem flohen sie vor Napoleon nach Coppet. Aber es war nur noch ein Wetterleuchten, denn bereits im Juli kehrte Ludwig XVIII. auf den Thron Frankreichs zurück.

— Noch einmal Italien. Aber diesmal gab es keinen Schneesturm beim Überqueren der Alpen, denn man reiste vorsichtshalber im September; keine Metamorphose Madame de Staël in die Heldin eines neuen Romans. Dafür aber die Hochzeit ihrer Tochter Albertine mit dem Duc de Broglie. Schlegel schrieb zu diesem Anlass ein fünfstrophiges Poem für seine einstige Schülerin, bei dem allerdings seiner sonst so kritischen Distanz die eigene Rührung im Wege stand. Für die «Bibliothèque Italienne» verfasste er einen Brief über die Bronzepferde von San Marco in Venedig. Man wohnte in Pisa, und Schlegel war von Italien und dessen Villen aufs neue so begeistert, dass er den grossen Saal in Coppet überwölben und ausmalen lassen wollte. Madame de Staël aber dachte gar nicht daran, unnötige Ausgaben zu machen, und verwies ihm seine Phantastereien. Sie schmiedeten Pläne, und dazu gehörte eine gemeinsame Reise nach Griechenland. Welch ein Gedanke – ein Buch von Madame de Staël und Schlegel über dieses Land, kurz vor dessen Erhebung! Doch dazu ist es nicht mehr gekommen.

Im Sommer 1816 schien sich die grosse Gesellschaft von ganz Europa am Genfer See zu treffen. Im Salon Madame de Staëls verkehrte die deutsche und die englische Aristokratie, darunter Lady Hamilton und Lord Byron, der sich von der Dame des Hauses verlocken liess, dreimal in der Woche von der Villa Diodati über den See nach Coppet zu kommen, obwohl er sonst die Gesellschaft mied. Madame de Staël hatte Byron 1813 während ihres Aufenthaltes in London kennengelernt. Auch in Coppet zeigte sich Byron brillant und boshaft, so wie man es von ihm erwartete: Den sanften Rocca nannte er «Monsieur l'Amant», und sein Zynismus machte auch vor Madame de Staël nicht halt. Schlegel hatte nur sehr wenig übrig für «His Satanic Majesty» und verhielt sich dementsprechend reserviert. Die anderen Gäste stiessen sich an Schlegels Eitelkeit, aber vielleicht war diese nichts als ein Versuch der Selbstbehauptung gegenüber dem ständig wechselnden Strom berühmter Besucher. Hobhouse, ein Freund Byrons, berichtet: «Am Abend streiten sich gewöhnlich Schlegel und die Staël», auch daran hatte sich also nichts geändert. Als treue Freundin schenkte sie Byron jedoch ein Exemplar von Schlegels Wiener Vorlesungen über «Dramatische Kunst und Literatur».

Auch Stendhal, kein unbedingter Bewunderer Madame de Staëls, war damals unter den Gästen von Coppet und folgte beeindruckt den Diskussionen ihres Salons, die es, wie er fand, mit ganzen Akademien aufnehmen konnten. Schlegel war er schon einmal begegnet, denn 1813 hatte er an seinen Vetter Romain Colomb nach Genf geschrieben:

«Hast Du die dramatischen Vorlesungen Schlegels gelesen? Wahrscheinlich nicht, Deine Amtstätigkeit wird Dir wohl nicht so viel freie Zeit lassen. Aber wie dem auch sei, der Name Schlegel wird Dir in Genf oft in den Ohren klingen, und seine Person wird Dir kaum unbekannt sein. Wahrscheinlich im Jahr 1808 (es muss jedoch 1804 gewesen sein) tauchte in Weimar ein hübscher, wohlgestalteter junger Mann auf, der einen wilden und düsteren Gesichtsausdruck hatte. Ich begegnete ihm das erste Mal in einer grossen Gesellschaft und stand erstaunt einer der witzigsten und regsamsten Naturen gegenüber, die mir je vorgekommen sind. In meinem Leben habe ich nie einen Menschen die deutsche Sprache so temperamtentvoll sprechen hören. Ich suchte ihn öfters wieder zu treffen, es kam mir vor, als sei ein zur Gewohnheit gewordenes Verträumtsein sein Seelenzustand. Seine Lieblingslektüre ist Calderon. Die Dramen dieses spanischen Dichters entsprachen seiner inneren Stimmung, und er gab offen zu, dass er diese etwas langweiligen Stücke dem Fiesco von Schiller und der Phädra des Racine vorziehe. Der junge Mann war der Fröhlichkeit abgeneigt. Sie versetzte ihn geradezu in schlechte Laune, und in seinen Theorien tat er sie in ziemlich lächerlicher Weise in Acht und Bann – ungefähr wie ein Blinder von der Farbe spricht. Er behauptete, eine schöne Seele lache nicht. Soeben habe ich mit grossem Interesse sein neuestes Buch gelesen. Ich glaube nicht, dass man das alte Griechenland und seine Dichter besser kennen kann als der Verfasser.»

Ein letztes Mal begleitete August Wilhelm von Schlegel Madame de Staël im Oktober 1816 nach Paris. Noch einmal gab sie dort Gesellschaften, wo sie in Gedanken immer gelebt hatte. Erschöpft vernachlässigte sie ihr Äusseres, sie fühlte, dass sie nicht mehr lange zu leben hatte. «Fünf Monate war meine Freundin krank und hat unsäglich gelitten. Die ganze Zeit über habe ich das

Haus nicht verlassen, um zu allen Stunden Nachricht zu haben und Gesellschaft zu leisten, wo es sich fügte», schrieb August Wilhelm von Schlegel an Ludwig Tieck.

Als Benjamin Constant erfuhr, dass Madame de Staël im Sterben lag, schrieb er an Schlegel; «Glauben Sie mir, die Vergangenheit ist ein schreckliches Gespenst, wenn man für Menschen zittert, die man leiden gemacht hat. Ich beschwöre Sie, geben Sie mir Nachricht, und wenn es ihr nicht schadet, lassen Sie mich zu ihr.» In seinem «Journal intime» hatte Bejamin Constant immer wieder versucht, das Wesen Germaine de Staël zu definieren; einmal hatte er es folgendermassen formuliert: «Ich habe nie eine bessere Frau gesehen, mit grösserer geistiger Anmut und Ergebenheit, aber auch keine Frau, die beständig grössere Ansprüche gestellt hätte. Die ganze Existenz des anderen, Minuten, Stunden, ganze Jahre müssen zu ihrer Verfügung stehen. Und wenn sie in Zorn gerät, so entsteht ein Chaos wie bei allen Stürmen und Erdbeben zugleich.» Das sind Worte, die ebensogut von Schlegel stammen könnten, denn er hatte an sich selbst diese kolossalen Ansprüche erfahren, aber auch die unbedingte und verschwenderische Freundschaft der ungewöhnlichen Frau.

Ausgerechnet am 14. Juli 1817, dem Jahrestag der Erstürmung der Bastille, ist Madame de Staël in Paris gestorben. Schlegel war einer grossen Natur begegnet, und fasziniert hatte er diesem Schauspiel zugesehen. Zusammen mit Auguste de Staël begleitete er ihren Sarg auf einer zehntägigen Reise zurück nach Coppet.

Ihr Vertrauen hat Madame de Staël August Wilhelm von Schlegel noch einmal bewiesen, indem sie ihm ihren gesamten literarischen Nachlass vermachte, ein Entscheid, der von ihrer Familie jedoch angefochten wurde. Man einigte sich schliesslich in einem Vergleich. Mit der ihm seinerzeit in Berlin in Aussicht gestellten Rente machte sie Schlegel finanziell unabhängig. Darüber hinaus gestattete sie ihm, bis an sein Lebensende in Coppet zu wohnen. Er hat davon nicht Gebrauch gemacht und ist auch nie dorthin zurückgekehrt. Er stellte sich einer neuen Herausforderung, der Erforschung der indischen Sprache.

Schon während seiner letzten Jahre in der Schweiz hatte sich Schlegel für Sanskrit interessiert und hatte auf seinen Reisen mit Germaine de Staël in den Bibliotheken von London und Paris Forschungen angestellt. Seitdem war die Übersetzung altindischer Manuskripte für ihn zu einer zentralen Beschäftigung geworden.

Goethe, der mit indischer Dichtung nicht allzuviel anzufangen wusste und sich lieber auf das «West-östliche» beschränkte, wunderte sich über diese neue Passion. «Es ist mir stets darum gegangen, das Vergessene und Verkannte ans Licht zu ziehen», erklärte Schlegel. «So ging ich vom Dante zum Shakespeare, zum Petrarca, zum Calderon, zu den altdeutschen Heldenliedern fort: fast überall habe ich kaum die Hälfte dessen ausgeführt, was ich mir vornahm. Doch war es gelungen, eine Anregung zu geben. Solchergestalt hatte ich die europäische Literatur gewissermassen erschöpft, wandte mich nach Asien, um ein neues Abenteuer aufzusuchen. Ich habe es glücklich damit getroffen: für die späteren Jahres meines Lebens ist es eine erheiternde Beschäftigung, Rätsel aufzulösen; und hier habe ich nicht zu sorgen, dass mir der Stoff ausgehen möchte.»

Im Grunde genommen scheint August Wilhelm von Schlegel eine Art bedächtiger Abenteurer gewesen zu sein, offenbar liebte er auf seine besonnene Weise die Gefahr. Dafür sprechen auch seine dreizehn Jahre im Umkreis von Madame de Staël, auch dort hatte er mit dem Überraschenden, dem Unberechenbaren gelebt und sich mit Erfolg dagegen behauptet. Lässt nicht seine ausserordentliche Begabung zum Übersetzer ebenfalls einen Rückschluss auf seine Psyche zu? Er brauchte die Nähe und das Stimulans des Genialen, ohne sich ihm gänzlich auszuliefern.

Goethes drei Schweizerreisen 1775, 1779, 1797

«Gezeichnet. Not und Müh und Schweiss. Teufelsbrücke und der Teufel. Schwitzen und Matten und Sinken bis ans Urnerloch hinaus und Belebung im Tal. An der Matte trefflicher Käs. Sauwohl und Projekte.»

Das sind Eintragungen des jungen Goethe aus dem Tagebuch seiner ersten Schweizerreise von 1775 – ein Stürmer und Dränger erlebt staunend die Natur des Hochgebirges, in deren Dimensionen er sich wiedererkennt. Das schmale Oktavheft ist geradezu ein Spiegel seiner damaligen geistigen Verfassung, und in ihrer Heftigkeit vermitteln die scheinbar atemlos hingeworfenen Worte und Satzfetzen mehr von der Betroffenheit des jungen Dichters als die geglättete und damit konventionellere sprachliche Gestalt, in der Goethe seine Erlebnisse mehr als dreissig Jahre später im 18. und 19. Kapitel von «Dichtung und Wahrheit» geschildert hat.

Am Ende seiner ersten Schweizerreise schrieb Goethe aus Zürich an Sophie von La Roche: «Mir ist wohl, dass ich ein Land kenne, wie die Schweiz ist. Nun geh' mir's, wie's wolle, hab' ich doch immer da einen Zufluchtsort.»

Goethe war damals 26 Jahre alt und bereits ein berühmter Autor. Er hatte den «Götz von Berlichingen» geschrieben, der über das Theater des Rokoko hereingebrochen war wie ein Gewitter, und arbeitete an seinem «Faust». Der «Sturm und Drang» war bei ihm keine Pose, sondern Ausdruck einer Lebenksraft, die das Unbedingte für sich in Anspruch nehmen durfte. Seine Gedichte hatten einen neuen, unverwechselbaren Ton in die deutsche Lyrik gebracht, und wenn es Vorbilder gab, so waren sie eingeschmolzen in etwas, das stärker war als sie. Goethe suchte kein poetisches Bild, um darin einen Gedanken auszudrücken, dieser entwickelte sich vollkommen natürlich aus einer realen Situation, war mit ihr identisch. In «Willkommen und Abschied» war die Liebe nicht mehr blosse Theorie wie bei den Anakreontikern, sie war Geben und Nehmen, so wichtig wie Aus- und Einatmen. Und derselbe junge

Mensch hatte «Wanderers Sturmlied», «An Schwager Kronos», hatte «Mahomets Gesang» geschrieben. Aber berühmter als alles andere hatten ihn «Die Leiden des jungen Werther» gemacht, die kaum ein Jahr zuvor, zur Herbstmesse 1774 erschienen waren – ein Buch, in dem sich eine ganze Generation wiedererkannte.

Die Initiative zu einer Reise in die Schweiz war ursprünglich von den Grafen zu Stolberg ausgegangen, Goethe hatte sich ihnen lediglich angeschlossen. Die beiden sich genialisch gebärdenden Brüder Christian und Friedrich Leopold waren eines Tages im Haus seiner Eltern am Grossen Hirschgraben in Frankfurt eingefallen und hatten, unter Äusserungen wilden Tyrannenhasses, eine Unzahl von Flaschen geleert. Es war hoch hergegangen – der ältere Bruder hatte gerade sein «Freiheitslied auf das 20. Jahrhundert» verfasst –, und diese Emotion musste man sich von der Seele trinken.

Die dichtenden Grafen waren Mitglieder des «Göttinger Hainbundes», und ihre Bekanntschaft mit Goethe ging zurück auf dessen frühe Beiträge im Musenalmanach der Stadt. Eine weitere Verbindung zwischen ihnen und dem Dichter war ihre Schwester Auguste, «das Gustgen», die Goethe seit ihrer Lektüre des «Werther» verehrte. Gegenüber dieser «im Herzen wohlgekannten, mit Augen nie gesehenen, teuren Freundin» nannte Goethe die Dinge beim Namen: «Adjeu, ich bin ein Armer, verirrter, verlorener», schrieb er einmal an sie, und ein anderes Mal bezeichnete er sich als «von der Geissel der Eumeniden getrieben». Der Boden, auf dem der junge Goethe damals stand, schwankte.

In Lavaters «Physiognomischen Fragmenten zur Beförderung der Menschenkenntnis und Menschliebe» hat Goethe die Porträts der beiden Grafen mit solcher Ausführlichkeit und poetischer Präzision beschrieben, dass er sie, bei einer «gewissen Differenz, was Gesinnung und Gefühle betraf», sehr gern gehabt haben muss. Über den jüngeren Christian Stolberg heisst es da:

«Siehe den blühenden Jüngling von fünfundzwanzig Jahren! das leicht-schwebende, schwimmende, elastische Geschöpfe! es liegt nicht; es steht nicht; es stemmt sich nicht; es fliegt nicht; es schwebt oder schwimmt. Zu lebendig, um zu ruhen; zu locker, um festzustehen; zu schwer und zu weich, um zu fliegen. Ein schwebendes also, das die Erde nicht berührt.» Und über Friedrich Leopold: «Derselbe unbezwingbare Abscheu gegen Unrecht und Bosheit; dieselbe Unversöhnlichkeit mit allem, was Ränk' und Tücke heisst; dieselbe

Unerbittlichkeit gegen Tyrannei und Despotisme; dasselbe reine unbestechliche Gefühl für alles Edle, Gute, Grosse; dasselbe Bedürfnis für Freundschaft und Freiheit ... und dieselbe leichtsinnige Unbedachtsamkeit.»

Die Brüder Stolberg waren unzertrennlich, sie liessen sogar ihre Gedichte gemeinsam erscheinen. Beide waren von dem neuen Freund begeistert – Christian Stolberg schrieb an seine Schwester Henriette: «Er ist ein gar herrlicher Mann, er ist bis zum Ungestüm lebhaft, aber auch aus dem Ungestüm blickt das zärtlich liebende Herz hervor. Wir sind immer beisammen und geniessen miteinander alles Glück und Wohl, das die Freundschaft bieten kann.» Der vierte im Bunde war Christian Kurt von Haugwitz. Friedrich Leopold schwärmte in einem Brief an die Schwester Katharina: «Wir vier sind, bei Gott, eine Gesellschaft, wie man sie von Peru bis Hindostan umsonst suchen könnte.» Sie schlugen ganz gewaltig über die Stränge, und schon in Darmstadt sagte Johann Heinrich Merck Goethe voraus, dass er es nicht lange in ihrer Gesellschaft aushalten werde.

Goethe glaubte an die klärende Wirkung der Distanz, auch wenn sie sich nur durch eine Flucht bewerkstelligen liess, sein Leben hat dies immer wieder bewiesen. Der eigentliche Grund seiner Reise in die Schweiz war seine Passion für Lili Schönemann, die Patriziertochter in Frankfurt. Es war ein Gefühl, das ihn, wie er schrieb, zu allen anderen Geschäften unfähig machte und von dem er sich auf diese Weise zu befreien versuchte.

Lili stammte aus einer Bankiersfamilie grössten Lebensstils bei bedenklich schwankender finanzieller Situation – ein Milieu, das für Goethe durch den Wert, der dem Gesellschaftlichen beigemessen wurde, nur schwer tolerierbar war. Dazu kamen Konfessionsunterschiede, Animositäten der Eltern. Lili selbst besass einen durchaus integren Charakter, dessen Stärke sie in den Wirren der Französischen Revolution und den Schwierigkeiten, in die ihre Familie während dieser Zeit geraten sollte, unter Beweis gestellt hat. Die Anziehung zwischen dem bezaubernden sechszehnjährigen Mädchen und dem jungen Goethe war ebenso gross wie die Hindernisse, die sie trennten. Aber Lili Schönemann wäre sogar bereit gewesen, Goethe nach Amerika zu folgen, wenn sich dadurch alle Schwierigkeiten hätten beseitigen lassen. Das eigentliche Hindernis dürfte jedoch Goethes Instinkt gewesen sein, der ihn vor einer zu frühen bürgerlichen Bindung warnte.

Die Schweiz war damals für Goethe gleichbedeutend mit Lavater – um ihre Natur ging es ihm erst in zweiter Linie. Dann aber wurde ihre Entdeckung, angefangen vom Rheinfall bis zum Erlebnis des Hochgebirges auf einer Wanderung zum Gotthard, für Goethe zu einem einzigen, begeisterten Staunen. Ein Eindruck, der sich durch seine zwei weiteren Schweizerreisen noch vertiefte und in seinem Werk deutliche Spuren hinterlassen hat. Besonders auffällig sind sie in «Wilhelm Meisters Wanderjahren» und dem zweiten Teil des «Faust», dessen Schlusszene, nach manchen anderen Bezügen zur Landschaft der Schweiz, die szenische Anweisung trägt: «Bergschluchten, Wald, Fels, Einöde».

In seinen Gesprächen mit Eckermann hat Goethe gesagt, er habe die Natur nie poetischer Zwecke wegen betrachtet. Ursprünglich wohl nicht, möchte man ergänzen, denn später verfügte Goethe über das in der Wirklichkeit Geschaute, in dem er es in seinen Werken atmosphärisch oder als Symbol wieder einsetzte. Und so spricht im zweiten Teil der Tragödie mit dem im Gebirge erwachenden Faust zugleich auch der sich erinnernde Goethe, wenn es in den Terzinen vom Sonnenaufgang heisst: «Hinaufgeschaut! Der Berge Gipfelriesen verkünden schon die feierlichste Stunde.» Erinnerung ja – aber sie ist alles Anekdotischen entkleidet und eingegangen in ein Gleichnis.

Goethe und die drei Grafen machten sich den Spass, gemeinsam in Werthers Tracht, blauem Frack, gelber West und Hose, auf die Reise zu gehen. Was Goethe anbelangt, zeugt das von einer eigentümlichen Gleichgültigkeit gegenüber der eigenen, unglücklichen Kreatur.

Am Hof von Karlsruhe traf Goethe Louise, die Nichte der Markgräfin von Baden, an der Seite von Carl-August von Sachsen-Weimar, mit dem sie seit einem halben Jahr verlobt war. Goethe war dem jungen Herzog schon ein Jahr zuvor in Frankfurt begegnet, und nur von gegenseitiger Sympathie zu sprechen, wäre zu wenig. Es war ein coup de foudre, und zwar auf allen Seiten, und die hohen Herrschaften schieden mit dem Wunsch, Goethe bald bei sich in Weimar zu sehen.

Vor seinem Eintritt in die Schweiz besuchte Goethe in Emmendingen seine Schwester Cornelia. Der strahlende Bruder und die reizlose Schwester, klug, verschlossen und unglücklich – es will scheinen, als habe Goethe in solch ausschliesslichem Masse alle göttlichen Gaben auf sich vereint, dass die Schwester dagegen karg ausgegangen war und sich mit zuwenig begnügen musste. Cornelia, dem Bruder über alle Massen zugetan, riet ihm von einer Verbindung mit Lili Schönemann ab. In «Dichtung und Wahrheit» glaubt man die Erleichterung zu spüren, als Goethe den Besuch und dessen Beschreibung hinter sich gebracht hat.

Der Rheinfall wird in der Autobiographie anlässlich dieses ersten Besuches nur sehr nüchtern, als rein geologisches Phänomen registriert. Vielleicht war Goethe noch zu beschäftigt mit den «Gesprächen leidenschaftlich geschwätziger Vertraulichkeit» mit der Schwester, als dass ihm das Naturschauspiel zu dem überwältigenden Eindruck werden konnte, als den er es bei seinen späteren Schweizerreisen geschildert hat. Das Tagebuch von 1775 schweigt sich jedenfalls über ihn aus. Nur in einem Brief an Johanna Fahlmer vom 7. Juni schreibt Goethe: «Gehe jetzt aus, den Rheinfall zu sehen. Morgen um diese Zeit bin ich bei Lavater. Mir ist's recht wohl, Könnt' ich nur recht tief in die Welt.» Das ist wenig und sehr viel zugleich.

Mit dem Geistesleben der Schweiz war Goethe schon früh in Berührung gekommen. Während seiner Leipziger Zeit studierte er die kritischen Schriften Bodmers und Breitingers. Bodmers dichterische Bemühungen dagegen hat Goethe nie ernst genommen und nannte dessen «Noachide» ein typisches Beispiel für die Wasserflut, die sich damals um den deutschen Parnass angesammelt habe. In den Frankfurter «Gelehrten Anzeigen» schrieb er Rezensionen über Salomon Gessner, Albrecht von Haller und Lavater, und dass er Rousseaus «Nouvelle Héloise» gelesen hatte, zeigt sich an den Naturschilderungen seines «Werther».

Das Zürich von 1775 galt dank den Leistungen Bodmers, Breitingers, Lavaters und Gessners als ein Zentrum deutscher Literatur. Äusserlich hatte es noch etwas von seinem mittelalterlichen Charakter bewahrt. Fraumünster, Grossmünster und St. Peter überragten wie heute die Stadt, aber noch war sie umgeben von einem Festungswall mit vier Haupttoren. In der Mitte der Limmat erhob sich der Wellenbergturm, der als Gefängnis diente. Zudem gab es auf der Seeseite Palisaden und ein Wassertor, das nachts geschlossen wurde. Die Stadt wirkte also längst nich so heiter-einladend und zum See hin geöffnet wie heute.

Als Goethe in Zürich ankam, begab er sich zu Lavater, ohne den

Gasthof «Zum Schwert», in dem er logierte, überhaupt zu betreten. Goethe und Lavater hatten sich ein Jahr zuvor, 1774, auf einer Rheinreise kennengelernt. Aber bereits aus dem Jahre 1772 datieren Besprechungen Goethes verschiedener religiöser und philosophischer Schriften Lavaters. In der Folge kam es zwischen ihnen zu einem regen Briefwechsel, in dem Lavater Goethe um die Zusendung eines Bildnisses bat. Goethe entsprach dieser Bitte mit einer äußerst delikaten Ölminiatur des Frankfurter Malers Johann Daniel Bager, die Lavater anschließend auf der Innenseite der Kartusche emphatisch kommentierte. Lavater gab sich jedoch nicht mit einem Porträt Goethes zufrieden, sondern wollte darüber hinaus ein mit eigener Hand gezeichnetes Christusbild von ihm haben. «Dergleichen Forderungen des Unmöglichen gaben mir zu mancherlei Scherzen Anlass», kommentierte Goethe Lavaters Zumutung später in «Dichtung und Wahrheit». Aber ihre Begegnung wurde zu einer Beziehung von grosser gefühlsmässiger Intensität – ehrliche Bewunderung und Liebe auf seiten Goethes und eine mitunter die Hysterie streifende Schwärmerei auf seiten Lavaters. Goethe sah sich während dieser Reise noch einem anderen Einfluss ausgesetzt – Johann Bernhard Basedow war in allem das genaue Gegenteil von Lavater, ein unzarter, ständig Pfeife rauchender Mensch von grossen Geistesgaben, der auf grobe Weise seine Weltanschauung verkündete. In Koblenz sass Goethe im Wirtshaus zwischen den beiden und hörte zu, wie Lavater einem Landgeistlichen die Geheimnisse der Offenbarungen Johannis erläuterte, während auf der anderen Seite Basedow versuchte, seinem Tischnachbarn den Sinn der christlichen Taufe klar zu machen. Goethe behauptet, indessen in aller Ruhe einen Hahn verspeist zu haben, und sah die Situation wie folgt:

«Und wie nach Emmaus weiter ging's
Mit Geist und Feuerschritten,
Prophete rechts, Prophete links,
Das Weltkind in der Mitten.»

Lavater reagierte ungemein heftig auf die Person Goethe und dessen «Werther». Wie stark dieser Eindruck war, zeigt eine Tagebuchaufzeichnung vom 15./16. Juli 1774 in Ems:

«Ging in eine Allee und las im ‹Werther›, konnte nicht aufhören. Es regnete! Ich ging zum Meyern, bei dem Goethe war; von dort aus flüchtete ich mich wieder, stahl mich in die Allee von ihnen und las im ‹Werther›. Ging ins Bette und las noch bis zwei Uhr den ‹Werther› aus! Schreckliche Geschichte!»

Herder gegenüber nannte Lavater Goethe den Erhabenen – Einzigen. Aber in einem Brief an Johann Goerg Zimmermann vom 20. Oktober 1774 fand er auch eigenartig prophetische Worte: «Goethe wäre ein herrliches handelndes Wesen bei einem Fürsten. Dahin gehört er. Er könnte König sein. Er hat nicht nur Wahrheit und Bonhomie, sondern auch Kraft.» Und in einem weiteren Brief an den gleichen Adressaten heisst es: «Goethe, Du würdest ihn vergöttern, er ist der furchtbarste und liebenswürdigste Mensch.»

Noch in der Rückschau des Alters nennt Goethe Lavaters Empfang in Zürich heiter und herzlich, anmutig ohnesgleichen und findet für seine Gegenwart nur die liebevollsten Adjektive – zutraulich, schonend, segnend, erhebend. Ihre Gespräche galten den «Physiognomischen Fragmenten» Lavaters, an denen Goethe seit zwei Jahren mitarbeitete. Betätigt man sich den Zügen Lavaters gegenüber selbst als Physiognomist, so fällt es schwer, bei allem Wissen um seine Herzensgüte und religiöse Inbrunst nicht auch eine gewisse Dünnblütigkeit und altjüngferliche Pedanterie aus ihnen herauszulesen, die man sich nur schwer im Verein mit Goethes Genie vorstellen kann.

Die bis ins Skurrile gesteigerte Vorliebe der Zeit für das Empfindsame äusserte sich nicht nur in der Literatur, sondern auch in der Musik eines Carl Philipp Emanuel Bach, in dessen Fantasien für das Fortepiano sich die Vortragsbezeichnungen ständig von einem Extrem ins andere bewegen. Ein Publikum, das über diese Pièccn sowie über die «Nouvelle Héloise» Tränen vergoss, musste auch genügend Neugier besitzen, den Charakter des Menschen aus dessen Gesichtszügen zu bestimmen und damit die eigene Psyche zu enträtseln. Dass es sich bei Lavaters Bemühungen um einen Weg von aussen nach innen handelte, hätte den «Physiognomischen Fragmenten» gegenüber eigentlich skeptisch stimmen müssen. Auch ihr Titel, war er nicht ein wenig heuchlerisch? Ging es in ihnen tatsächlich um die Beförderung der Menschenliebe? Aber ihr Erfolg war ausserordentlich. Dass sich auch der junge Goethe von Lavater zur Mitarbeit gewinnen liess, mag zunächst überraschen. Aber seine Beschäftigung mit der Physiognomik bedeutete einen wenn auch fragwürdigen ersten Schritt in Richtung auf die Morphologie, die ihn zeitlebens beschäftigt hat. Dass Goethe im Rahmen der Physiognomik jedoch auch Tierköpfe beschrieb, hat zwar einen so vernünftigen Menschen wie Lichtenberg belustigt, überzeugt aber im Hinblick auf Goethes spätere Beschäftigung, seine Suche nach dem Zwischenkieferknochen. Denn Goethe ging es dabei um die Bestimmung vom Platz des Menschen in der harmonia naturae.

Goethes Beiträge sind von unterschiedlicher Qualität. Während seine Texte, mit denen er allzu wortreich die Kupferstiche der Gebrüder Stolberg unterlegte, von Lavater beeinflusst scheinen, ist zum Beispiel seine Beschreibung der Porträts Cäsars in seiner Verknappung ein Meisterwerk:

«Ich bin nicht in der Stimmung, von Cäsarn zu reden; und wer kennt nicht Cäsar ohne mein Stammeln? Nun also die beiden Kupfer.

Das schattierte! Welche verzerrte Reste des ersten unter den Menschen! Schatten von Hoheit, Festigkeit, Leichtigkeit, Unvergleichbarkeit sind übrig geblieben. Aber die gekräuselte, unbestimmte und fatal zurückgehende Stirne! das verzogene, abgeschlappte untere Augenlid! der schwankende, abziehende Mund! – Vom Halse sag ich nichts – Im ganzen eine eherne, übertyrannische Selbstigkeit.

Der Umriss! Wie wahrhaft gross, rein und gut! Mächtig und gewaltig ohne Trutz. Unbeweglich und unwiderstehlich. Weise, tätig, erhaben über alles, sich fühlend Sohn des Glücks, bedächtig, schnell – Inbegriff aller menschlichen Grösse.»

Dass Goethes Bemühungen um die Physiognomie einen organischen Teil seines Werkes darstellen, beweist die Qualität eines solchen Textes.

Die im Rahmen der «Physiognomischen Fragmente» entstandene Schrift Goethes «Von der Physiognomik überhaupt», versucht diesen Begriff in einer erweiterten Form zu fassen. Goethe will ihn ausgedehnt wissen auf alles, was den Menschen umgibt und ihn modifiziert – Stand, Gewohnheit, Besitz, Kleidung. Ruhig und rationell entfernt sich Goethes Betrachtung dabei denkbar weit von der euphorischen Darstellungsweise Lavaters.

Goethes dritte Schrift zum Thema, «Von den oft nur scheinbaren Fehlschlüssen des Physiognomisten» bleibt den Ergebnissen dieser Pseudo-Wissenschaft gegenüber skeptisch: «Alles wirkt verhältnismässig in der Welt, das allgemeine Verhältnis kennt nur Gott. Deswegen alles Menschliche, philosophische und somit auch physiognomische Sinnen und Trachten am Ende auf ein blosses Stottern hinausläuft.»

Da Lavater in Goethe den genialen Menschen schlechthin erblickte, wurde dessen Antlitz zu dem in den «Physiognomischen Fragmenten» am häufigsten abgebildeten und kommentierten Menschenbild. Aber bereits der Veröffentlichung des 3. Bandes der «Physiognomischen Fragmente» stand Goethe sehr kritisch gegenüber und verbat sich beim 4. Band ganz entschieden, als Mitautor genannt zu werden. Auch wenn Goethe sich später gänzlich von Lavater distanzierte und seine Liebe in rigorose Ablehnung des «falschen Propheten» umschlug, hat er den Glauben an einen Kern von Wahrheit in Lavaters oft ins Kuriose ausartender Arbeit nie gänzlich verloren.

«Wer eine Synthese recht prägnant in sich fühlt, hat eigentlich das Recht zu analysieren, weil er am äusseren Einzelnen sein inneres Ganzes prüft und legitimiert», hat Goethe in «Dichtung und Wahrheit» geschrieben. Damals, bei seinem ersten Besuch in Zürich, erschien ihm der Mensch Lavater noch aus einem Guss, als ein aussergewöhnlicher, seismographisch fein reagierender und registrierender Kopf, und ihre so starke Übereinstimmung verbarg ihm, Goethe, noch Lavaters sektiererischen Eifer und dessen Dilettantismus auf dem Gebiet der Forschung. So vollkommen war zu dieser Zeit die Harmonie zwischen ihnen, dass Goethe sein Zimmer im «Schwert» aufgab und in Lavaters Haus im Waldreis an der Spiegelgasse zog, damit man jederzeit miteinander reden konnte.

In «Dichtung und Wahrheit» erfährt Lavater aus der Distanz der Jahre eine sehr subtile Beurteilung, der man die einstige Sympathie und Faszination durchaus anmerkt. Goethe gibt zu, von Lavaters Geist so beeindruckt gewesen zu sein, dass auch er angefangen habe, die Gesichtszüge seiner Mitmenschen, Stirn, Nase, Augen, Mund, einzeln zu betrachten und zueinander in Beziehung zu setzen, um daraus Schlüsse zu ziehen. Aber der Natur Goethes, der die Menschen beim ersten Eindruck intuitiv und in ihrer Gesamtheit erfasste, musste es letzten Endes fern liegen, von winzigen äusserlichen Merkmalen auf das Innere zu schliessen.

Während es ihm in seinem Leben und in seiner Dichtung darum ging, vom Individuellen zum Gesetzlichen zu gelangen, sah er Lavater bis zur Karikatur im Kleinlichen verstrickt. Er sprach ihm die Eigenschaften eines Denkers ab, da er lediglich Erfahrungen auf

Erfahrungen häufe, ohne aus ihnen Schlüsse zu ziehen, und vermisste bei ihm jeden Kunstsinn. Was Lavater aber grundsätzlich von Goethe trennen musste, war seine kolossale Naivität und buchstäbliche Auffassung des Christentums – «wer kein Christ ist, ist Atheist».

Aber noch herrschte Freundschaft zwischen ihnen. Zusammen mit den drei Grafen besuchte Goethe bei diesem ersten Aufenthalt in Zürich eine Predigt Lavaters in der Waisenhauskirche, die grossen Zulauf hatte. Graf Haugwitz hat später berichtet, Lavater habe so zu Herzen gehend gepredigt, dass man allgemein mit den Tränen kämpfte. Ein anderes Mal verlas Lavater sogar eine Predigt von der Kanzel, die Goethe während seiner Abwesenheit in seinem Haus entdeckt und zuendegeschrieben hatte. Ein Beweis dafür, dass Lavater durchaus auch Spass verstand, und darüber hinaus, wie gross sein Vertrauen in die Übereinstimmung ihrer Gesinnung war.

Goethe kam auch mit dem Lavater-Kreis in Berührung, mit Jüngern, Sympathisanten und Mitarbeitern. Zu ihnen gehörten Johann Jakob Breitinger, Bodmers einstiger Mitstreiter für literarische Überzeugungen, der junge Heinrich Lips, der sich als Zeichner bereits grosse Verdienste um die «Physiognomischen Fragmente» erworben hatte, und der Theologe Jakob Ludwig Passavant aus Frankfurt. Dieser vertrat begeistert die Überzeugungen Lavaters und studierte sie sozusagen an der Quelle. Passavant hatte bereits für sich die Urkantone entdeckt und brannte darauf, sie Goethe zu zeigen.

Auch den Komponisten Philipp Christoph Kayser, der auf sein Anraten nach Zürich gekommen war, traf Goethe im Lavater-Kreis wieder. Der Dichter hielt viel, zu viel von ihm und erwartete sich von dem jungen Musiker die Komposition seiner Singspiele. Aber Kayser sollte sich als wenig schöpferisch erweisen und als unfähig, die Chancen zu nützen, die man ihm bot. Während seines Aufenthaltes in Rom entwarf Goethe eigens für ihn ein Singspiel mit dem Titel «Scherz, List und Rache». Aber auch diese Sache kam nur stockend voran und verlief schliesslich im Sande. Als sich Kayser auf einer Italienreise auch noch aufsässig gegenüber der grosszügigen Anna Amalia verhielt, verlor Goethe die Geduld und zog sich endgültig von ihm zurück.

Zu einer langjährigen Freundschaft führte die Begegnung Goethes mit Barbara Schulthess, der Frau eines Zürcher Seidenfabrikanten. Lavater schätzte sie ganz besonders und hatte Goethe schon auf der gemeinsamen Rheinreise von ihr erzählt. Was Goethe dabei über sie erfuhr, war ihm so sympathisch, dass er mit ihr korrespondierte, noch ehe sie sich in Zürich trafen.

Dort lernte er eine herbe, aber feinfühlige Frau kennen, von selbstverständlicher Religiosität, die gut zuzuhören verstand. Sie war vier Jahre älter als er und die Mutter dreier Kinder. Goethe fühlte sich in ihrer verständnisvollen Nähe sehr wohl und hatte offenbar auch Vertrauen in ihr Urteil, da ihm am rein Intellektuellen nur wenig gelegen war. In der Folge schickte er ihr eine ganze Reihe seiner Gedichte – es wurden im Laufe der Jahre vierundsechzig –, über deren Zusendung Barbara Schulthess genau Buch geführt hat. Offenbar wusste sie sehr genau, was sie in Händen hielt.

Ein sehr eindrückliches Porträt hat Johann Heinrich Tischbein 1782 von ihr gemalt, auf dem sie nachdenklich den Kopf in die Hand gestützt hält.

Die Ideen, die der Chlijogg, der philosophische Bauer Gujer, auf seinem Grund und Boden verwirklichte, wirken auf uns heute rein ökologisch: er stellte aus Mohn sein eigenes Öl her, selbstgepflanzter Hanf und Flachs lieferten die Stoffe für ihn und seine Familie, aus selbstgebautem Getreide wurde das Brot gebacken. Lavater führte Goethe und die Grafen zu ihm auf den Katzenrütihof bei Rümlang in der Nähe von Regensberg. Goethe war sehr beeindruckt, der Chlijogg war ein Mann ganz nach seinem Herzen.

«Ich ging ohne Ideen hin von ihm», schrieb er an Sophie von La Roche am 12. Juni 1775, «und kehre reich und zufrieden zurück. Ich habe kein aus den Wolken abgesenktes Ideal angetroffen, Gott sei Dank, aber eins der herrlichsten Geschöpfe, wie sie diese Erde hervorbringt, die auch uns hervorgebracht hat.» Dank Hans Caspar Hirzels Biographie «Die Wirtschaft des philosophischen Bauern» war der Chlijogg in ganz Europa bekannt, denn sie war auch ins Französische und Englische übersetzt worden. Sein Bild sollte kurz darauf auch in Lavaters «Physiognomischen Fragmenten» erscheinen.

Um den greisen Bodmer zu besuchen, stiegen Goethe und seine Reisegefährten hinauf auf den Zürichberg. Dort empfing der «Vater der Jünglinge» Goethe in seinem Haus «Zum oberen Schönenberg» mit den Worten, er habe 77 Jahre auf ihn gewartet. Literarische Neugier muss man Bodmer ohne weiteres zugestehen, der seinerzeit Klopstock und Wieland zu sich eingeladen hatte, auch besass er grosse Verdienste um die Vermittlung Homers, Miltons und mittelhochdeutscher Literatur. Aber nun war Bodmer zu alt für Neugier und kommentierte Goethes Faust-Pläne lediglich «ironisch-teilnehmend» mit den Worten: eine Farce liesse sich von einem Schwindelkopf leicht daraus machen. Für den Sturm und Drang hatte Bodmer nichts übrig, und darum wird seine überschwänglich-pathetische Begrüssung Goethes nicht viel mehr als eine Höflichkeitsfloskel gewesen sein.

Goethe bewunderte die herrliche Lage und die Aussicht von Bodmers Haus: «Man übersah vieles von dem, was sich von der grossen Stadt nach der Tiefe senkt. Die kleinere Stadt über der Limmat sowie die Fruchtbarkeit des Sihlfeldes gegen Abend. Rückwärts links einen Teil des Zürichsees mit seiner glänzend bewegten Fläche und seiner unendlichen Mannigfaltigkeit von abwechselnden Berg- und Talufern, Erhöhungen, dem Auge unfasslichen Mannigfaltigkeiten. Worauf man denn, geblendet von allem diesem, in der Ferne die blaue Reihe der höheren Gebirgsrücken, deren Gipfel zu benamsen man sich getraute mit grösster Sehnsucht zu schauen hatte.»

Diese «grösste Sehnsucht» liess Goethe nicht ruhen. Die «Stollberge», wie er die beiden Grafen nannte, wollten ihre Gebirgswanderung lieber auf einen späteren Termin verschieben. Schon hatte man sich, da man nicht beieinander wohnte, ein wenig aus den Augen verloren. Aber sie begleiteten Goethe und Passavant zusammen mit anderen Zürcher Freunden, darunter Haugwitz, Kayser und Lavater, noch ein Stück zu Schiff auf dem See. Während der Fahrt unterhielt man sich, angeführt von Goethe, mit Stehgreifversen. Lavaters Beitrag war einigermassen rätselhaft:

«Flieh, Bruder Goethe, flieh! Er stösst mit seinem Horn
Weich aus dem Basiliks und fürchte seinen Pinsel!
Sein Mund ist abgrundreich, sein Witz ist wie ein Dorn
Erschafft des Lachens viel und doch noch mehr Gewinsel.»

Aber bei dieser Fahrt ist auch Goethes Gedicht «Auf dem See» entstanden, und damit kam der Zürichsee nach Klopstocks Ode gleich noch einmal zu literarischen Ehren. Das Gedicht erscheint wie eine Absage an die Erinnerung angesichts der Herrlichkeit der Gegenwart und der umgebenden Natur. Die erste Fassung des Gedichtes beginnt noch im Tonfall des «Sturm und Drang»:

«Ich saug an meiner Nabelschnur
Nun Nahrung aus der Welt
Und herrlich rings ist die Natur,
Die mich am Busen hält.
Die Welle wieget unsern Kahn
Im Rudertakt hinauf
Und Berge ringsum himmelan
Befördern unsern Lauf.»

Aber diesen kraftgenialischen Anfang hat Goethe in einer zweiten Fassung geglättet, und in dieser Form sind seine Verse mit der Musik Schuberts eine unvergleichliche Verbindung eingegangen:

«Und frische Nahrung, neues Blut
Saug' ich aus freier Welt;
Wie ist Natur so hold und gut,
Die mich am Busen hält!»

Die Zürcher Freunde blieben zurück. Die drei Grafen wollten Goethe und Passavant noch bis Einsiedeln begleiten. Aber noch am selben Abend schrieb Goethe einen Vierzeiler in sein Reisetagebuch, der beweist, wie wenig wirksam alle Gesellschaft und letzten Endes auch seine Entfernung von Frankfurt bis jetzt gewesen war:

«Wenn ich, liebe Lili, Dich nicht liebte
Welche Wonne gäb mir dieser Blick
Und doch, wenn ich Lili Dich nicht liebte,
Wär! Was wär mein Glück.»

In Richterswil besuchte man, von Lavater empfohlen, den Arzt und Philantropen Dr. Hotze. Dieser war vom Dichter des «Werther» so beeindruckt, dass er sich empfindsam ein Schnupftuch Goethes aufhob, «als Andenken seines Seins», wie er an Lavater geschrieben hat.

Auf ihrem Weg zum Kloster begegneten ihnen Wallfahrer mit Gesang und Gebeten. In «Dichtung und Wahrheit» fährt Goethe fort: «Wir sahen lebendig den schlängelnden Pfad bezeichnet, den auch wir zu wandern hatten und schienen freudiger zu folgen; wie denn auch die Gebräuche der römischen Kirche dem Protestanten durchaus bedeutend und imposant sind, indem er nur das Erste, Innere, das Menschliche, wodurch sie sich von Geschlecht zu Geschlecht fortpflanzen und also auf den Kern dringend anerkennt, ohne sich gerade mit der Schale, der Fruchthülle, dem Baum selbst, seinen Zweigen, Blättern, seiner Rinde und seinen Wurzeln zu befassen.»

Betroffen stand Goethe in Einsiedeln vor dem Kirchlein in der Kirche, das heute verschwunden ist und durch eine schwarze Marmorkapelle ersetzt wurde. Mit seinem ewigen Licht, an dem die Pilger ihre Kerzen entzündeten, war es ihm eindrücklicher als der monumentale Kirchenbau selbst. Unter den Reichtümern der Schatzkammer berührte ihn ein Kupferstich von Martin Schongauer, «Der Tod der Maria», so sehr, dass ihm die Erinnerung an ihn keine Ruhe liess, bis er viele Jahre später selbst einen Abzug des Blattes erwerben konnte.

Die Grafen hatten Goethe und Passavant allein gelassen. Goethe war froh, den Weg ohne sie weiterwandern zu können, denn er war die Gesellschaft der sich allzu demonstrativ Gebärdenden bereits etwas leid geworden. Der Weg wurde beschwerlicher, aber es war ein Tag, «wie die ewigen Götter sich selbst erwählt zu gehen», lesen wir im Tagebuch. «Wenn meine Gedanken Federn wären und den Weg ab Pergamente von Engeln auf- und abgerollt.»

Schon am 16. Juni waren die Wanderer in Schwyz. «Müd und munter vom Berg abspringen, voll Durst und Lachens, gejauchzt bis zwölf», hat Goethe notiert, und in ihrer Kürze vermitteln diese paar Worte etwas von der Intensität, mit der er auf seiner ersten Reise die Schweiz erlebte. Dann heisst es weiter: «Morgens der Hocken (die Mythen) vor dem Fenster. Wolken dran auf. Um 1 Uhr von Schwyz weg nach der Rigi. 2 Uhr auf dem Lauerzer See, hoher herrlicher Sonnenschein. Für lauter Wohllust sah garnichts. (Zwei Maidlen fuhren uns).»

Von Lauerz stiegen sie am 18. Juni hinauf nach Rigi Klösterli, wo Goethe vom Gasthof «zum Ochsen» aus die Kapelle Mutter Gottes im Schnee zeichnete. Auf dieser ganzen Reise hat Goethe immer wieder versucht, den Augenblick mit dem Zeichenstift festzuhalten – den Lauerzersee, die Mythen, den Teufelsstein, die Teufelsbrücke, mit sehr unterschiedlichem künstlerischen Erfolg. Aber um diesen ging es ihm gar nicht in erster Linie; was er zeichnete, waren Gedächtnisstützen. Oft schrieb Goethe das Datum oder kurze Ergänzungen in die Skizze hinein. Für ihre Entstehung gilt, was er in den «Briefen aus der Schweiz» geschrieben hat:

«Ich werfe mich der herrlichen Natur gegenüber auf einen unbequemen Sitz, ich suche sie mit meinen Augen zu ergreifen, zu durchbohren, und kritzle in ihrer Gegenwart ein Blättchen voll, das nichts darstellt und mir doch unendlich wert bleibt, weil es mich an einen glücklichen Augenblick erinnert dessen Seligkeit mir diese stümperhafte Übung ertragen hat.»

Weiter oben auf der Rigi nahmen ihnen die Wolken die Sicht, um sie kurz darauf nur umso schöner freizugeben: «Denn es war ein nie gesehener, nie wieder zu schauender Anblick, und wir verharrten lange in dieser gewissermassen unbequemen Lage, um durch Ritzen und Klüfte der immer bewegten Wolken einen kleinen Zipfel besonnter Erde, einen schmalen Uferzug und ein Endchen See zu gewinnen.» Nach dem Abstieg stellten sie sich vor der Tür des «Ochsen» mit gebackenem Fisch, Eiern und genügend Wein wieder her.

«Der Glocken Gebimmel, des Wasserfalls Rauschen, der Brunnenröhre Plätschern», vermerkt das Tagebuch als Abendsegen. Am 19. Juni ging es hinab zum Vierwaldstädtersee und über Vitznau nach Gersau. Von dort zu Schiff über den Urnersee.

Mit der Orthographie der Ortsnamen, die hier korrekt wiedergegeben werden, nahm es Goethe nicht so genau, offenbar schrieb er sie nach Gehör. Da wurde Vitznau zu Izenach, Flüelen zu Flüely, und hinter Faucigny vermutet man den Col des Faucille. Goethe erscheint hier ganz als der Sohn seiner Mutter, der originellen Frau Rat, der Frohnatur. Der Reiz ihrer spontanen Briefe liegt bekanntermassen nicht zuletzt in ihrer couragierten Schreibweise.

«Gegen zwei dem Grütli über, wo die drei Tellen schwuren. Drauf an der Tellenplatte, wo Tell aussprang. Drauf 3 Uhr in Flüelen wo er eingeschifft ward. 4 Uhr in Altdorf, wo er den Apfel abschoss.» Momentaufnahmen, Ablichtungen, Bilder wie im Zeitraffer. Der hier schreibt, erscheint rastlos. Aus Italien hat Goethe einmal an Charlotte von Stein geschrieben, die Erde liefe unter ihm davon. Auch das Folgende liest sich wie lauter Kürzel: «20. Juni. Halb 7 nach dem Steg. (Amsteg) Fische gebacken, geschmackt. Gebadet im Schneewasser. 3 Uhr fort. Bergauf. Schnee Laue. Saumross. Schneehöhlen. Steg. Grosse Fichten. Abgrund.»

Um halb 8 Uhr abends gelangten sie nach Wasen, wo sie den roten sauren Wein mit Wasser und Zucker streckten, um ihn trinkbar zu machen. Der Wirt zeigte ihnen schöne Kristalle, aber Goethe hatte seine Leidenschaft für die Naturwissenschaften noch nicht entdeckt und zeigte wenig Lust, sich den Weg mit Steinen zu beschweren. Am 21. Juni ging es früh am Morgen den Gotthard weiter hinauf. Im Tagebuch erscheint dieser Aufstieg verkürzt:

«Am Steg
Waldstieg auf Wasen
Teufelsstein
Felsweg geht an auf
Goeschener Alp.
Teufelsbrücke
Urner Loch
Liebliches Tal
Drachental
Wüste pp Schnee
Capelle.

Doch mir stehen fest die hohen Gebeine,
so stehen sie nur dem saulgebeinten Engel
in Patmos Erscheinung.»

Eine Gedankenverbindung so kühn wie die Landschaft, die Goethe durchwanderte. Dem, der hier unterwegs war, weitete sich die Natur ins Visionäre. Der Wolkensteg, die Drachenbrut aus Mignons Lied, sie könnten hier ihren gedanklichen Ursprung haben, und Mignons Sehnsucht nach Italien wäre demnach auch die ihres Schöpfers. Nimmt man dagegen die Beschreibung dieser Tage in «Dichtung und Wahrheit», so erscheint sie einem unendlich viel gelassener, schon allein durch ihre grössere Ausführlichkeit und sprachliche Vollkommenheit. Dem genialischen Ausser-sich-Sein steht die mässigende Bewältigung der Erinnerung gegenüber, die man bewundert, deren Verlust an Vitalität man aber gleichzeitig auch ein wenig bedauert.

«Schnee nackter Fels
Und Moos und Sturmwind und Wolken.
Das Geräusch des Wasserfalls
Der Saumrosse klingeln.
Oede wie im Tal des Todes.
Mit Gebeinen besät. Nebelsee.»

Nach der Teufelsbrücke und der Enge des Urnerlochs dehnte sich vor ihnen das Urserental und belohnte sie für die Strapazen des Aufstiegs. Im Gasthof «Zu den drei Königen» in Andermatt gab es «trefflichen Käse», der Goethe ganz besonders geschmeckt haben muss, denn er hat sich auch später seiner erinnert. Im Gotthard-Hospiz wurden sie freundlich empfangen und verköstigt, nur die Betten waren ihnen zu kurz und glichen, wie Goethe bemerkte, eher Repositorien als Bettstellen. Am Abend erschien der Kapuzinerpater Seraphim, der zu Geschäften in Mailand gewesen war. Auf seine Erzählungen hin bekam Passavant Lust, ebenfalls nach Italien zu gehen, und versuchte Goethe zu überreden, mit ihm zu kommen.

Aber dieser verzichtete, Lilis Herz zog schwer und «lieberwarmt» an seinem Halse, dies schien nicht der rechte Augenblick. Goethe hat den Gotthard nicht vergessen, und Wilhelms erster Brief an Nathalie in den «Wanderjahren» wird mit einem Hinweis auf diese Wasserscheide beginnen: «Nun ist endlich die Höhe erreicht, die Höhe des Gebirgs, das eine mächtigere Trennung zwischen uns setzen wird als der gesamte Landraum bisher. Für mein Gefühl ist man noch immer in der Nähe seiner Lieben, solange die Ströme von uns zu ihnen laufen.»

Goethe liess es bei dem «Scheideblick nach Italien» vom 22. Juni 1775 bewenden, einer Zeichnung, die in ihrer fragmentarischen Gestalt besonders reizvoll ist. Im Hintergrund die schwarzen Schründe der sich kreuzenden Täler mit ihren Schneeresten, vorn rechts in der weissen Leere des Blattes Passavant und Goethe selbst.

Am nächsten Morgen machten sie sich an den Abstieg und fanden eine Schneebrücke eingestürzt, die sie auf dem Weg herauf mit vielem Gepäck beschritten hatten. Passavant war verschnupft, er wäre gern nach Italien gegangen, und so legten sie den Weg bis zum Urnersee schweigend zurück. Die Tellskapelle hat Goethe in der Rückschau als «Gedenken des der ganzen Welt als heroisch – patriotisch – rühmlich geltenden Meuchelmordes» bezeichnet. Das klingt nicht gerade begeistert, aber hier spricht der späte, allen gewaltsamen Veränderungen abholde Goethe, der Evolutionen den Revolutionen vorzog.

In Zug logierten sie im Gasthof «Zum Ochsen», und Goethe freute sich an den buntgemalten Glasscheiben, die dort in die Fensterflügel seines Zimmers eingelassen waren. Auf dem Weg zurück nach Zürich besuchten sie im Sihltal den Baron von Lindau, einen jungen Deutschen, der sich hier in seinem Liebeskummer vergraben hatte. Goethe hatte ein etwas schlechtes Gewissen ihm gegenüber, dass er ihn nicht auch mit auf seine Wanderung genommen hatte. Aber Passavant wachte so eifersüchtig über ihrer Freundschaft, dass er darauf verzichtet hatte.

Am 26. Juni waren sie wieder in Zürich. Dort gehörte Goethes Zeit noch einmal fast ausschliesslich Lavater und Gesprächen über die «Physiognomischen Fragmente». Gemeinsam unternahmen sie einen Ausflug nach Oberried. An die Wand des Zimmers, das Lavater dort im Pfarrhaus seines Amtskollegen Däniker bisweilen bezog, wenn er in Ruhe arbeiten wollte, schrieb Goethe:

«Bist Du hier
Bin ich Dir
Immer gegenwärtig;
Machst Du hier
Machst mit mir
Deine Werke fertig.»

Einfache, unprätentiöse Worte, aber sie zeigen das selbstverständliche Vertrauen, das zu dieser Zeit zwischen den beiden Männern herrschte.

Während Goethes Reise hatte Lavater einigen Ärger mit den Brüdern Stolberg gehabt. Kraftnaturen, als die sie sich gaben – Goethe nennt sie «die meteorisch Reisenden» – badeten sie mit Vorliebe in freien Seen und Flüssen und zwar nackt. Zwar nicht gerade im Zürichsee, aber in der Sihl, deren Tal die Wildnis nicht war, für die sie dieses hielten, sodass man sie mit Steinwürfen am Baden zu hindern versuchte. Lavater warf man vor, mit solchen Unmenschen Umgang zu haben. Aber ihr Entrichten von 50 fl in einen Opferstock wurde immerhin als Zeichen guten Willens anerkannt.

Einen Tag, bevor Goethe Zürich verliess, am 5. Juli 1775, begaben sich auch die Brüder Stolberg auf eine Reise ins Gebirge. Auch dabei entstanden natürlich Gedichte, empfindsame oder auch begeisterte, wie die Titel verraten: «An Vater Bodmer», «An Lavater», «Das Rüsthaus zu Bern», «Bei einer Schweizer Hochzeit». Bisweilen stellte allerdings die eigene Begeisterung den jungen Poeten ein Bein, wie in Leopold Friedrichs «Bei Wilhelm Tells Geburtsstätte im Kanton Uri», in dem es heisst:

«Seht diese heilige Kapell!
Hier ward geboren Wilhelm Tell!
Hier, wo der Altar Gottes steht,
Stand seiner Eltern Ehebett!»

Aber Leopold Friedrich zu Stolberg ist nicht nur als Reisebegleiter Goethes in die Geschichte eingegangen. Einige seiner Gedichte erfuhren die Ehre, von Franz Schubert komponiert zu werden. «Auf dem Wasser zu singen» gehört zu Schuberts vollkommensten Liedern, und Stolbergs schöner Text braucht sich neben den Gedichten Goethes nicht zu verstecken.

Als dänischer Gesandter ist Friedrich Stolberg 1791 auf einer ausgedehnten Reise in den Süden noch einmal nach Zürich gekommen. Sein Besuch galt damals in erster Linie den republikanischen Institutionen der Stadt, war aber auch ein Anknüpfen an die Geniereise seiner Jugend.

Durch Lavater machte Goethe nun auch die Bekanntschaft des Bürgermeisters von Zürich, Heidegger, und des Chorherren Johannes Gessner. Bodmer besuchte er noch ein weiteres Mal, aber wie wenig wohlgesonnen ihm der alte Mann im Grund genommen war, zeigt ein Brief, den dieser nach Goethes Abreise an seinen Freund, den Pfarrer Schinz geschrieben hat, in dem heisst es: «Goethe hat hier keine Freunde.» Dabei war genau das Gegenteil der Fall, obwohl auch in Zürich nicht alles eitel Sonnenschein war und es Neider gab auf den Erfolg des «Werther», wie den Philologen Johann Jakob Hottinger. Von ihm stammte ein gegen Goethe gerichtetes Pamphlet mit dem Titel «Im Sommer 1775». Christian Graf Stolberg war darüber so erbost, dass er ein Gegengedicht verfasste mit den Versen «Schäumte Rach' aus allen Poren, die ich Hottinger geschworen» – man sieht, nicht alles war hohe Literatur.

Aber Goethe war offenbar nicht nachtragend. Als ihn Hottinger 1799 in den Nachwehen der Französischen Revolution bat, sich für ihn um einen Ruf ins Ausland zu verwenden, konnte Goethe ihm zwar nicht direkt zu einem Posten verhelfen, nahm aber in einem ausführlichen Schreiben Anteil an seinen Schwierigkeiten.

Unter den wenigen Briefen – es sind nur drei – die Goethe während seiner ersten Schweizerreise geschrieben hat, ist ein Brief an Charlotte Kestner, geborene Buff, Werthers Lotte:

«Ich kann nichts erzählen, nichts beschreiben. Vielleicht erzähl ich mehr, wenn mir's abwesend ist, wie mir's wohl eh mit lieben Sachen gegangen ist ... Nicht wahr, Sie haben mich noch ein bisgen lieb und so halten Sie's und küssen ihren Mann auch von mir und die Kleinen. Adjeu» (19. Juni 1775). Noch einmal ein Brief Werthers, Jahre nachdem Goethe dessen Leiden hinter sich gebracht und von der Seele geschrieben hatte, ohne sich viel darum zu kümmern, wie Lotte und ihr guter Mann mit dieser grenzenlosen, die Welt begeisternden Indiskretion fertig wurden. Der junge Goethe – wer hätte sich seinem Zauber entziehen können, wer hätte nicht an ihm seine eigenen Hoffnungen und Wünsche erfüllt gesehen?

Wie sah der junge Goethe aus? Er war ca. 1.77 m gross, hielt sich – den Scherenschnitten nach zu urteilen – ausserordentlich gerade, und war zu dieser Zeit sehr schlank, ja hager. Er sei, das berichtet einer seiner Diener, so behende und zierlich gewesen, dass er ihn leicht hätte tragen können. Ein Bild, das in vollkommenem Gegensatz steht zu der olympischen Erscheinung des älteren Goethe in Weimar. Körperlich war er also genauso unruhig und beweglich wie in geistiger Hinsicht. Gekleidet war er in seiner Jugend mit einer gewissen Nachlässigkeit.

Sein Gesicht war stark asymmetrisch, der Mund voll und geschwungen. Das Auffälligste aber an ihm waren seine grossen, fast schwarzen Augen. Er konnte gar nicht anders als bezaubern, und erst recht nicht, wenn er sprach, es war seine Natur. Und so haben die Zeugnisse derer, die dem jungen Goethe begegneten, fast etwas von Verfallenheit an den Bezauberer. Wobei sich die betroffenen Frauen aus Scheu oder Vorsicht zurückhaltender geäussert haben als die Männer wie zum Beispiel Lavater oder Zimmermann. Von dieser ungeheuren Wirkung der Person Goethes spricht auch ein Vers Wielands:

«Ein schöner Hexenmeister er war
Mit einem schwarzen Augenpaar,
Zaubernden Augen mit Götterblicken,
Gleich mächtig, zu töten und zu entzücken.
So trat er unter uns, herrlich und hehr
Ein echter Geisterkönig daher.
Und niemand fragte, wer ist denn der?
Wir fühlten beim ersten Blick, s'war er!›

Dabei stammen diese Verse von einem, der wegen Goethes frecher Farce «Götter, Helden und Wieland» allen Grund gehabt hätte, nicht gut auf ihn zu sprechen zu sein. Viele Beschreibungen der Person Goethes scheinen sich jedoch zu widersprechen, was typisch ist für den Eindruck, den sehr lebendige, sich stets verändernde Menschen geben.

«Je mehr ich's überdenke, je lebhafter empfinde ich die Unmöglichkeit, dem, der Goethe nicht gesehen noch gehört hat, etwas Begreifliches über dieses ausserordentliche Geschöpf Gottes zu schreiben», war der Eindruck Friedrich H. Jacobis. Es fällt auf, wie unverkrampft Männer zu dieser Zeit miteinander umgingen, wie heftig und hingerissen, überströmend und umarmend sie sich gegenseitig ihrer Bewunderung und Liebe versicherten. Voller Stolz, einen Ausnahmemenschen zum Freunde zu haben oder jemanden, den sie dazu idealisierten.

Für die Zeit seiner ersten Schweizerreise sind drei von den Porträts Goethes besonders berechnend. Auf der Ölminiatur von Johann Daniel Bager von 1773 wirkt der Dichter eigenartig verletzlich, fast ängstlich. Dagegen vermittelt der Stahlstich von Heinrich Lips aus dem Jahre 1775 besonders stark das Ungewöhnliche, das Beunruhigende, fast Inquisitorische der Augen Goethes. In ungewöhnlichem Masse muss der junge Goethe die Gabe besessen haben, den Menschen, mit denen er in Berührung kam, Türen zu öffnen, von deren Existenz sie vorher nichts geahnt hatten. Repräsentativ für die Zeit der «Physiognomischen Fragmente» ist das Ölbild von G. Melchior Kraus, ebenfalls von 1775, das Goethe im grauen Biberfrack bei der Betrachtung einer Silhouette zeigt, also als Physiognomist.

Ehe Goethe die Schweiz verliess, ritt er allein durch den Aargau nach Basel, um sich im «Haus zur Mügge», der öffentlichen Bibliothek, die Gemälde und Zeichnungen Holbeins anzusehen. Er verkehrte auch mit dem Geschichtsphilosophen und Pädagogen Isaak Iselin. Dieser war von Goethe beeindruckt, äusserte sich aber skeptisch über den Gebrauch, den er von seinem Genie machte.

Seltsam genug – das Basler Münster, aus dem gleichen roten Sandstein errichtet wie das Münster von Strassburg, hat Goethe nicht erwähnt. Offenbar gab es für ihn nur *ein* gotisches Münster: die «Dritte Wallfahrt nach Erwins Grabe» vom Juli 1775 gilt denn auch dem Erbauer des Strassburger Münsters, Erwin von Steinbach. Sie enthält ein begeistertes Echo der Schweizer Eindrücke:

«Wie vor dem Schaum stürzenden Sturze des gewaltigen Rheins, wie vor der glänzenden Krone der ewigen Schneegebirge, wie vor dem Anblick des heiter ausgebreiteten Sees und deiner Wolkenfelsen und wüsten Täler, grauer Gotthard! Wie vor jedem grossen Gedanken der Schöpfung, wird in der Seele rege, was auch Schöpferkraft in ihr ist.»

In Strassburg begegnete Goethe Dr. Johann Georg Zimmermann, einem der bedeutendsten Schweizer der Aufklärung, zu dieser Zeit Leibarzt des englischen Königs in Hannover. Es ist der gleiche Zimmermann, der während der Schweizer Jahre des jungen Wieland dessen Freund und bevorzugter Briefpartner gewesen war. In seinen Briefen erscheint Zimmermannn als der Drahtzieher einer Annäherung zwischen Goethe und Charlotte von Stein, dabei hat sein Verhalten geradezu etwas Intrigantes. Am 19. Januar 1775, also noch vor der ersten Reise Gothes in die Schweiz, hatte Zimmermann an Charlotte von Stein geschrieben:

«Sie verlangen, dass ich Ihnen von Goethe rede? Sie möchten ihn sehen? Ich werde sogleich über ihn berichten. Aber, arme Freundin, Sie bedenken es nicht. Sie wünschen ihn zu sehen, und Sie wissen nicht, bis zu welchem Punkte dieser liebenswürdige und bezaubernde Mann Ihnen gefährlich werden könnte! – Ich schneide einen Stich aus Lavaters «Physiognomik» heraus, um Ihnen mit dieser Adlerphysiognomie ein Geschenk zu machen . . .»

Dann entwirft er das Porträt eines auf allen Gebieten begabten Menschen und schliesst mit den Worten:

«Kurz, er ist ein grosses Genie, aber ein furchtbarer Mensch (womit er Lavater zitiert). Eine Frau von Welt, die ihn oft gesehen hat, hat mir gesagt, dass Goethe der schönste, lebhafteste, ursprünglichste, feuerigste, stürmischste, sanfteste, verführerischste und für ein Frauenherz gefährlichste Mann sei, den sie in ihrem Leben gesehen habe.» Kennengelernt hatten sich Charlotte von Stein und Zimmermann bei einer Badekur in Pyrmont. Nach seinen Zusammentreffen mit Goethe in Strassburg schrieb ihr Zimmermann am 22. Oktober 1775:

«In Strassburg habe ich unter hundert anderen Schattenrissen den Ihrigen, gnädige Frau, Goethe gezeigt. Hier haben Sie, was er mit seiner sauberen Handschrift auf den Rand des Bildes geschrieben hat:

‹Es wäre ein herrliches Schauspiel zu sehen, wie die Welt sich in dieser Seele spiegelt. Sie sieht die Welt, wie sie ist, und doch durchs Medium der Liebe.› Er wird sicherlich kommen, Sie in Weimar zu besuchen. Dann erinnern Sie sich daran, dass alles, was ich ihm von Ihnen in Strassburg erzählt habe, ihm drei Nächte lang den Schlaf gekostet hat.»

Kurz darauf, im November 1775, standen sich Goethe und Charlotte von Stein in Weimar gegenüber, durch Zimmermann waren sie auf das Wunder vorbereitet. Ihre Begegnung hat wesentlich zu der Beruhigung beigetragen, die sich Goethe von seinem Entschluss, nach Weimar zu gehen, erhoffte.

«Eine herrliche Seele ist Frau von Stein, an die ich, so man sagen möchte geheftet und genestelt bin», bekannte Goethe kaum ein Jahr später. Charlotte von Stein ist von den Biographen Goethes vergöttert und verteufelt worden wie niemand sonst in seinem Umkreis. Wobei aber letzten Endes ausschlaggebend ist, dass sie imstande war, alles das zu verkörpern, was Goethe in ihr sah. Sie war seine Vertraute, seine Geliebte im Geist, seine Freundin, seine unentbehrliche kritische Ratgeberin, ihn mässigend und korrigierend, selbst in seinen Manieren. Und dabei blieb sie in der Ferne, unerreichbar. Vielleicht war es auch das, was Goethe, wenigstens auf Zeit, an ihr liebte.

In einem Brief an G. A. Bürger vom Oktober 1775 hat Goethe die Monate, in die auch seine erste Schweizerreise fällt, «die zerstreutesten, verworrendsten, ganzesten, vollsten, leersten, kräftigsten und läppischsten Dreivierteljahre, die ich in meinem Leben gehabt hatte», genannt. Es ist bezeichnend, dass er damals, als er sich in seinem Gartenhaus an der Ilm eingerichtet hatte, in das Oktavheft seiner Schweizerreise von 1775 nachgetragen hat:

«Gib das Tagwerk meiner Hände
Gutes Glück dass ichs vollende
Sei ein Bild der Garten hier
Pflanzt ich ahnungsvolle Träume
Jetzt noch Stangen diese Bäume
Geben einst noch Schatten mir.»

Auch die zweite Schweizerreise war ursprünglich nicht geplant gewesen, sondern ergab sich wie von selbst. Der Herzog von Sachsen-Weimar hatte Goethe als Freund nach Frankfurt begleitet, im Anschluss daran wollten sie zusammen durch das Rheintal reiten. Aber statt dessen lenkten sie ihre Pferde nach Süden, und so wird von Anfang an der Gedanke an die Schweiz hinter dieser Reise nach Frankfurt gestanden haben. Die Freundschaft mit dem jungen Herzog besass auf seiten Goethes auch einen pädagogischen Einschlag, ohne Zweifel erhoffte er sich von der Begegnung des 22jährigen mit Lavater einen günstigen und mässigenden Einfluss auf dessen zügelloses Temperament und seine aus diesem Grunde nicht gerade glückliche Ehe.

Der Herzog verdiente die Freundschaft des so reich begabten Dichters. Äusserer Glanz und Machtpositionen waren für Goethe in dem winzigen Staat Sachsen-Weimar nicht zu erwarten. Dieser war damals nicht mehr als eine kleine Residenz mit zwei Kirchen, einem Theater und einem Schloss, das ein Jahr vor Goethes Ankunft niedergebrannt war. Weimar bedeutete harte Arbeit für sie beide, denn sie versuchten, die Ökonomie des Landes aus einem katastrophalen Tief herauszuführen, in dem sie seit Generationen stagnierte. Ein Zustand, an dem auch die tatkräftige Anna Amalia nicht viel hatte ändern können. Das festgefahrene soziale Gefüge behinderte dabei alle fortschrittlichen Bemühungen und verlangte Takt und Vorsicht.

Dass der junge Fürst und sein Mentor sich bei Parforceritten und bisweilen derben erotischen Abenteuern von ihren Pflichten erholten, drang nach aussen, darf aber nicht zu der Annahme verleiten, dass in Weimar geprasst wurde wie am Hof des viel grösseren Württembergs Carl Eugens. Der Musenhof Anna Amalias, der Mutter des Herzogs, und die relative Bescheidenheit ihrer Hofhaltung waren der Ausdruck der nicht auf Äusserlichkeiten gerichteten Interessen der regierenden Familie.

Wie ernst Goethe seine vielseitigen Aufgaben nahm, beweisen seine Tagebücher. Er liess sich in die verschiedensten Verwaltungsgeschäfte einsetzen, übernahm aber auch virtuos alle möglichen Funktionen im gesellschaftlichen Leben des Hofes als Improvisator, Schauspieler, Vorleser, Arrangeur von Maskenzügen – der Dichter war nur eine Rolle unter vielen. In einem Brief Goethes an

Knebel heisst es dazu: «Das Bedürfnis meiner Natur zwingt mich zu einer vermannigfaltigten Tätigkeit, und ich würde in dem geringsten Dorfe und auf einer Wüsteninsel ebenso betriebsam sein.»

Carl Augusts schwierigen Charakter nannte Goethe einmal «düster an heitern Tagen, unbändig ohne froh zu sein.» Dieser komplizierte Mensch war nicht nur sein Freund, der ungebärdige Charakter des um acht Jahre Jüngeren zwang Goethe gleichzeitig sich selbst gegenüber zur Disziplin. Das war mühsam und stellte seine Geduld bisweilen auf eine harte Probe. «Er war wie ein edler Wein, aber noch in gewaltiger Gärung», hat Goethe später von ihm gesagt, «ein Herzogtum geerbt zu haben war ihm nichts, aber hätte er sich eins erringen, erjagen, erstürmen können, das wäre ihm etwas gewesen.» Auch Carl August war eine grosse Natur, war ein Stürmer und Dränger. Neben den gemeinsamen Aufgaben verbanden die Freunde gleiche Interessen und Gespräche über Kunst und Natur bis tief in die Nacht hinein. Ihre Freundschaft war, das darf man getrost sagen, eine Wahlverwandtschaft. Dass sie mit den Jahren zu einer Symbiose wurde, die ihre Schwierigkeiten hatte, davon war zu diesem Zeitpunkt nichts zu spüren.

«Der Herzog wird mir immer mehr, und Regen und rauher Wind hält die Schafe zusammen», heisst es 1777 im Tagebuch Goethes. Unter diesen Voraussetzungen muss ihre gemeinsame Schweizerreise von 1779 gesehen werden. Sie war Erholungs-, aber auch Erziehungsreise, sofern sich ein so eigenwilliger Mensch wie der Herzog überhaupt beeinflussen liess.

«Die Schweiz liegt vor uns, und wir hoffen mit dem Beistand des Himmels in den grossen Gestalten der Welt uns umzutreiben und unsere Geister im Erhabenen zu baden», schrieb Goethe an Charlotte von Stein, die, wie auch der Hof von Weimar, nichts von einer Schweizerreise gewusst hatte. Sie waren nicht allein unterwegs, im Gefolge des Herzogs ritten der Kammerherr Joachim Otto Moritz von Wedel, der «schöne Wedel», wie man ihn in Weimar nannte, dessen Jäger Hermann, ein Kammerdiener und ein Reitknecht. Goethe wurde begleitet von seinem Faktotum Philipp Seidel, in Weimar sein Kammerdiener, Hausmeister und Sekretär in einer Person, und einem weiteren Bediensteten.

Der Besuch der jungen Leute in Frankfurt verlief höchst erfreulich. Der Herzog wohnte ebenfalls im Haus «am Grossen Hirschgraben». Goethe hatte dafür gesorgt, dass man keine besonderen Umstände machte, so wie es Carl August liebte.

«Für den Herzog wird im kleinen Stübgen ein Bette gemacht, er schlaft auf einem sauberen Strohsacke, worüber ein schön Leintuch gebreitet ist unter einer leichten Decke», hatte Goethe seine Mutter wissen lassen. «Kein Geköch, sondern eure bürgerliche Kunststück aufs beste.» Dass diese dann alle Erwartungen übertrafen, berichtete Carl August seiner Mutter nach Weimar:

«Die alte Mutter Goethe hat uns noch vor der Abreise mit einem trefflichen Wildbrätsbraten regaliert. Er hat uns alle wirklich in Enthusiasmo gebracht.» Aber auch Goethes Mutter schrieb an die Herzogin Anna Amalia:

«Hätschelhans (das war Goethe) habe ich zu seinem Vorteil sehr verändert gefunden. Er sieht gesünder aus und ist in allem Betracht männlicher geworden. Sein moralischer Charakter hat sich aber zur Freude seiner alten Bekannten nicht im geringsten verschoben.»

Die darauf folgenden Tage erscheinen wie ein Überprüfen und Abschiednehmen Goethes von der Vergangenheit. In Strassburg begegnete er noch einmal Lili Schönemann, nun verheiratet als Lili von Türckheim. Sie war seit einem Jahr die Frau eines Bankiers und vor kurzem Mutter geworden. Goethes Kommentar klingt für unsere Ohren recht herzlos: «Ich ging zu Lili und fand den schönen Grasaffen mit einer Puppe von sieben Wochen spielen.» Dabei war ihm das Herz weich, und er war froh, «dass sich die Schmerzen von einst in reinem Wohlwollen und einer schönen Empfindung gelöst hatten.»

Wie heftig diese Leidenschaft gewesen war, erfahren wir aus «Dichtung und Wahrheit». Aus Rücksichtnahme auf die einstige Geliebte wartete Goethe mit der Veröffentlichung des 4. Bandes seiner Autobiographie bis nach Lilis Tode. Und noch am 5. 3. 1830 erklärte Goethe Eckermann, das Dämonische, das jede Leidenschaft begleite, sei in dieser Beziehung so stark gewesen, dass sein Entschluss, nach Weimar zu gehen, davon die unmittelbare Folge gewesen sei.

Von Strassburg aus wurde Sesenheim berührt, um Friederike Brion wieder zu sehen. Sie empfing Goethe still und freundlich wie einst. Goethes Besuche bei seinen verschiedenen früheren Geliebten wirken eigentümlich zwanghaft und ichbezogen. Man fragt sich, ob dieses Wiedersehen auf seiten der beiden Frauen wirklich so heiter verlief, ob es für sie nicht vielmehr schmerzlich war, den wiederzusehen, der sich ihnen entzogen hatte. Auch diesmal wieder machte Goethe halt in Emmendingen. Aber dort gab es keine Schwester mehr, mit der er sich hätte aussprechen können – Cornelia war zwei Jahre zuvor gestorben, und der Schwager Schlosser hatte sich bereits wieder verheiratet.

Im Leben Goethes hatte sich seit seiner ersten Schweizerreise Entscheidendes ereignet: seine Berufung an den Hof von Weimar und seine Begegnung mit Charlotte von Stein. Bindungen also, im Öffentlichen wie auch im Privaten. Auf der einen Seite die Verantwortung dem jungen Herzog und dem kleinen Staat gegenüber in der prekären Doppelfunktion als Freund und Minister, auf der anderen die Ausschliesslichkeit einer ins rein Geistige sublimierten Beziehung zu Charlotte von Stein. Gemeinsam sollten sie schliesslich zu einer solch ausserordentlichen Belastung werden, dass Goethe sich ihr durch eine Flucht nach Italien entzog, um sich wieder Freiraum für seine Dichtung zu schaffen. Vielleicht war aber auch schon diese zweite Schweizerreise nicht nur eine Ergänzung der ersten, sondern bereits ein Luftholen nach vier Jahren Weimar.

Wichtig erscheint in diesem Zusammenhang eine Eintragung in Goethes Tagebuch vom 7. 8. 1779, also kurz vor seiner Reise:

«Zuhause aufgeräumt, meine Papiere durchgesehen und alle alten Schalen verbrannt. Andere Zeiten, andere Sorgen. Stiller Rückblick aufs Leben, auf die Verworrenheit, Betriebsamkeit, Wissbegierde der Jugend, wie sie überall herumschweift, um etwas Befriedigendes zu finden. Wie ich besonders in Geheimnissen, dunklen, imaginativen Verhältnissen eine Wollust gefunden habe. Wie ich alles Wissenschaftliche nur halb angegriffen und bald habe fahren lassen, wie eine Art von demütiger Selbstgefälligkeit durch alles geht, was ich damals schrieb. Wie kurzsichtig in menschlichen und göttlichen Dingen ich mich umgedreht habe. Wie des Tuns, auch des zweckmässigen Denkens und Dichtens so wenig wie in zeitverderbender Empfindung und Schatten Leidenschaft gar viele Tage vertan, wie wenig mir davon zu Nutz gekommen und da die Hälfte nun des Lebens vorüber ist, wie nun kein Weg zurückgelegt sondern viel mehr ich nur dastehe wie einer, der sich aus dem Wasser rettet und den die Sonne anfängt wohltätig abzutrocknen ... Gott helfe weiter und gebe Lichter, dass wir uns nicht selbst so viel im Wege stehen.»

Eine geradezu grausame Selbstanalyse und schon eher ein

Autodafé der eigenen Gefühle und Verhaltensweisen. Es klingt nach einer Wende, nach einer grundlegenden Veränderung des Bewusstseins im Zuge der übernommenen Verantwortungen und ist darüber hinaus eine dezidierte Absage an den «Sturm und Drang». Nur wenige Tage vor Beginn dieser Reise war Goethe in Weimar zum «Geheimen Rat» ernannt worden.

In Basel wohnte man in den «Drei Königen». Zwei der Handelsherren der Stadt, der Tuchhändler Daniel Merian Werthemann und Rudolf Burckhardt de Bary, übernahmen für Goethe und den Herzog die Rolle der Bankiers. Sie stellten die für die Reise durch die Schweiz benötigten Geldmittel bereit und belasteten dafür einen Gewährsmann in Eisenach, den Kommerzienrat J. J. Streber. Rudolf Burckhardt hatte zwei Jahre zuvor mit dem Bau seines aufwendigen Hauses «Zum Kirschgarten» begonnen. Goethe scheint die Arbeiten besichtigt zu haben, denn er erkundigte sich anfangs 1780 brieflich nach den Fortschritten des Hauses und bedankte sich dafür, dass Burckhardt ihnen «zu allem Guten und Nützlichen» auf ihrer Reise durch die Schweiz behilflich gewesen sei.

Nach den Erfahrungen von 1775 hatte Goethe offenbar keine Lust, den Herzog mit Isaak Iselin bekannt zu machen, er zeigte ihm lieber die Porträts von Holbein, die nicht nur in der Städtischen Bibliothek, sondern auch in der Gemäldesammlung Christian von Mechels zu sehen waren; ein Besuch, der zur Pflichtübung einer jeden Schweizerreise gehörte. Aber sie interessierten sich nicht nur für Kunst, sondern besuchten auch die Fabriken der Stadt.

Von Basel aus folgten sie der alten Römerstrasse durch das Tal der Birs. Goethes erster Brief aus der Schweiz an Charlotte von Stein gilt einer ausführlichen Schilderung seines Weges:

«Mir machte der Zug durch diese Enge eine grosse, ruhige Empfindung. Das Erhabene gibt der Seele die schöne Ruhe, sie wird ganz dadurch ausgefüllt, füllt sich so gross als sie sein kann und gibt ein reines Gefühl, wenn es bis gegen den Rand steigt, ohne überzulaufen. Mein Aug' und meine Seele konnten die Gegenstände fassen, da ich rein war, die Empfindung nirgends falsch widerstiess, so wirkten sie, was sie sollten.» Einem Mann, der sich ihnen von Basel aus angeschlossen hatte, widersprach Goethe ganz entschieden, als dieser meinte, dergleichen Eindrücke schwächten sich durch die Wiederholung ab: «Der Mensch glaubt verloren zu haben, er hat aber gewonnen. Was er an Wollust verliert, gewinnt er an innerem Wachstum.» Goethes wiederholte Reisen in die Schweiz scheinen seine Worte zu bestätigen.

Bezeichnend für Goethes Naturbetrachtung ist seine Wahrnehmung der grossen Zusammenhänge. Hinter dem Malerischen dieses Tals, das er durchritt und durchwanderte, erscheinen ihm die geologischen Bewegungen der Zeit:

«Am Ende der Schlucht stieg ich ab und kehrte einen Teil allein zurück. Man ahnet im Dunkeln das Leben und die Entstehung dieser seltsamen Gestalten. Es mag geschehen sein wie und wann es wollte. So haben sich diese Massen nach der Schwere und Ähnlichkeit ihrer Teile gross und einfach zusammengesetzt. Was für Revolutionen sie nachher bewegt, getrennt, gespalten haben, so sind auch diese nur einzelne Erschütterungen gewesen und selbst der Gedanke einer so ungeheuren Bewegung gibt ein hohes Gefühl von ewiger Festigkeit.»

In Biel übernachteten sie in der «Goldenen Krone» und fuhren am nächsten Morgen, es war ein halb stürmischer, halb schöner Tag, mit dem Ratsschiff hinüber zur Petersinsel. Dort wurden sie von dem gleichen Schaffner begrüsst, der 14 Jahre zuvor auch Rousseau bewirtet hatte, als er, aus Genf vertrieben, hier Zuflucht gesucht hatte.

«Ich hätte gewünscht», schrieb Rousseau, «dass man mir die Insel zum ewigen Gefängnis angewiesen, dass man mir jede Hoffnung genommen hätte, sie je wieder zu verlassen und mit dem Festland zu verkehren.» Und er behauptete, seine grösste Freude sei das Bewusstsein gewesen, dass seine Bücher verpackt und seine Schreibutensilien unerreichbar waren. Woran einige Zweifel erlaubt sind, denn in der Einsamkeit der Petersinsel hat Rousseau 1765 als Flüchtling Naturstudien betrieben, deren Ergebnisse er 1780 als «Lettres élémentaires sur la Botanique `a Mme de L.» (Catherine Delessert) veröffentlichte. In einem Brief an den Herzog bezeichnete Goethe sie als «ganz allerliebste Briefe über die Botanik, worin Rousseau diese Wissenschaft auf das Fasslichste und Zierlichste einer Dame vorträgt». 1822 wurden sie in «La Botanique de Rousseau», sämtlichen von Rousseau zu diesem Thema verfassten Schriften, wiederveröffentlicht. Anlässlich dieser Neuausgabe schrieb Goethe in der Geschichte seiner eigenen botanischen Studien:

«Indessen sich dergestalt meine botanischen Kenntnisse und Einsichten in lebenslustiger Gesellschaft erweiterten, wurde ich eines einsiedlerischen Pflanzenfreundes gewahr, der mit ernstem Fleiss sich diesem Fach gewidmet hat. Wer wollte nicht dem in höchstem Sinne verehrten JJ. Rousseau auf seinen einsamen Wanderungen folgen, wie er, mit dem Menschengeschlecht verfeindet, seine Aufmerksamkeit der Pflanzen- und Blumenwelt zugewendet. Und in echter, gradsinniger Geisteskraft sich mit den stillreizenden Naturkindern vertraut macht . . . Seinen entschiedenen Äusserungen aber zufolge mag er erst nach einem stürmischen Autoren-Leben, auf der St.-Peters-Insel, im Bielersee, auf dies Naturreich in seiner Fülle aufmerksam geworden sein.»

Goethe bekannte, dass er als Dilettant auf diesem Gebiet mit besonderem Vergnügen von einem anderen Dilettanten gelernt habe. Rousseaus Interesse an der Botanik geht zurück bis in seine Jahre in Champery und spielt auch noch in seinen späten «Rêveries du promeneur solitaire» eine Rolle. «Einen Linnaeus (d. h. ein Exemplar der Systema naturae von Linné), in der Tasche und den Kopf voll Heu wird man mich wohl nicht hängen», heisst es dort. Aber sein Aufenthalt auf der Petersinsel hatte nur eine Atempause bedeutet, bevor ihn die Regierung von Bern von dort vertrieb.

Am 6. Oktober ritten Goethe und Herzog Carl August über Erlach und Ins querfeldein nach Murten, doch sie verirrten sich und waren gezwungen, auf die Hauptstrasse zurückzukehren. Im Beinhaus von Murten machte sich Goethe, wie andere berühmte und unberühmte Reisende vor und nach ihm, der Touristenunsitte schuldig, ein Stück eines Burgunderschädels einzustecken, als Souvenir an die Schlacht von 1476, die Karl der Kühne gegen die Eidgenossen verlor. 1798 wurde das Beinhaus von Murten von französischen Soldaten abgerissen, aber Goethe und der Herzog konnten bei ihrem Besuch noch die Worte Albrecht von Hallers lesen:

«Steh still, Helvetier, hier liegt das kühne Heer,
Vor welchem Lüttich fiel und Frankreichs Thron erbebte;
Nicht unsrer Ahnenzahl, nicht künstlichers Gewehr,
Die Eintracht schlug den Feind, die ihren Arm belebte,
Kennt, Brüder, Eure Macht, sie liegt in unsrer Treu!
O würdet sie noch heut in jedem Leser neu!»

Nach einem Ritt durch die Landschaft des Seefeldes gelangten sie nach Bern und stiegen ab im Gasthof «Zum Falken». In Bern gelang es ihnen zunächst nicht, mit den Leuten Kontakt aufzunehmen, die sie hier zu sehen wünschten. Aber Goethe durchwanderte bei dieser Gelgenheit lange allein die Stadt, die ihm von allen Schweizer Städten, die er bis dahin gesehen hatte, als die schönste erschien:

«Die Egalität und Reinlichkeit tut einem sehr wohl, besonders da man fühlt, dass nichts leere Dekoration oder Durchschnitt des Despotismus ist. Die Gebäude, die der Stand Bern selbst aufgeführt, sind gross und kostbar und doch ohne einen Anschein von Pracht, die eins vor dem anderen in die Augen würfe.» Bern war eine reiche Stadt, die aus dem Staatsschatz Darlehnen gewähren konnte. Nicht dass Carl August verschwenderisch gewesen wäre, aber zur Entwicklung seines ökonomisch so schwachen Staates brauchte der Herzog einen Kredit, der ihm in Höhe von 50 000 Talern zu 5 % auch gewährt wurde und den Sachsen-Weimar pünktlich vor Ende des Jahrhunderts zurückzahlte.

In Goethes Aufzeichnungen dieser Reise erfährt man erstaunlicherweise nichts über diese so wichtige Transaktion.

Als Reiseführer ins Berner Oberland diente ihnen die «Kurze Einleitung» des Pfarrers Jakob Samuel Wyttenbach, erschienen 1777 bei Wagner in Bern. «Für diejenigen, welche eine Reise durch einen Teil der merkwürdigsten Alpengegenden des Lauterbrunnentals, Grindelwald, und über Meiringen auf Bern zurück machen wollen», so lautet der umständliche Titel der kleinen Broschüre. Goethes Exemplar ist erhalten und trägt Eintragungen von seiner Hand, durch die man seine Reiseroute leicht nachvollziehen kann. Am 8. Oktober kamen sie zunächst nach Thun.

«Ja, lieber Bruder, Dich wiederzusehen, ist eine meiner beständigsten Wünsche dieser vier Jahre her und wird nun auch bald erfüllt», schrieb Goethe von dort an Lavater. «Ich habe Dir viel zu sagen und viel von Dir zu hören, wir wollen wechselweis von unseren Haushalten Rechenschaft ablegen, einander segnen, und für die Zukunft stärken, wieder ganz nah zusammenrücken und uns freuen, dass wir noch in einer Luft Atem holen . . . Mein Gott, dem ich immer treu geblieben bin, hat mich reichlich gesegnet im Geheimen, denn mein Schicksal ist den Menschen verborgen. Sie können nichts davon sehen noch hören. Was sich davon offenbaren lässt, freu ich mich, in Dein Herz zu legen.» Lavaters Antwort war nicht weniger herzlich:

«Bei der entsetzlichen Dürre an lebenden Menschen kannst Du Dir denken wie's mir wohl tun wird, mich an Dir zu wärmen.»

Am nächsten Morgen bestiegen Goethe und der Herzog ein gedecktes Schiff und fuhren über den Thunersee. Während die Wolken tief hingen und es nieselte, lasen sie sich gegenseitig aus Bodmers Übersetzung des Homer vor. Von Unterseen fuhren sie, gepackt auf einen Leiterwagen, zusammen mit Moritz von Wedel und Philipp Seidel nach Lauterbrunnen. Aber das wurde ihnen bald zu unbequem, und sie gingen den Weg durchs Tal lieber zu Fuss weiter.

«Wir haben den Staubbach bei gutem Wetter zum erstenmal gesehen», schrieb Goethe an Charlotte von Stein, «die Wolken der oberen Luft waren gebrochen und der blaue Himmel schien durch. An den Felswänden hielten Wolken, selbst das Haupt, wo der Staubbach herunterkommt, war leicht bedeckt. Es ist ein sehr erhabener Gegenstand, und es ist von ihm, wie bei allem Grossen, solang es ein Bild ist, so weiss man doch nicht recht, was man will. Es lässt sich von ihm kein Bild machen; aber wenn man drunter ist, wo man weder mehr bilden noch beschreiben kann, dann ist man erst auf dem rechten Fleck.»

Der vom Himmel kommende Strahl, der Staubbach, wurde zu einem sehr tiefen Eindruck für Goethe. Das von seinem Anblick ausgelöste Gedicht hat sich wie vielleicht kein anderes mit dem Bild der Schweiz verbunden. Lauterbrunnen, das bedeutet seitdem zugleich auch Goethe.

Gesang der Geister über den Wassern

Des Menschen Seele
Gleicht dem Wasser:
Vom Himmel kommt es,
Zum Himmel steigt es,
Und wieder nieder
Zur Erde muss es,
Ewig wechselnd.

Strömt von der hohen,
Steilen Felswand
Der reine Strahl,
Dann stäubt er lieblich

In Wolkenwellen
Zum glatten Fels,
Und leicht empfangen,
Wallt er verschleiernd,
Leisrauschend,
Zur Tiefe nieder.

Ragen Klippen
Dem Sturze entgegen,
Schäumt er unmutig
Stufenweise
Zum Abgrund.

Im flachen Bette
Schleicht er das Wiesental hin,
Und in dem glatten See
Weiden ihr Antlitz
Alle Gestirne.

Wind ist der Welle
Lieblicher Buhler;
Wind mischt vom Grund aus
Schäumende Wogen.

Seele des Menschen,
Wie gleichst du dem Wasser!
Schicksal des Menschen,
Wie gleichst du dem Wind!

Als Wechselgesang zweier Geister gestaltet, hat das Gedicht, seltsam genug, zunächst «Gesang der lieblichen Geister in der Wüste» geheissen. Ein Titel, den man eher im Umfeld des «Westöstlichen Diwan», als in dem einer Schweizerreise vermuten würde. Charlotte von Stein, der Goethe das Gedicht noch von der Schweiz aus schickte, war übrigens nicht überzeugt von dem von Goethe darin verwendeten Vergleich: «Die Wasser mögen auch in ihrer Atmosphäre auf- und absteigen, aber unsere Seelen kann ich mir nicht anders als in die unendlichen Welten der ewigen Schöpfung verkettet denken», schrieb sie an Knebel. Die starke Resonanz, die diese Verse erfahren haben, hat ihr jedoch nicht recht gegeben. Bildhaftigkeit und Metaphysik verbinden sich auf das natürlichste zu einem Gleichnis vom Leben des Menschen. Die in der Zürcher Zentralbibliothek aufbewahrte Handschrift des Gedichtes stammt aus dem Besitz der Goethe-Freundin Barbara Schulthess. Auch hier ist das Gedicht auf zwei Geisterstimmen verteilt und weicht sehr geringfügig von der veröffentlichten Fassung ab. Es trägt die Überschrift «Am Staubbach».

Goethe und seine Reisegefährten übernachteten beim Pfarrer von Lauterbrunnen und betrachteten am nächsten Morgen wieder fasziniert die stäubenden Wasser. Am 10. Oktober, einem Sonntagmorgen, stiegen sie hinauf zum oberen Steinberg, um von dort aus den ausserordentlichen Blick auf die Berner Alpen zu geniessen. Über die Steinbergalp heisst es im Tagebuch: «Es ward kühl und die Wolken wechselten. Wir assen und tranken und feierten sehr lustig Saturnalien mit Knechten und Führern. Wir waren um halb 2 auf dem Tschingelgletscher und machten Torheiten, Steine abzuwälzen . . . Grau die Decke der absinkenden Eise, blau die Klüfte der Felsen, der Stein alles Granit.»

Am 11. Oktober wanderten sie durch das Lutschinental nach Grindelwald und sahen dort staunend den unteren Gletscher und die Eishöhle, den Ausfluss der schwarzen Lutschine. Der dritte Tag, der 12. Oktober, war alles andere als ein Spaziergang. Man muss sich ins Gedächtnis rufen, dass die Wege keineswegs wie heute geöffnet und gepflegt waren, ein Tag wie dieser war ein echtes Abenteuer.

«Früh vom Wirtshaus in Grindelwald, verirrte mich, kamen am oberen Gletscher wieder zusammen. Gingen im Schatten des Wetterhorns die Scheidegg hinauf, es war wie wir hinaufgingen alles scharf gefroren. Um 12 rasteten wir in einer Hütte unterhalb dem Wellhorn und Engelhorn, das in spitzen Türmen und Zacken gar verwunderlich ist.» Von dort ging es zu den Reichenbachfällen, danach auf schmalen Stiegen an den Felswänden entlang über die Aareschlucht, bei Einbrechen der Nacht. Endlich, um acht Uhr abends, waren sie in Guttannen. «Schlechter Wein und schlechte Wirtschaft», schimpfte Goethe in sein Tagebuch.

Am 13. Oktober kehrten sie noch einmal in das Bauernhaus zurück, in dem sie schon am Vorabend gerastet hatten, vielleicht der auffallend schönen Bauernfamilie wegen, die dort ansässig war. Am Abend dann sahen sie zu, wie zwei Burschen vor dem Wirtshaus in Brienz «nach Schweizerart» miteinander rangen.

«Unbeschreibliche Tage ... In der höchsten Klarheit des Himmels, Wärme und Kühle, ein Grün über alles und Farben an den abstehenden noch ganz beblätterten Bäumen», heisst es in einem Brief an Merck vom 19.10.1779, und an Charlotte von Stein:

«Bisher hat uns das Glück gar unerhört begleitet. Kein Gedanke, keine Beschreibung noch Erinnerung reicht an die Schönheit und Grösse der Gegenstände, die merkwürdigsten Gegenden, ganz rein in dem himmlischen Lichte genossen.»

Obwohl er ständig mit Schwindel zu kämpfen hatte, erwies sich Moritz von Wedel auf dieser Wanderung als unvergleichlicher Gesellschafter, er hatte ständig die tollsten Einfälle. Etwas allerdings störte Goethes Zufriedenheit ganz empfindlich: «Wäre ich allein gewesen, ich wäre höher und tiefer gegangen, aber mit dem Herzog muss ich tun, was mässig ist. Doch könnt ich uns mehr erlauben, wenn er die böse Art nicht hätte, den Speck zu spicken, und wenn man auf dem Gipfel des Bergs mit Müh und Gefahr ist, noch ein Stiegelchen ohne Zweck und Not suchte.» Goethes Ärger über die Vorliebe des jungen Herzogs für unnötige Risiken sass so tief, dass er träumte, er habe sich von ihm getrennt und sei den Leuten, die dieser ihm nachgeschickt hatte, aus dem Weg gegangen, um allein weiterzuziehen.

Offenbar hat sich Goethe in seinem Gedicht «Ilmenau» an diesen Vorfall erinnert. Ilmenau, das war nicht nur irgendein Ort des kleinen Fürstentums Sachsen-Weimar, wo sich der Herzog mit Vorliebe während seiner «wilden Jahre» aufhielt. Durch seine Silber- und Kupferminen, die von Goethe und dem Herzog wieder in Betrieb genommen worden waren, um dem Land aus seiner wirtschaftlichen Misere zu helfen, war es zugleich auch ein Symbol für den wirtschaftlichen Aufschwung. Das Gedicht spricht auf sehr persönliche Weise von dem jungen Herzog, dem es gewidmet ist. Für ein Huldigungsgedicht ist sein Ton erstaunlich realistisch:

«Gewiss ihm geben auch die Jahre
Die rechte Richtung seiner Kraft
Noch ist bei tiefer Neigung für das Wahre
Im Irrtum eine Leidenschaft.
Der Fürwitz lockt ihn in die Weite
Kein Fels ist ihm zu schroff kein Steg zu schmal,
Der Unfall lauert an der Seite
Und stürzt ihn in den Arm der Qual.»

Aus Philipp Seidels Tagebuch erfahren wir, dass man in Meiringen halt machte und dass Goethe versuchte, hier Auskünfte über Peter im Baumgarten einzuholen. Peter im Baumgarten, ein Name wie aus einem Märchen, aber ganz so idyllisch ist seine Geschichte nicht. Zur Zeit von Goethes erster Schweizerreise hielt sich in Zürich auch ein Baron von Lindau auf, ein junger Mann von 21 Jahren, befreundet mit Joh. G. Zimmermann und dem Dichter Lenz. Auch der Kreis um Bodmer und Lavater kam ihm mit Sympathie entgegen. Wäre nicht Passavants Eifersucht gewesen, der Goethe auf seiner Reise zum Gotthard allein begleiten wollte, hätte sich auch Lindau gern Goethe angeschlossen.

Heinrich Julius von Lindau war, unglücklich und enttäuscht von einer Liebesgeschichte, in die Schweiz gekommen, um im Land der «Nouvelle Héloise» empfindsam seinem Schmerz zu leben. Dabei entdeckte er im Haslital einen Waisenknaben, eben jenen Peter im Baumgarten, und entschloss sich, ihm eine gute Erziehung angedeihen zu lassen. Unter seinen Freunden liess Lindau eine Subskriptionsliste zur Beteiligung an den Erziehungskosten kursieren, in die sich auch Goethe unvorsichtigerweise eintrug. Der Junge sollte, das war Lindaus Idee, an seiner Statt glücklich werden. Lindaus Grille entsprang also weniger pädagogischen Absichten als Mitleid mit sich selbst und wurde durch die Verpflanzung des Knaben in eine ihm fremde Welt zu einem recht bedenklichen Unternehmen.

Drei Jahre, von 1775 bis 1777, brachte Peter im Baumgarten – er war 9 bis 10 Jahre alt, als er Lindau begegnete – im «Philantropin», der Erziehungsanstalt des Ulysses von Salis in Schloss Marchlins in Graubünden zu. Konsequent in seiner Todessehnsucht, schiffte sich der unglückliche Lindau nach Amerika ein, um dort im Unabhängigkeitskrieg den Tod zu suchen. Ehe er starb, bat er Goethe schriftlich, sich um den Jungen zu kümmern. Wie sehr man sich in den Mitteln vergriff, zeigt Lindaus Abschiedsgeschenk an den Jungen: es war Fénélons Télemaque, der grosse Erziehungsroman und Fürstenspiegel der Zeit.

Nach seinem Aufenthalt in Marschlins begleitete Peter, von Lavater und Lenz empfohlen, den Franzosen Ramond de Carbonnière auf einer Reise durch die Schweiz. Dabei berührten sie das Berner Oberland, das Wallis und die Zentralschweiz. R. de Carbonnières Absicht war, den damals berühmten Reiseführer von William Coxe, ergänzt durch eigene Beobachtungen, ins Französische zu übersetzen. Diese sehr eigenwillige Bearbeitung erschien tatsächlich 1782 in Paris als «Lettres de M. William Coxe á M. W. Melmoth». Im Vorwort heisst es: «Ich reiste im Gebirge, oder richtiger, ich irrte darin ohne bestimmtes Ziel zu Fuss umher mit einem einzigen Begleiter, der aus der Gegend stammte, die wir zusammen durchstreiften.» Dieser einzige Begleiter war niemand anderes als Peter im Baumgarten.

Nach Lindaus Tod veranlasste Goethe die Übersiedlung des Hirtenknaben nach Weimar und brachte ihn zunächst in seinem Gartenhaus unter. Verschiedene Briefe Goethes zeigen, mit welchem Ernst er sich der Verantwortung unterzog, die Lindau ihm aufgebürdet hatte. Die Weimarer Freunde wurden in diesem Zusammenhang bemüht, Carl August, Anna Amalia, Knebel, auch Frau von Stein wurde gebeten, sich um Peter im Baumgarten zu kümmern. Schliesslich wurde er der Obhut eines Joh. Friedr. Kraft in Ilmenau übergeben und zur Jägerei bestimmt. All das geschah in den besten Absichten, doch weit besser wäre es gewesen, man hätte den Jungen im Haslital gelassen.

Peter wollte sich durchaus nicht zu einem Jägerburschen mausern, wie man es von ihm erwartete. Er trank, geriet in schlechte Gesellschaft und machte Schulden, heiratete die Pfarrerstochter von Bad Berka und hatte mit ihr sechs Kinder. Beim dritten stand Goethe selbst Pate, beim vierten der Schweizer Zeichner Lips, der während dieser Zeit als Professor an der Freien Zeichenschule von Weimar tätig war. Schliesslich verschwand Peter im Baumgarten, offenbar verspürte er nicht die geringste Lust, das zu werden, was die anderen aus ihm machen wollten. Am Ende munkelte man, er sei ein Sohn Goethes gewesen, andere wollten wissen, Anna Amalia sei seine Mutter.

Goethe selbst hat zur Mystifikation der Geschichte um den Baron Lindau beigetragen. In der 1. Abteilung der «Briefe aus der Schweiz», die Goethe im nachhinein Werther in die Feder gelegt hat, taucht Lindau im Rahmen einer seltsam voyeuristischen Episode in Genf als «Baron L.» auf.

Peter im Baumgartens Porträt erscheint auch, kommentiert von Lavater, im dritten Band der «Physiogomischen Fragmente» von 1777. Dort heisst es: «Ein Sohn, aber ein schlauer, feiner, schwer zu zähmender Sohn der Natur.» Und am Ende lesen wir, er sei einer von denen, «die ausserordentlich gut oder ausserordentlich schlimm würden». Das Ganze wirkt wie ein ungeschriebenes Schauspiel von Lenz.

Auf dem Brienzersee setzte Goethe seine Lektüre in Bodmers Homer fort und las dem Herzog Ulysses' Abenteuer mit den Sirenen vor. In Lausanne sollten sie bald selbst einer Sirene begegnen, aber damit hatte es noch einige Tage Zeit. Aus Philipp Seidels Tagebuch erfahren wir, dass man einen Abstecher zur Beatushöhle machte und dass «der Herr Geheime Rat» am liebsten mit dem Boot auf der Aare bis Bern gefahren wäre, was aber aus Mangel an Gelegenheit unterblieb.

Philipp Seidel war ein begabter Mensch und besass Goethes vollstes Vertrauen. Er las und kritisierte dessen «Iphigenie», deren Prosafassung ihm besser gefiel als die zweite in Versen – was er sich nicht scheute auszusprechen. Aber Goethe hat ihm das keineswegs verübelt, sondern forderte ihn auf, ihm auch weiterhin ohne alle Umschweife seine Meinung zu sagen, denn er betrachtete ihn als einen seiner Schutzgeister. Bei den Verhandlungen über die erste Gesamtausgabe seiner Werke ging Goethe so weit, seine Interessen gegenüber dem Verleger Göschen durch Seidel vertreten zu lassen.

Bei ihrem zweiten Besuch in Bern taten sich ihnen nun plötzlich alle Türen auf. Sie besuchten Professor Wilhelmi, den Mitbegründer des Politischen Instituts, einer Erziehungsanstalt für Patriziersöhne, und den Ratsherrn von Kilchberger. Drei Stunden lang blieb Goethe, der sich schon damals für alles Geologische interessierte, bei dem Pfarrer, Naturwissenschaftler und Alpenforscher Samuel Wyttenbach, um sich dessen reichhaltige Gesteins- und Mineralsammlung anzusehen, zusammengetragen aus allen Ecken der Schweiz. Wyttenbach zeigte Goethe auch die von dem Verleger Abraham Wagner in Bern herausgegebenen «Merkwürdigen Prospekte aus den Schweizer-Gebürgen und derselben Beschreibung», deren erste Ausgabe 1777 erschienen war, zu der Wyttenbach selbst den Text und Albrecht von Haller die Vorrede verfasst hatte. Die Stichvorlagen stammten von Caspar Wolf.

Gemeinsam fuhren Goethe und Carl August hinaus zum Blumenhof bei Kehrsatz, dem Landsitz Klaus Emanuel von Tscharners, wo man seinerzeit schon den jungen Wieland so besonders herzlich aufgenommen hatte. Wieder in der Stadt, trafen sie noch einen weiteren Bekannten Wielands. Am 18.10.79 schrieb Carl August an seine Frau: «Ich ging mit Wedeln spazieren und begegnete Goethe, welcher mit des Schultheiss Sinners Sohn angestiegen kam.» Es war Karl Ferdinand, einer der beiden von Sinnerschen Söhne, die 1759 die Schüler Wielands gewesen waren. Ihr Vater, der Schultheiss Friedrich von Sinner, machte Carl August auf ein Gemälde im Schloss zu Spiez aufmerksam, das einen Vorfahr des Herzogs, Bernhard von Sachsen, darstellte, und liess für ihn eine Kopie des Porträts anfertigen. Der Herzog revanchierte sich dafür mit einer goldenen Dose.

Auch das Atelier des Malers Johann Ludwig Aberli besuchten sie damals in Bern. Goethe hat die Schweizer Aquarellisten bis ins hohe Alter geschätzt. Als er sich 1828 unter dem Eindruck von Carl Augusts Tod auf Schloss Dornburg zurückgezogen hatte, stand er dort plötzlich vor einem «liebenswürdigen Bilde, einer kleinen Landschaft der grössten Schönheit», wie er schrieb, «sie ist eigenhändig bis ans Ununterscheidbare radiert und im Aquarell so vortrefflich ausgemalt, dass man über die Klarheit der Konzeption, die Ausführlichkeit und dabei die vollkommenste Haltung ganz in Erstaunen gerät. Ich werde meine Wallfahrt noch oft dahin antreten». Zugleich war es für Goethe auch eine Wallfahrt zurück in die eigene Jugend, in die Tage der gemeinsamen Schweizerreise mit dem verstorbenen Freund.

Damals, im Jahr 1779, interessierte man sich in Bern weniger für den Freund des Herzogs und Wirklichen Geheimen Rat als für den Dichter des «Werther». Von Goethes Roman exisitierten zu dieser Zeit bereits drei Übertragungen ins Französische, darunter die des Lausanners Georges Deyverdun, der die Geschichte kurzerhand in Neuchâtel ansiedelte und in der Werthers Lotte als Lucie und ihr Albert als M. Dupasquier auftraten. 1775 war in Bern sogar eine Dramatisierung des Romans auf Französisch erschienen, die dessen Handlung der besseren gesellschaftlichen Optik wegen in die «höheren Stände» verlegte. Dieser Werther, alias Manstein, spielt «dans les appartements du château de Waldeck» und aus den «Leiden eines jungen Werther» sind die trivialen «Malheurs de l'amour» geworden. Der Verfasser dieser zweifelhaften Adaption war der Bibliothekar Johann Rudolf Sinner von Ballaigues, Autor einer «Voyage dans la Suisse Occidentale».

Meisterwerke waren also weder vor dem Zugriff der Raubdrukker, noch vor Bearbeitern sicher. Dass sich dadurch die ohnehin schmalen Einkünfte der Dichter und Schriftsteller noch zusätzlich verringerten, versteht sich von selbst. Gravierender war die für heutige Begriffe kaum vorstellbare Entstellung, denen ihre Werke ausgesetzt waren. Im Zusammenhang mit der «Ausgabe letzter Hand» seiner Werke durch Cotta hat sich Goethe um einen Autorenschutz bemüht, und das war keine leichte Aufgabe. Er wandte sich deswegen 1825 an die Deutsche Bundesversammlung. Der Schutz geistigen Eigentums war in diesem Umfang etwas gänzlich Neues, und die Gesandten mussten dazu die Zustimmung der Regierung einholen. Am 23. August 1825 unterzeichnete auch Kaiser Franz Josef II. die Priviligierungsurkunde, 1826 folgte König Friedrich Wilhelm III.

Goethe hat diesen Erfolg und die Priviligierungsurkunde als seinen «besten Orden» bezeichnet. Dass man ihm diesen Schritt als seiner nicht würdig verübelt hat, versteht sich von selbst.

Ehe Goethe und der Herzog Bern verliessen, besichtigten sie auch die öffentlichen Gebäude und Einrichtungen der Stadt, das Zeughaus, den Zwinger mit den Berner Bären und das Schallenwerk, das seinerzeit als vorbildlich geltende städtische Zuchthaus.

«Morgen gehen wir auf Lausanne», schliesst ein Brief Goethes an Johann Heinrich Merck vom 17. Oktober 1779 aus Bern. «Eben da ich so schrieb, sah ich durch die Schornsteine, dass die Sonne unterging, und lief schnell auf die Terrasse hinter dem Münster. Sie war schon untergegangen und an den Schneebergen stand noch das Rot und der Mond oben darüber, du kennst den Anblick. Adieu. Schick diesen Brief, wenn Du ihn gelesen hast, meinen Eltern.»

Von Bern aus wurde Johann August Nahls damals berühmtes Grabmal der Pfarrerin zu Hindelbank besucht, eine freudige, in ihrem Realismus schockierende Darstellung des Auferstehungsgedankens. Sie zeigt die mit 28 Jahren bei der Geburt eines Kindes gestorbene Frau des Pfarrers Langhals, wie sie sich am Tag des Jünsten Gerichtes durch die geborstene Grabplatte tastet.

«Vom Grabmal der Pfarrerin zu Hindelbank werden Sie Geduld haben müssen, denn ich habe mancherlei darüber und dabei vorzubringen», schrieb Goethe an Charlotte von Stein. Leider haben wir nicht erfahren, was er der Freundin bei seiner Rückkehr darüber berichtet hat. Aber die unorthodoxe Plastik scheint Goethe stark beschäftigt zu haben. In seinem Brief fährt er fort: «Man spricht mit einem allzeit fertigen Enthusiasmus von solchen Dingen und niemand sieht darauf, was hat der Künstler gemacht, was hat er machen wollen.» Dass der Bildhauer Nahl später bei einem Wettbewerb der Weimarer Kunstfreunde Beachtung fand, könnte auf Goethes Einfluss zurückgehen und auf den Eindruck, den Nahls positive Deutung des Todes auf ihn in Hindelbank gemacht hatte.

Auch noch Jahre danach erinnerte sich Goethe an Michel Schüppach, den Arzt und Wunderdoktor in Langenau im Emmental. Auch ihn hat er damals auf seiner Reise besucht. Goethe war von dem Blick des Arztes fasziniert. «Sein Auge ist das gegenwärtigste, das ich glaube gesehen zu haben, blau, offen, vorstehend, ohne Anstrengung beobachtend», schrieb er an Charlotte von Stein. An dem Tag, an dem sie ihn besuchen wollten, es war der 17. Oktober 1779, war er allerdings nicht auf dem Posten. Er hatte Honig gegessen, und den konnte er nicht verdauen, was allerdings, genausowenig wie sein Leibesumfang für seine ärztlichen Künste spricht. Trotzdem war Michel Schüppach kein Doktor Eisenbart, denn er wusste bereits, dass Krankheiten auch seelischen Ursprung haben konnten. Die Patienten wurden hübsch der Reihe nach behandelt, so dass auch die Edelleute warten mussten, wenn er gerade einen Bauern untersuchte.

In Moudon erregte der schlechte Zustand eines römischen Mosaiks, Orpheus und die Tiere darstellend, den Unwillen Goethes, da es, nicht genügend geschützt, zugrunde ging. Tatsächlich machte er sich die Mühe, den Landvogt Tobie de Gottrau de Billens in einem anonymen Billet auf den fatalen Zustand des Kunstwerks hinzuweisen. Aber umsonst, und so sucht man heute den Orpheus von Cheyres vergebens. Hätte Goethe mit seinem Namen unterschrieben, wäre sein Versuch vielleicht erfolgreicher gewesen. In einem Brief an Charlotte von Stein machte er seiner Empörung Luft, sehr wenig höflich und verallgemeinernd heisst es da: «Die Schweizer traktieren so etwas wie die Schweine.»

Dem Genfersee gegenüber wurde Goethe jedoch geradezu zärtlich und hat ihn liebevoll «den Meister aller Seen» genannt. Lausanne wollte ihm wiederum gar nicht gefallen, schlecht gelaunt schimpfte er es «ein leidig Nest». Aber die Lage der Stadt bewunderte er und machte ausgedehnte Spaziergänge in der Umgebung.

Gleich am ersten Abend besuchte er zusammen mit dem Herzog die Marchesa Marie Antonia von Branconi, eine berühmte Schönheit, die geistreiche Geliebte des Herzogs von Braunschweig. Sie war eine glühende Verehrerin Lavaters, der für ihren Zauber durchaus empfänglich war. Sie hatte ihm darum im Austausch gegen sein Taschentuch ihr Strumpfband geschickt. Eine etwas gewagte Art, die Bewunderung eines Geistlichen zu traktieren, selbst wenn dies durchaus eine damals übliche Form der Verehrung und Zuneigung war. Auch Goethe war gefangen von dieser reizvollen Frau und schrieb: «Am Ende ist von ihr zu sagen, was Ulysses von dem Felsen des Scylla erzählt – unverletzt die Flügel schleicht kein Vogel vorbei, auch die schnelle Taube nicht, die dem Jovi Ambrosia bringt.» Und er war dankbar, nicht an der Stelle des Hauslehrers ihrer Kinder zu sein, der in ihrer Nähe vergehen müsse wie die Butter an der Sonne.

In einem Brief an Lavater hatte Goethe am 31. Juli 1775 anhand zweier Porträts einen Vergleich zwischen der schönen Branconi und Charlotte von Stein angestellt. Beide kannte er damals noch nicht, was die physiognomische Leidenschaft dieser Zeit wohl am besten kennzeichnet. Dass es Goethe dabei gelang, manche Wahrheiten im Charakter der beiden Frauen aufzuspüren, spricht eher für sein Ahnungsvermögen als für die Verlässlichkeit physiognomischer Versuche.

«Stein»	*«Branconi»*
Festigkeit	Unternehmende Stärke
Gefälliges unverändertes Wohnen des Gegenstandes	Scharf- nicht Tiefsinn
Behagen in sich selbst	Reine Eitelkeit
Liebevolle Gefälligkeit	Feine verlangende Gefälligkeit
Naivität und Güte	Witz, ausgebildete Sprache
Selbstfliessende Rede	Wahl im Ausdruck
Nachgiebige Festigkeit	Widerstand
Wohlwollen	Gefühl ihrer selbst
Treubleibend	Fassend und haltend
Siegt mit Netzen	Siegt mit Pfeilen

Aber die Marchesa war mehr als nur eine oberflächliche Dame der Gesellschaft. Von Karl Joh. Mattei, ihrem Hauslehrer, gibt es eine Aufzeichnung über ein Gespräch zwischen ihr und Goethe. Darin heisst es:

«Darauf unterhielt man sich darüber, warum Schwermut so sehr gefalle, warum Traurigkeit so sehr einnehmend sei. Doch nur für diejenigen, bemerkte Goethe bedeutsam, die selbst diesen Labsal mit sich in ihrem Busen herumtrügen. Branconis Charakter neigte zur Schwermut, und von Goethe wissen wir, dass auch ihm, dem Lebensfrohen, vermöge der wunderbaren Mischung seiner Natur, die trübselige Melancholie nicht fremd war.»

Am Abend des 23. Oktober 1779 sprach man auch von anderen Dingen, von der Wirkung des Kaffees und seinem Gegenteil, der Wohltätigkeit des Schlafes. Goethe erzählte, mit welch seligem Gefühl ihn im Lauterbrunnental das Fallen und Stäuben des Staubbachs erfüllt habe, und von seiner Empfindung der Ruhe in der Natur. Dann kam die Rede auf Johann Georg Zimmermann, für dessen schwierigen Charakter Goethe wegen seiner Mischung aus Stärke und Schwäche nur wenig Sympathie aufbringen konnte.

Seinen Eindruck von der Marchesa Branconi hat Goethe in einem Brief an Charlotte von Stein zusammengefasst: «Sie kommt mir so schön und angenehm vor, dass ich mich etlichemal in ihrer Gegenwart fragte, ob's auch wahr sein möchte, dass sie so schön sei. Einen Geist! Ein Leben! Ein Offenmut! Dass man eben nicht weiss, woran man ist.» Aber auch Goethe hatte die Marchesa beeindruckt, denn zwei Jahre später hat sie ihn in Weimar besucht.

Mit einer Fahrt nach Clarens folgten Goethe und der Herzog nun schon zum zweiten Mal auf dieser Reise den Spuren Rousseaus. «Ich konnte mich der Tränen nicht enthalten», schrieb der sonst so unsentimentale Goethe, «wenn ich nach Meillerie hinübersahe und den Dent de Chamont und die ganzen Plätze vor mir hatte, die der ewig einsame Rousseau mit empfindsamen Wesen bevölkerte.»

Der Einfluss des Genfers auf den jungen Goethe ist gross gewesen und zeigt sich an verschiedenen seiner Werke. Der zweite Akt des «Prometheus»-Fragmentes versucht eine Erziehung im Sinne des «Emile», und Goethes Schweizer Singspiel «Jery und Bätely», an dem ausser den Personennamen nicht viel Schweizerisches zu entdecken ist, steht in direkter Nachfolge des «Devin du village». Doch Goethe war kein blinder Anbeter Rousseaus, uns seine Verehrung geriet in der Folge stark ins Wanken. In seinem Theaterstück «Der Triumph der Empfindsamkeit», das Goethe eine dramatische Grille nannte, ging er so weit, die «Nouvelle Héloise» zusammen mit dem eigenen «Werther» als sentimental zu verspotten.

1782 las Goethe Rousseaus «Confessions» und kommentierte seine Lektüre überschwenglich: «Nur ein paar Blätter sind wie leuchtende Sterne, welch ein Geschenk für die Menschheit ist ein edler Mensch.» Aber spätere Äusserungen über Rousseaus monomane Beichte sucht man im Werk Goethes vergebens.

Dreissig Jahre später bezeichnete er den «Pygmalion» Rousseaus in einem Brief an Zelter als «ein monströses Produkt, höchst merkwürdig für die Hauptkrankheit jener Zeit, wo Staat und Sitte, Kunst und Talent mit einem namenlosen Wesen, das man aber Natur nannte, in einen Brei gerührt werden sollte.» Zwar galt Goethes Interesse auch weiterhin Rousseau als dilettierendem Naturforscher, der Gesellschaftskritiker aber war für ihn seit der Brutalität der Französischen Revolution nicht mehr gleichbedeutend mit einem Wegweiser in die Freiheit. Kultur und Philosophie der deutschen Klassik orientierten sich längst an anderen Idealen. Daher konnten Rousseaus «Confessions» in ihrem egozentrischen Wehklagen kein Vorbild für «Dichtung und Wahrheit» werden. Goethe hat sie denn auch in seiner Autobiographie mit Stillschweigen übergangen, was bei Rousseaus grossem Einfluss auf ihn als jungen Dichter überrascht.

Am 23. Oktober verliessen Goethe und der Herzog Lausanne und übernachteten am ersten Abend in Morges. In dreieinhalb Stunden ritten sie am nächsten Morgen bis Rolle und erlebten die Côte zu ihrer festlichsten Zeit: «Der See war unendlich schön, die Gegend, die La Côte heisst, ist fast vom See bis hoch an die Berge mit Reben bepflanzt, mit unzähligen Häusern besetzt und ist jetzt voll Menschen, es geht mit der Weinlese zu Ende», schrieb Goethe.

In Mont-sur-Rolle besuchte Goethe die Schwiegereltern seines Freundes Johann Heinrich Merck, der hier vor sechs Jahren seine spätere Frau Louise Françoise Charbonnier kennengelernt und geheiratet hatte. Beim Essen riet man ihm zu einem Umweg nach Genf über die Höhen des Jura. Für diesen Teil der Reise sei ganz besonders auf Goethes Veröffentlichung «Briefe aus der Schweiz 1779» verwiesen, die weitgehend mit Originalbriefen an Charlotte von Stein identisch sind. Briefe, nicht nur Reisebriefe, wurden im 18. Jahrhundert häufig abgeschrieben und an Freunde weitergereicht. Einige der Briefe Goethes aus dem Jura bekam auch Wieland zu lesen, der sich so beigeistert über sie äusserte, dass er sie – antikisch gestimmt wie er war – mit der Anabasis des Xenophon verglich. Und er fügte hinzu, diese Schweizerreise gehöre für ihn unter Goethes meisterhafteste Dramata. Aber man müsse auch zugeben, dass er das wahre «enfant gâté» der Natur und aller Schicksals-, Glücks- und Zufallsgötter sei.

Am 24. Oktober ritten sie, begleitet von Mercks Schwager Arpoz, einem Hauptmann und Oberforstmeister dieser Gegenden, durch die Weinberge hinauf auf die Jurahöhen, eine ernste, heute noch fast ebenso unberührte Landschaft wie zu Goethes Zeit, mit dichten Tannenwäldern, Ausblicken überraschender Weite auf parkähnliche, hügelige Flächen mit vereinzelt stehenden Baumgruppen und das Panorama der Savoyardischen Alpen über dem Becken des Genfersees. Sie muss Goethe ganz besonders gefallen haben, denn er hat diesen Tagen im Jura, halb Ritt, halb Wanderung, eine unvergleichliche Schilderung gewidmet. Die Reisegefährten hatten Glück mit dem Wetter, es war ein klarer Tag. Goethe schrieb:

«Wir hatten steigend die herrlichste Aussicht auf den Genfersee, die Savoyer und Walliser Gebirge hinter uns, konnten Lausanne erkennen, und durch einen leichten Nebel auch die Gegend von Genf. Der Mont Blanc, der über alle Gebirge des Faucigny ragt, kam immer mehr hervor. Die Sonne ging klar unter, es war so ein grosser Anblick, dass ein menschliches Auge nicht daran hinreicht, ihn zu sehen. Der volle Mond kam herauf und wir höher, durch Tannenwälder stiegen wir immer den Jura hinan und sahen den See im Duft und den Widerschein des Mondes darinne.»

Am Abend kamen sie in Le Brassus durch den sie begleitenden Hauptmann in einem Hause unter, in dem man in der Regel keine Fremden aufnahm. Goethe beschreibt das Haus seiner Gastgeber sehr genau und schildert dessen zentralen Raum als Küche, Versammlungsraum und Vorsaal zugleich. Sogar ein paar hübsche Miesels (das waren die Mädchen) gab es dort.

Es fällt auf, mit welcher Akribie Goethe geographische und geologische Besonderheiten beschreibt. Mit gleichem Interesse nimmt er die Lebens- und Arbeitsweisen der Menschen wahr, denen er diesmal auf seiner Reise begegnet. Mit welcher Objektivität betrachtet er die Natur, mit welchem für die Zeit erstaunlichen Mangel an Sentimentalität und Weihe wird hier die Landschaft gesehen. Dazwischen liegen Passagen voller Ergriffenheit über die Grösse und einzigartige Weite dieser Landschaft, die in der relativ kargen Umgebung nur umso stärker wirken. Auf diese Weise belässt Goethe der Natur ihre grandiose Indifferenz, wie ja auch in seinem eigenen Lebenswerk das Poetische nur eine, allerdings ausserordentlich bedeutende Komponente darstellt, die stets von naturwissenschaftlichen Studien begleitet wird.

Am nächsten Morgen, den 25. Oktober, verliessen sie Le Brassus und ritten entlang dem Lac du Joux in Richtung auf die Dent de Vaulieu, von deren Gipfel sich ihnen ein einzigartiges Schauspiel bot:

«Alle niederen Gegenden waren mit einem weissen, wolkigen Nebelmeer überdeckt, das sich von Genf bis nordwärts an den Horizont erstreckte und in der Sonne glänzte. Daraus stieg ostwärts die ganze reine Reihe aller Schnee- und Eisberge, ohne Unterschied von Namen der Völker und Fürsten, die sie zu besitzen glauben, nur Einem grossen Herrn und dem Blick der Sonne unterworfen, die sie schön rötete.»

Am Abend nahm Goethe in Le Brassus seine Aufzeichnungen dieser Reise für Charlotte von Stein wieder auf: «Man muss die schönen Wege preisen, für die in diesen entfernten Gegenden der Stand Bern durch den ganzen Canton sorgt. Es geht eine Chaussée um das ganze Tal herum, nicht übermässig breit aber wohl unterhalten, so dass die Einwohner mit der grössten Bequemlichkeit ihr Gewerbe betreiben.» Da er sich in Sachsen-Weimar auch um das Strassennetz des Landes gekümmert hatte, musste ihm das auffallen. Aber er schloss sehr privat: «In einem ganzen Monat nichts von Ihnen gehört. Wenn ich in Genf nichts finde, wer weiss, was dann wird.»

Am 26. Oktober hatten die Reisenden das herrlichste Wetter. Der Morgen war sehr kalt, es hatte gereift und gefroren. Sie ritten zunächst noch eine Stunde im Bernischen, dann kamen sie durch französisches Gebiet. Es war die Regierungszeit von Ludwig XVI., und den Bewohnern, fast alle als Leibeigene an die Canonicos von St. Claude gebunden, sah man «wo nicht den Mangel, so doch ein sehr enges Bedürfnis an», schreibt Goethe. Sie ritten vorbei am Lac des Rousses und stiessen schliesslich auf die neue Strasse, die vom Pays de Vaud nach Paris führte. Goethe und der Herzog hatten vor, die Dôle zu besteigen, während Wedel die Pferde voraus nach St. Cergue führen sollte.

Während des Aufstiegs drehten sie sich nicht um, um sich nicht die Überraschung des Ausblicks auf den Genfersee und den Mont Blanc zu nehmen. Auf dem Gipfel setzten sie sich in den Windschatten der Felsen und liessen sich von der Sonne bescheinen: «Essen und Trinken schmeckte vortrefflich», bemerkte Goethe.

«Es sind keine Worte für die Grösse des Anblicks, man ist sich nur im Augenblick selbst kaum bewusst, dass man sieht, man ruft sich nur gern die Namen und alten Gestalten der bekannten Städte und Orte zurück und freut sich, in einer taumelnden Erkenntnis, dass das eben die weissen Punkte sind, die man vor sich hat. Und immer wieder zog die Reihe der glänzenden Eisgebirge das Aug' und die Seele an sich. Die Sonne wendete sich mehr gegen Abend und erleuchtete ihre grösseren Flächen gegen uns zu ... Man gibt da gern jede Prätention ans Unendliche auf, da man nicht einmal mit dem Endlichen im Anschauen und Gedanken fertig werden kann.»

Ein wichtiger Satz, der erkennen lässt, wie grundsätzlich anders Goethe die Dinge im Vergleich zu seiner ersten Reise wahrnimmt. Es ist der Verzicht auf die genialische Unvernunft zugunsten einer gelasseneren Sicht und Einsicht. Das Grossartige, das Ungeheure erscheint nicht mehr als verführerischer Abgrund, sondern wird als Abbild erkannt.

Bei Sonnenuntergang erreichten sie die Ruinen des Fort de St. Cergue: «Auch näher am Tal waren unsere Augen nur auf die Eisgebirge gegenüber gerichtet. Die letzten, links im Oberland, schienen in einem leichten Feuerdampf aufzuschmelzen, die nächsten standen noch mit wohl bestimmten roten Seiten gegen uns, nach und nach wurden sie weissgrün-graulich. Es sah fast ängstlich aus. Wie ein gewaltiger Körper von aussen gegen das Herz zu abstirbt, so erblassten alle langsam gegen den Mont Blanc zu, dessen weiter Busen noch immer rot herüber glänzte und auch zuletzt uns noch einen rötlichen Schein zu behalten schien, wie man den Tod des Geliebten nicht gleich bekennen, und den Augenblick, wo der Puls zu schlagen aufhört, nicht abschneiden will.

Auch nun gingen wir ungern weg, die Pferde fanden wir in St. Cergue, und dass nichts fehle, stieg der Mond auf und leuchtete uns nach Nyon, wo unterwegs unsere gespannten Sinnen sich wieder lieblich falten konnten, wieder freundlich wurden und mit frischer Lust aus den Fenstern des Wirtshauses den breitschwimmenden Wiederglanz des Mondes im ganz reinen See geniessen konnten.»

Am 27. Oktober stiegen Goethe und der Herzog im Gasthof «Aux Balances» in Genf ab. Auch hier gefiel Goethe die Umgebung der Stadt mit ihren Landhäusern ganz ungemein, er fand sie offen, freundlich und lebendig. Die Stadt selbst aber «stimme ihn ganz in sich hinein», hat er geschrieben, «und nicht um alles wolle er noch einmal acht Tage in dem Loche bleiben». Die meiste Zeit war das Wetter miserabel, und das dürfte Goethes Urteil über die Rhonestadt beeinflusst haben. Er war in höchstem Grade wetterfühlig und hat an anderer Stelle einmal gesagt: «Wenn das Barometer tief steht und die Landschaft keine Farben hat, wie kann man leben?»

Auch hatte das damalige Genf noch nicht allzu viel Ähnlichkeit mit der heutigen weltoffenen und eleganten Stadt mit den breiten Quais. Es war befestigt und eng und wirkte bei schlechtem Wetter sicherlich düster. Weder Goethe noch der Herzog erwähnten die prachtvollen Häuser in der Rue des Granges, kein Wort fällt über die Kathedrale, genausowenig wie vorher in Lausanne. Vielleicht wehte zu allem Überfluss die schwarze Bise; dann allerdings kann Genf sehr ungemütlich sein.

Weit mehr als die Stadt selbst gefielen ihm deren Bewohner. Er war angenehm überrascht, dass man auch hier seinen «Werther» kannte und von ihm bezaubert war. An Charlotte von Stein schrieb er: «Indes gibt mir dies Echo aus der Ferne doch einiges Interesse an meinen Sachen, vielleicht bin ich künftig fleissiger und verpasse nicht wie bisher die guten Stunden.» Aber auf die Frage, ob er nicht mehr dergleichen schriebe, gab er zur Antwort: «Gott möge mich behüten, dass ich nicht je wieder in den Fall komme, einen zu schreiben und schreiben zu können.» Im Alter hat Goethe zu bedenken gegeben: «Wer mit 20 den Werther schreibt, wie soll der leben mit 70.» Und schrieb in der Trilogie der Leidenschaft ein Gedicht auf Werthers Schatten, ein sehr pessimistisches Gedicht, eine Absage an den Wertherismus.

Goethe und der Herzog wurden in die öffentliche Bibliothek der Stadt geführt, wo man ihnen neben einer Reihe von Gemälden auch Radierungen von Rembrandt zeigte. Museen waren damals noch eine Seltenheit, das Ende des 18. Jahrhunderts war die grosse Zeit der Privatsammlungen und Kabinette, für deren Besuch man allerdings ein Empfehlungsschreiben oder einen grossen Namen brauchte. Da sie beides besassen, konnten sie die Kunstschätze der Herren Tronchin, Sellon und Liotard bewundern. Goethe interessierte sich besonders für die mineralogische Sammlung von Guillaume Antoine Deluc.

Vor der Stadt, in Genthod, besuchten sie den Naturforscher und Philosophen Charles de Bonnet auf seinem herrlichen Besitz am See, umgeben von ausgedehnten Gärten mit Blick auf das schräg gegenüberliegende Genf. Bonnet war ein Gegner Voltaires und stets bemüht, die Tätigkeit des Naturforschers mit seinem christlich-calvinistischen Glauben in Einklang zu bringen. Der Herzog erzählt von einem Experiment an einem lebenden Salamander, dem Bonnet zum Beweis der Regenerationsfähigkeit einen «Finger» an der Vorderpfote abgeschnitten hatte, der innerhalb von zwei Monaten wieder nachgewachsen war.

Johann Jakob Bodmer. Gemälde von Johann Heinrich Wilhelm Tischbein 1781, Kupferstich-Reproduktion von Mathias Stumpf 1783

Zum Oberen Schönenberg.
Wohnhaus von Johann Jakob Bodmer in Zürich.
Radierung von Johann Jakob Meyer 1786. Zentralbibliothek Zürich

Johann Georg Zimmermann. Kupferstich von Johann Heinrich Lips 1776
nach Vorlage von Philipp Ganz, erschienen 1777.
Zentralbibliothek Zürich

Julie von Bondeli.
Nach dem Pastell eines unbekannten Malers

IV

Christoph Martin Wieland.
Ölgemälde von Georg Oswald May. 1779

V

August Wilhelm von Schlegel. Gemälde von Adolf Hohneck 1824,
Stahlstich-Reproduktion von Carl Mayer um 1845. Zentralbibliothek Zürich

Anne-Louise-Germaine de Staël. Radierung von Pierre-Louis Bouvier 1817 nach seinem Gemälde von 1816. Zentralbibliothek Zürich

Benjamin Constant. Kupferstich in Punktiermanier von Ambroise Tardieu 1820. Zentralbibliothek Zürich

Die Genf zugewandte Seite von Schloss Coppet zur Zeit Madame de Staëls, anonyme Darstellung

Johann Caspar Lavater. Gemälde von Johann Heinrich Wilhelm Tischbein 1781, Kupferstich-Reproduktion von Johann Heinrich Lips, erschienen 1783. Zentralbibliothek Zürich

Johann Wolfgang von Goethe.
Kupferstich von Johann Heinrich Lips nach eigener Zeichnung 1791.
Zentralbibliothek Zürich

Anna Barbara Schulthess-Wolf. Gemälde von Johann Heinrich Wilhelm Tischbein 1781, Kupferstich-Reproduktion von Robert Leemann 1887. Zentralbibliothek Zürich

Charlotte von Stein. Selbstporträt, gezeichnet 1790,
Stahlstich-Reproduktion aus den frühen 1850er Jahren.
Zentralbibliothek Zürich

Carl August Herzog von Sachsen-Weimar-Eisenach. Kupferstich von Johann Heinrich Lips 1779 nach Vorlage von Jens Juel, erschienen 1783. Zentralbibliothek Zürich

Joh. Heinrich Meyer.
Selbstporträt, lavierte Bleistiftzeichnung aus den frühen 1780er Jahren.
Zentralbibliothek Zürich

Frédéric-Jacob Soret. Radierung von Rodolphe Piguet um 1860.
Zentralbibliothek Zürich

Johann Wolfgang von Goethe.
Pastell von Georg Oswald May, 1779

XVII

Hauptwil. Kolorierte Umrissradierung von Johann Jakob Aschmann um 1795.
Zentralbibliothek Zürich

Hölderlin im Jahre 1792.
Gouache von F. K. Hiemer

Susette Gontard.
Miniatur von Margaretha Elisabeth Sömmering, geb. Grunelius

Thun. Aquatinta von Johann Hürlimann nach Zeichnung von Mathias Gabriel Lory, erschienen 1822. Zentralbibliothek Zürich

Heinrich von Kleist. Kreide- und Kohlezeichnung von Anton Graff.
Kunsthaus Zürich

Christoph Martin Wieland.
Ölgemälde von Anton Graff, 1793

Wilhelmine von Zenge, um 1800,
Miniatur von unbekannter Hand

Aber sie fuhren auch zum Schloss seines Widersachers hinaus nach Ferney. Voltaire lebte nicht mehr, der unbequeme Philosoph war ein Jahr zuvor in Paris gestorben. Über dem Eingang der kleinen Kirche konnten sie seinen Namen neben dem Gottes lesen: «Deo erexit Voltaire», eine Inschrift, die sich nur schwer als Zeichen christlicher Demut deuten lässt. Ausserdem suchten sie den Maler Jean Huber auf, von dem sich Voltaire mehr als dreissigmal in der unkonventionellsten Weise hatte malen lassen und dem, nach Goethe, Geist, Imagination und Nachahmungsbegierde zu allen Gliedern heraus wollte.

Doch nicht von Jean Huber, sondern von dem dänischen Maler Jens Juel liess sich der Herzog malen. Dabei entstand das äusserst sympatische, fast etwas scheu wirkende Porträt des jungen Carl August mit den auffallend tief liegenden Augen, das Goethes lebenslange Zuneigung und Freundschaft begreiflich macht. Es hat später den Weg in die Sammlungen des herzoglichen Schlosses von Weimar angetreten.

Am Ende ihres Aufenthaltes in Genf wurde das Wetter besser, und Goethe konnte sogar in der Rhône baden, «wozu man ein artig Häusgen hat, da das grüne Wasser unten durchfliesst». Auf einer Fahrt zur Campagne des Pfarrers und Bibliothekars Diodati in Verny erschienen ihnen am Abend die Eisgebirge «wie glühende Diamanten», ein Anblick, der sie nicht ruhen liess. In der Stadt erfuhren sie, es käme immer mehr in Mode, die Eisgebirge zu besuchen, doch riet man ihnen der vorgerückten Jahreszeit wegen davon ab. Aber Goethe war nicht so leicht zu entmutigen: «Wenn es dort so aussähe wie man uns hier malt, so wär's ein Sieg und die Hölle. Man kennt aber schon die Poesie der Leute auf den Sophas und in den Cabriolets», schrieb er an Frau von Stein und liess Horace Bénédict de Saussure entscheiden, der es schliesslich wissen musste.

Sie kamen im rechten Augenblick an den rechten Mann, denn Horace de Saussure erklärte ihnen, der Weg sei auch noch im November gefahrlos. «Das sind, dünkt mich, die Leute, die man fragen muss, wenn man in der Welt fortkommen will», lautete Goethes enthusiastischer Kommentar.

Nur kurz nach seinem Besuch in Genf ist im November 1779 der 1. Band von de Saussures «Voyages dans les Alpes» erschienen. Dass Horace de Saussure einem anderen den Vorrang bei der Erstbesteigung des Mont Blanc überliess, wollte dem Dichter allerdings nicht in den Kopf, aber er war später voller Bewunderung für dessen Leistung im Jahre 1787. Goethes Briefe zeigen, dass er de Saussures Forschungen auch später mit Interesse verfolgte.

Durch Diodati lernte Goethe den Theologen und Schriftsteller Georg Christoph Tobler kennen. Tobler hat sich 1780/81 in Weimar aufgehalten, wo er mit Goethe naturpholosophische Gespräche führte, als deren Folge ein poetisierender Prosatext «Die Natur» entstand. Dieser wurde lange Zeit für ein Werk aus Goethes Feder gehalten und fand ausserordentlich starke Beachtung. Er erschien zunächst 1782/83 anonym im Tiefurter Journal, das seinen Namen dem Schlösschen Tiefurt in der Nähe von Weimar verdankt, einem schlichten Tusculum Anna Amalias, dem Treffpunkt vieler literarischer Abendgesellschaften.

Goethe selbst hatte die Sache später offenbar vergessen, und nur Charlotte von Stein erinnert sich, dass Tobler der Autor war. Goethe äusserte, er könne sich zwar faktisch nicht erinnern, diese Betrachtungen verfasst zu haben, gab aber zu, dass sie gedanklich mit seinen damaligen Vorstellungen übereinstimmten. Er bescheinigte ihnen eine gewisse Leichtigkeit und Weichheit, die er ihnen selbst vielleicht nicht hätte geben können. Anlässlich der Wiederveröffentlichung des aphoristischen Aufsatzes in der Ausgabe letzter Hand von 1828 wurde er von einer Erläuterung Goethes begleitet. Darin heisst es:

«Man sieht die Neigung zu einer Art von Pantheismus, in dem den Welterscheinungen ein unerforschliches, unbedingtes, humoristisches, sich selbst widersprechendes Wesen zum Grunde gedacht ist, und mag als Spiel, dem es bitterer Ernst ist, gar wohl gelten.»

Damit sind wir nicht weit entfernt von den sehr ernsten Scherzen, als die Goethe seinen «Faust II» in seinem letzten Brief an Alexander von Humboldt bezeichnet hat.

Tobler war es auch, der Goethe bei dessen Aufenthalt in Genf einen Brief Lavaters mit der Exegese der Apokalypse des Johannes übergab. Nach der Lektüre war Goethe zum ersten Mal in seiner Freundschaft mit Lavater ganz Ablehnung. Am 28. Oktober schrieb er ihm aus Genf, an seiner Auslegung sei ihm nichts vertraut ausser seiner Handschrift:

«Es hilft aber nichts, ich kann das Göttliche nirgends und das Poetische nur hie und da finden, das Ganze ist mir fatal. Mir ist's, als röch ich überall einen Menschen durch, der garkeinen Geruch von dem gehabt hat der da ist A. und O. – Ich denke auch aus der Wahrheit zu sein, aber aus der Wahrheit der fünf Sinne, und Gott habe Geduld mit mir wie bisher.» Dabei versuchte Goethe seine Ablehnung durch den überaus herzlichen, kraftgenialischen Ton seines Briefes zu neutralisieren und kündigte Lavater einen Besuch in Zürich an:

«Vom Herzog sag ich Dir nichts voraus, noch haben ihn die gescheutesten Leute falsch beurteilt. Du sollst ihm das Haupt salben, wie mit köstlichem Balsam, und ich will mich im stillen über ihn freuen, denn weiss Gott ausser der Sonne und den ewigen Sternen lass ich neuerdings niemand zu Zeugen des, was mich freut oder ängstigt . . . Sei nur ruhig, alter Paradiesvogel», heisst es an anderer Stelle, «man darf Dich wohl mit anderm raren Vieh für Geld sehen lassen.» Ein Brief, so aufschlussreich wie wenige für diese komplexe Beziehung, deren Exaltationen die inneren Widersprüche kaum verdeckten.

Vor ihrer Weiterreise besuchten Goethe und der Herzog den Bilderhändler Chapuis, der einen Tizian zu verkaufen hatte und dafür nach Ansicht des Herzogs viel zu wenig, nämlich nur 10 000 Taler verlangte. Dass ausgerechnet in Genf der Herzog mit seinem Bankier höchst unzufrieden war, sei als Unikum hier angemerkt. Dieser hiess Pasteur, und in einem Schreiben an seine Frau Louise nannte Carl August ihn «den fatalsten Schlingel und Hasenfuss von der Welt» und war entschlossen, sich ihn vom Halse zu schaffen.

Zu einer wichtigen Verbindung mit der Stadt Genf sollte für Goethe sehr viel später die Verpflichtung von Frédéric Jacob Soret an den Hof von Weimar werden. Soret war zwar in St. Petersburg geboren, stammte aber aus einer Genfer Familie. Er hatte eine recht ungewöhnliche Patin, es war niemand geringeres als die Zarin Maria Feodorowna. Ihre Tochter Maria Pawlowna wurde die Schwiegertochter Herzog Carl Augusts. Überzeugt von den Qualitäten Sorets, wünschte sie sich ihn als Erzieher ihres Sohnes Carl Alexander. Diesem Ruf nach Weimar folgte Soret 1822 zunächst ohne besonderen Enthusiasmus, da er seine Gelehrtenlaufbahn unterbrach. Ein grosser Anreiz für ihn war jedoch die Nähe Goethes, zu dessen engstem Kreis er auch bald gehörte und bis zu Goethes Tod gehören sollte.

Soret hatte in Genf Theologie studiert, anschliessend widmete er sich den Naturwissenschaften, insbesondere der Geologie und Mineralogie, was ihn für Goethe als Gesprächspartner so interessant machte. Bei aller Bewunderung für das Inkommensurable von

Goethes Genie bewahrte sich Soret dem Dichter gegenüber stets die Freiheit der eigenen Meinungsäusserung. Diese kritische Distanz macht seine Aufzeichnungen, die erst 1905 als «Gespräche mit Goethe» veröffentlicht wurden, im Gegensatz zu anderen Dokumenten dieser Art sehr erfrischend.

Auf Goethes Farbenlehre zum Beispiel reagierte er eher skeptisch und betrachtete sie – wie er schrieb – nicht als Evangelium. Von Soret stammt die Beobachtung, dass Goethe, Kritik an seiner poetischen Produktion durchaus zugänglich, in Bezug auf seine Beschäftigung mit den Naturwissenschaften keinen Spass verstand. Soret lenkte Goethes Aufmerksamkeit auf viele bedeutende Genfer, darunter auf seinen Lehrer Pyrame de Candolle, auf Sismondi und Rodolphe Toepffer. In den Jahren 1828–31 übersetzte Soret in Weimar Goethes «Metamorphose der Pflanzen» ins Französische.

Als Abschied von Genf sei hier ein reizendes Gelegenheitsgedicht Goethes aus späteren Jahren zitiert. Eine Genferin, Madame Duval, eine Tante Sorets, hatte Goethe im Juni 1828 eingemachte Früchte eigener Produktion geschickt, auf deren Qualität sie stolz war. Im Austausch dafür wünschte sie sich ein paar Zeilen von der Hand Goethes. Goethe war kein Spielverderber und liess verlauten, er sei auch in der Zukunft an einem ähnlichen Handel interessiert. Noch am selben Tag erhielt Soret von ihm ein kleines Gedicht als Dank an die Spenderin:

«Glücklich Land, allwo Zedraten
Zur Vollkommenheit geraten,
Und zu reizendem Geniessen
Kluge Frauen sie durchsüssen!
Solches löbliche Befleissen
Muss der Dichter höflich preisen,
Wenn er kostet die Vollendung
Solcher höchst willkommnen Sendung.»

In Genf teilte sich die Reisegesellschaft. Moritz von Wedel sollte die Pferde durch das Waadtland bis ins Wallis führen, wo man sich wieder treffen wollte. Goethe und der Herzog begannen ihre Reise zu den Eisgebirgen mit einer Fahrt die Arve aufwärts in einem leichten Cabriolet. Am ersten Tag kamen sie bis Cluse, übernachteten «in einem schlechten Wirtshaus bei munteren und willigen Leuten» und kletterten am nächsten Morgen in die Tropfsteinhöhle von Balme. In Salanches mussten sie ihr Fahrzeug zurück nach Genf schicken, da die Wege für eine Kutsche nicht passierbar waren. Sie packten ihre Sachen auf einen Maulesel und gingen zu Fuss weiter. Kurz vor Chamonix machten sie Halt in Le Prieuré. Noch am selben Abend schrieb Goethe an Charlotte von Stein:

«Es wurde dunkler. Wir kamen dem Tal von Chamonix näher und endlich darein. Nur die grossen Massen waren uns sichtbar, die Sterne gingen nacheinander auf und wir bemerkten über den Gipfeln der Berge, rechts vor uns, ein Licht, das wir nicht erklären konnten, hell ohne Glanz, wie die Milchstrasse, doch dichter wie die Plejaden, nur grösser, unterhielt es lang unsere Aufmerksamkeit, bis es endlich, da wir unsern Standpunkt änderten, wie eine Pyramide, von einem innern, geheimnisvollen Lichte durchzogen, das dem Schein des Johanniswurms am besten verglichen werden kann, über den Gipfeln der Berge hervorragte und uns gewiss machte, dass es der Gipfel des Mont Blanc war. Es war die Schönheit dieses Anblicks ganz ausserordentlich, denn da er mit den Sternen, die um ihn herumstunden, zwar nicht im gleichen Licht, doch in einer breiteren, zusammenhängenden Masse leuchtete, so schien er den Augen zu jener höhern Sphäre zu gehören und man hatte Müh', in Gedanken seine Blicke wieder auf die Erde zu befestigen.»

In Chamonix heuerten sie zwei Führer an, und Goethe vermerkte mit einigem Stolz, diese hätten ihm versichert, 28 Jahre, die sie nun schon Fremde führten, habe noch niemand so spät im Jahr hinauf auf den Gletscher gewollt.

Beim Betrachten des Eismeers meinte Goethe etwas pendantisch, er würde es, um die Backen nicht so voll zu nehmen, eher das Eistal oder den Eisstrom nennen – was allerdings präziser wäre. Es gab damals dort oben bereits so etwas wie Touristenkomfort. Neben der bescheidenen ersten Hütte für die Reisenden hatte Mr. Blaise, ein Engländer, der in Genf lebte, eine zweite, geräumigere bauen lassen, von der aus man, am Feuer sitzend, bequem das ganze Tal überblicken konnte.

Aber sie wagten sich auch selbst auf die «wogigen Kristallklippen» des Gletschers. «Es ist ein ganz trefflicher Anblick, wenn man, auf dem Eise selbst stehend, den oberwärts sich herabdrängenden und durch seltsame Spalten geschiedenen Massen entgegensieht.» Am Abend des Ausflugs schrieb Goethe an Charlotte von Stein, er sei so müde, dass er sie am liebsten auf die «Beschreibung der Eisgebirge» von Bourrit verweisen würde. Aber erfrischt von einigen

Gläsern Wein, schilderte er ihr dann doch selbst seinen Tag auf dem Eismeer. Am Ende heisst es:

«Die tiefe Nacht, die im Tale liegt, lädt mich zeitig zu Bette und ich habe kaum noch so viel Munterkeit, Ihnen zu sagen, dass wir einen jungen zahmen Steinbock gesehen haben, der sich unter den Ziegen ausnimmt, wie der natürliche Sohn von einem grossen Herrn, dessen Erziehung in der Stille einer bürgerlichen Familie aufgetragen ist. Von unsern Diskursen geht's nicht an, dass ich aus der Reihe mitteile, an Graniten, Gestellsteinen, Lerchen und Zirbelbäumen finden Sie auch keine grosse Erbauung, doch sollen sie ehestens merkwürdige Früchte von unserm Botanisieren zu sehen kriegen. Ich bilde mir ein, sehr schlaftrunken zu sein und kann nicht eine Zeile weiterschreiben.»

Mit welcher Phantasie und Zärtlichkeit verabschiedet sich Goethe am Ende eines jeden Tages von der Freundin in Weimar – auch das Private, das Nebensächliche, das Humoristische macht den Zauber dieser Briefe aus.

Goethes lebenslange Passion für das Meteorologische erweist sich später an seiner Witterungslehre und seinen Wolkengedichten, in denen er exakte meteorologische Beobachtungen ins Poetische überträgt. Aber bereits in den Briefen an Charlotte von Stein von Goethes zweiter Schweizerreise gibt es die ausserordentlichsten Beschreibungen von Wolkenerscheinungen, die als Vorläufer der späteren Wolken- und Wetterstudien gelten können. Am 6. November 1779 heisst es da:

«Über die ganze Wolkenfläche sahen wir, ausser dem mittägigen Ende des Tales, ferne Berge im Sonnenschein. Was soll ich Ihnen die Namen von denen Gipfeln, Spitzen, Nadeln, Eis- und Schneemassen vorerzählen, die Ihnen doch kein Bild weder vom Ganzen noch vom Einzelnen in die Seele bringen, merkwürdiger ist's, wie die Geister der Luft sich unter uns zu streiten schienen. Kaum hatten wir eine Weile gestanden und uns an der grossen Aussicht ergötzt, so schien eine feindliche Gärung in dem Nebel zu entstehen, der auf einmal aufwärts strich und uns aufs neue einzuwickeln drohte. Wir stiegen stärker den Berg hinan, ihm nochmal zu entgehen, allein er überflügelte uns und rollte uns ein. Wir stiegen immer frisch aufwärts und bald kam uns ein Gegenwind vom Berg zu Hilfe, der durch den Sattel, der zwei Gipfel verbindet, hereinstrich und den Nebel wieder zurück ins Tal trieb. Dieser wundersame Streit wiederholte sich öfters und wir langten endlich glücklich auf dem Col de Balme an.»

Goethe ging es auch später weniger um eine Systematik der Wolkenbildung als um eine Darstellung der Metamorphose, auch am Beispiel der Wolken. Und so verwundert es nicht, dass Goethes Wolkengedichten mit dem Titel «Howard's Ehrengedächtnis» die Beschreibung einer kolossalen Wolkenbildung voransteht, die ihren Namen von der indischen Gottheit Camarupa herleitet, «die an Gestaltsveränderung Freude hat». Der kleine Zyklus, der ausserdem die Gedichte Stratus, Cumulus, Cirrus und Nimbus einschliesst, ist eine Verbeugung vor dem englischen Wolkenforscher Luke Howard, dem sich Goethe verpflichtet fühlte.

An Goethes Beschäftigung mit der Wolkengestalt wird der Charakter seines «Dilettierens» auf besonders glückliche Weise sichtbar, wobei das Wort jeden abwertenden Beiklang verliert und auf seinen Ursprung aus dilettare, sich freuen, zurückgeführt wird. Dass es Goethe bei seinem Interesse für die Wolkenbildung um mehr ging als um die Witterung, zeigt die Einleitung, die er seinem Versuch einer Witterungslehre von 1825 vorausschickte:

«Das Wahre mit dem Göttlichen identisch lässt sich niemals von uns direkt erkennen, wir schauen es nur im Abglanz, im Beispiel, Symbol, in einzelnen und verwandten Erscheinungen; wir werden es gewahr als unbegreifliches Leben und können dem Wunsch nicht entsagen, es dennoch zu begreifen.»

Über den Col de balme stiegen sie ab nach Martigny. Schmuggler begegneten ihnen, die in die Luft schossen, um ihnen ihre Authentizität zu beweisen. «Heimlich und wohl» sassen sie darauf am Abend im Wirtshaus von Martigny und überlegten, wie die Reise weitergehen sollte.

Bei frischem Nordwind verliessen sie in der Dämmerung des nächsten Morgens Martigny und kamen bei Miéville an den Wasserfall der Pissevache.

«Die Sonne trat hervor und machte den Anblick doppelt lebendig. Unten im Wasserstaube hat man einen Regenbogen hin und wieder, wie man geht, ganz nahe vor sich. Tritt man weiter hinauf, so sieht man noch eine schönere Erscheinung. Die luftigen, schäumenden Wellen des oberen Strahls, wenn sie gischend und flüchtig die Linien berühren, wo in unsern Augen der Regenbogen entsteht, färben sich flammend, ohne dass die aneinander hängende Gestalt eines Bogens erschiene; und so ist an dem Platze eine abwechselnde, feurige Bewegung.»

Man denkt bei dieser Beschreibung an die Stiche von Caspar Wolf, an die Darstellungen des Wassers in allen seinen Erscheinungsformen, als Sturzbach, Wasserfall oder Gletscher. Auch in vielen von ihnen wölbt sich ein Regenbogen, und hinter der minutiösen Darstellung erscheint das Symbol, das Gleichnis.

Vor Martigny kamen sie in ein Dorf «wo lustige Soldaten waren», und tranken mit ihnen neuen Wein. «Er sieht aus wie Seifenwasser», bemerkte Goethe, «doch mag ich ihn lieber trinken als ihren sauren Jährigen und Zweijährigen.» Goethe liebte den Wein – ganz im Gegensatz zum Kaffee, dessen Wirkung er misstraute, und trank ihn nicht eben mässig bis ins hohe Alter. Am Beispiel Goethes scheint sich der Spruch zu bestätigen, dass der Wein nur das verstärke, was er vorfinde.

In St. Maurice trafen sie wieder mit Wedel und Seidel zusammen, die die Pferde durch das Waadtland geritten hatten, und man war glücklich, wieder beieinander zu sein. Die schmale leichte Brücke, die in einem hohen Bogen die Rhône überspannte, gefiel ihnen besonders gut, und der Herzog verglich sie mit dem Sprung eines Pferdes, das flüchtig über einen Graben setzt. Die Abtei scheinen sie nicht besucht zu haben. Noch einmal, in tiefer Dämmerung, kamen sie vorbei an der Pissevache: «Auf einmal sahen wir den Gipfel einer sehr hohen Klippe, völlig wie geschmolzen Erz und roten Dampf davon aufsteigen. Dies sonderbare Phänomen wirkt wie die Abendsonne, die den Schnee und den daraus aufsteigenden Nebel erleuchtete.»

Am 8. November ritten sie von Martigny bis kurz vor Sion, doch die Brücke über die Rhône, die sie passieren wollten, war verschwunden. Das hiess umkehren und die Pferde einzeln über eine andere Brücke ziehen, die «sehr bös, schwankend, lang und von falschen Knüppeln zusammengesetzt war». Die Landschaft um Sion wird von Goethe voller Bewunderung geschildert, und der Blick auf Sion und hinein in das weite, bis hoch an die Berge mit Reben bepflanzte Tal erschien ihm als einer der schönsten ihrer ganzen Reise. Der Stadt selbst dagegen bescheinigte er ein «widerliches schwarzes Aussehen», und das Wirtshaus fand er ganz einfach «abscheulich». Da sie den Pferden am gleichen Tag nichts mehr zuzumuten wagten, machten sie sich zu Fuss nach Sierre auf den Weg und versuchten, sich dabei die Zeit mit Gesprächen über Astronomie zu verkürzen.

«Der Weg nach Inden ist kein gefährlicher, aber doch sehr fürchterlich anzusehender Weg», heisst es am 9. November in Goethes Tagebuch. «Er geht auf den Lagen einer schroffen Felswand hinunter, an der rechten Seite mit einer geringen Planke vom Abgrund gesondert.» Sie waren durch grosse Verwüstungen, die das Bergwasser angerichtet hatte, von Sierre aus hier heraufgestiegen. Heute fährt man auch nach Inden hinauf mit dem Auto, aber der Eindruck des Bedrohlichen, Gefährlichen, der das Dorf überragenden Felsmassen ist geblieben.

In Leukerbad zeigte man ihnen die warmen Quellen, und Goethe fiel auf, dass ihr Wasser ganz rein war und nicht den geringsten Schwefelgeruch hatte. Oben auf dem Gemmipass mussten sie sich beeilen, wieder nach Hause zu kommen, denn «die Wolken legten sich ganz ernstlich in einen artigen, kleinen Schnee auseinander. Es ist eine unaussprechliche Einsamkeit hier oben», schreibt Goethe, «man ist voller Ahnungen bei diesen Wirkungen der Natur. Die Wolken, eine dem Menschen von Jugend auf so merkwürdige Lufterscheinung, ist man auf dem platten Lande doch nur als etwas Fremdes, Überirdisches angewohnt. Hier aber ist man von ihnen selbst wie sie sich erzeugen eingehüllt, und die ewige innere Kraft fühlt man sich ahnungsvoll durch jeden Nerv bewegen.»

Das Ungeheure der ihn umgebenden Gebirgswelt lässt Goethe die Materie der Wolken mythisch erleben, und an anderer Stelle wird er sie zum Träger Faustens machen, wenn eine Regieanweisung im 2. Teil der Tragödie heisst: «Eine Wolke zieht herein, senkt sich auf eine vorstehende Platte herab. Sie teilt sich, Faust tritt hervor.»

«Schrieb eine Szene am Egmont», vermerkte das Tagebuch in Leukerbad lakonisch. Es ist das erste Mal auf dieser Reise, dass wir etwas von Goethes Arbeit an seiner Dichtung erfahren. In Leukerbad fassten die Reisenden auch den Entschluss, Wedel solle mit den Pferden über Bex, Vevey, Lausanne, Fribourg, Bern voraus nach Luzern reiten. Sie selbst wollten versuchen, zu Fuss über die Furka den Gotthard zu erreichen. Wer von ihnen beiden diese Idee hatte, lässt sich nicht ausmachen. Sicher ist, dass auch damit noch einmal sozusagen «der Speck gespickt» wurde, denn dies war keineswegs der Weg, den ihnen Horace de Saussure empfohlen hatte. Der hätte über den Simplon nach dem Langensee und den Borromäischen Inseln führen sollen. Das Überqueren der Furka in Schnee und Novemberwetter bedeutete eine höchst sportliche Leistung und war nur zu Fuss und mit Maultieren zum Tragen des Gepäcks zu bewältigen. Aber gerade nach einer solchen Herausforderung stand ihnen offenbar der Sinn.

Beim Verlassen der «garstigen Stadt Leuk» beobachtete Goethe: «Es sind diese Städtchen meist an die Berge geflickt, die Dächer mit groben, gerissnen Schindeln unzierlich gedeckt, die durch die Jahreszeit ganz schwarz gefault und vermoost sind. Wie man auch nur hintritt, ekelt's einem, denn es ist überall unsauber; Mangel und ängstlicher Erwerb dieser *privilegierten und freien Bewohner* (die Unterstreichung ist von Goethe) kommt überall zum Vorschein. Wenn das Glück uns gut sitzt, sitzen wir übermorgen um diese Zeit in Realp und dem Urserental.»

Aber schon in Brig kamen Goethe Bedenken: «Hinter uns soweit wir ins Wallistal hineinsehen konnten, lag es mit dicken Schneewolken bedeckt, die das Land heraufgezogen kamen.» Und er befürchtete, sie könnten über Nacht eingeschneit sein.

«So flüsterte die Sorge, die sich meistens des einen Ohres bemeistert. Auf der andern Seite sprach der gute Mut mit weit zuverlässigerer Stimme, verwies mir meinen Unglauben, hielt mir das Vergangene vor und machte mich auch auf die gegenwärtigen Lufterscheinungen aufmerksam.»

Aus wie vielen Bildern, aus welchen Tiefen der Erinnerung mag sich ein solches Werk wie der Faust II zusammensetzen – erscheint am Ende hinter der Gestalt der «Sorge» im zweiten Teil der Tragödie diese frühe Walliser Schwester, geboren aus der Dunkelheit eines Novembertages, als die Schneewolken tief ins Tal hingen? Aber noch war Goethe nicht der alte Faust und schüttelte die Sorge ab. Doch als sie abends im Hôtel de la Croix in Münster unterkamen, wäre er am liebsten dort geblieben, nicht aus Furcht, sondern weil er an seine literarischen Arbeiten dachte, an all das Angefangene, nur Entworfene, Halbfertige, für dessen Vollendung ihm Weimar plötzlich nicht mehr als der rechte Ort erschien:

«Die frühe Stille ist das Element, worin das Schreiben recht gut gedeiht, und ich bin überzeugt, wenn ich mich nur einige Monate an so einem Ort inne halten könnte und müsste, so würden alle meine angefangenen Dramen eins nach dem anderen aus Not fertig.» Aber es bedurfte dafür eines noch grösseren Abstandes, diesen brachte erst, sieben Jahre später, Goethes Reise nach Italien.

Am Morgen des 12. November verliessen sie Münster und traten, begleitet von zwei Männern «stark und tapfer wie Rösser» von Oberwald aus den Weg über die Furka an. Die Wand des Rhônegletschers wirkte seinerzeit bedeutend bedrohlicher als heute, denn damals schoben sich die Eismassen sehr viel tiefer über die Felswand hinunter ins Tal bis Gletsch. Das wird durch das fast gleichzeitig entstandene Gemälde Caspar Wolfs im Kunsthaus Aarau anschaulich gemacht.

«Obgleich alles voll Schnee lag, so waren doch die schroffen Eisklippen, wo der Wind so leicht keinen Schnee haften lässt, mit ihren vitriolblauen Spalten sichtbar, und man konnte deutlich sehen, wo der Gletscher aufhört und der beschneite Felsen anhebt.» Und im Schnee ging es auch weiter über die Furka:

«Es war ein seltsamer Anblick: in der ödesten Gegend der Welt und in einer einförmigen, schneebedeckten Gebirgswüste, wo man rückwärts und vorwärts auf drei Stunden keine lebendige Seele weiss, wo man auf beiden Seiten die weiten Täler verschlungener Felsen hat, eine Reihe Menschen zu sehen, deren einer in des anderen Fussstapfen tritt, und wo in der ganzen glattüberzogenen Weite nichts in die Augen fällt als die Furche, die man gezogen hat. Die Tiefen, aus denen man herkommt, liegen grau und endlos im Nebel hinter einem.» Die Sache war gefährlich genug, denn sie besassen nicht einmal passendes Schuhwerk.

Während des Aufstiegs klagte denn auch Goethe am 5. November, sie seien weder mit Fusseisen noch mit beschlagenen Schuhen ausgerüstet, vielmehr seien ihre Absätze durch den langen Marsch abgerundet und geglättet.

Sechs Stunden brauchten sie bis zur Furka-Passhöhe. Dabei versanken sie oft bis zum Gürtel im Schnee. Dann öffnete sich vor ihnen das verschneite Urserental im Sonnenschein. In Rehalp wurden sie von den Kupuzinern aufgenommen, weitere viereinhalb Stunden waren sie seit der Passhöhe unterwegs gewesen. Unter den aussergewöhnlichen Umständen, nach dem Gefühl von Ausgesetztsein, Endzeit und Leere war ihnen die Erzählung eines der Patres aus der Vulgata besonders eindrücklich. Nur die Betten waren ihnen wieder zu kurz, sodass sie Stühle daranstellen mussten, um schlafen zu können.

«Mir ist's unter allen Gegenden, die ich kenne, die liebste und interessanteste», hat Goethe über das Urserental geschrieben, «es sei nun, dass alte Erinnerungen sie wert machen oder dass nur das Gefühl von so viel zusammengeketteten Wundern der Natur ein heimliches und unnennbares Gefühl erregt. Der Himmel war ganz klar ohne irgendeine Wolke, das Blau viel tiefer, als man es in dem platten Lande gewohnt ist.» Aber über die Natur hat Goethe auch seinen Magen nicht vergessen: «Es werden hier Käse gemacht, denen ich einen besonderen Vorzug gebe.» Noch eineinhalb Stunden, und sie waren in Hospental. Damit betrat Goethe wieder die Route seiner ersten Schweizerreise. Sie bestellten sich auf den nächsten Tag ein Mittagessen und stiegen noch etwas den Berg hinan. Dabei machte ein Zug von Mauleseln mit seinen Glocken die ganze Gegend lebendig. Goethe sollte sich an diesen Augenblick erinnern. Das Schwierigste war überstanden.

Am 13. November 1779 stand Goethe zum zweitenmal auf der Höhe des Gotthardpasses. Das Hospiz war kaum wiederzuerkennen. Seit Goethes erstem Besuch war es von einer Lawine verschüttet und wieder aufgebaut worden. Pater Seraphim war in Mailand, der andere Pater, Lorenzo, kam halb erfroren aus Airolo herauf, sodass er zunächst kaum sprechen konnte. Auch diesmal wieder galt Goethes Scheideblick Italien, und noch einmal verzichtete er. Es schien ihm unverantwortlich, noch länger von Weimar fernzubleiben. Aber er gelobte sich, nicht zu sterben, ohne Italien gesehen zu haben.

«Ich komme mir sehr wunderbar hier oben vor; wo ich mich vor vier Jahren mit ganz anderen Sorgen, Gesinnungen, Plänen und Hoffnungen in einer andern Jahreszeit einige Tage aufhielt, und mein künftiges Schicksal unvorherahnend durch ein ich weiss nicht was bewegt, Italien den Rücken zukehrte und meiner jetzigen Bestimmung entgegen ging.» Und an Charlotte von Stein schrieb Goethe: «Es ist grimmig kalt. Himmel und Wolken rein wie Saphir und Crystall. Der neu Mond ist untergegangen, mit seltsamem Lichte auf dem Schnee. Wir stecken im Hause beim Ofen. Morgen steht uns der herrliche Weg den Gotthard hinab noch vor. Doch sind wir schon durch so viel Grosses hindurch gegangen, dass wir wie Leviathane sind, die den Strom trinken und sein nicht achten. Mehr oder weniger versteht sich. Gute Nacht.»

Auf dem Gotthard enden Goethes «Briefe aus der Schweiz 1779». Sie sind einzigartig in ihrer bei aller Farbigkeit gewahrten Objektivität, in der sich das Private gegenüber der durchwanderten oder durchrittenen Landschaft nie in den Vordergrund drängt.

In ruhigem Fluss, in einem vollkommenen Legato verbindet

sich das Poetische mit der Realität. In den Paralipomena zu «Dichtung und Wahrheit» schreibt Goethe: «Meine unablenkbare Richtung: dem Wirklichen eine poetische Gestalt zu geben: dagegen die anderen das Poetische zu verwirklichen suchen.» Bereits diese «Briefe aus der Schweiz 1779» entsprechen dieser Absicht vollkommen. Gewiss, es gibt in ihnen auch Ärgerliches und Liebloses, vorschnelle, krasse Wertungen – wenn Leuk garstig, wenn die Dörfer des Wallis dreckig geschimpft werden, so urteilt hier der Städter, der Frankfurter Grossbürger. Aber das sind Ausnahmen in der Vielfalt und dem Reichtum der Beobachtungen. Auch ist zu bedenken, dass die Täler der Schweiz im ausgehenden 18. Jahrhundert anders ausgesehen haben als heute, wo der Tourismus und der damit verbundene Wohlstand ihre Struktur und ihr Äusseres wesentlich verändert haben.

Die Menschen treten zurück in diesen Briefen, Goethe ist sich dessen bewusst: «Ich bemerke, dass ich in meinem Schreiben der Menschen wenig erwähne. Sie sind auch unter diesen grossen Gegenständen der Natur, besonders im Vorübergehen, minder merkwürdig.» An dieser Stelle lässt Goethe jedoch dem einfachen Leben Gerechtigkeit widerfahren: «Je mehr in den Gebirgen die Menschen beschränkt, abgeschnitten und auf die allerersten Bedürfnisse des Lebens zurückgewiesen sind, desto besser, willfähriger, gastfreier bei ihrer Armut habe ich sie gefunden.»

Auf der «Italienischen Reise» wird Goethes Interesse hauptsächlich der Kunst gehören, hier in der Schweiz gilt es in erster Linie der Natur. Mit der gleichen poetischen Präzision werden Gesteinsformationen, werden Wolkenbildungen beschrieben. Aber Goethes geradezu professionelles Interesse ist keine blosse Neugier, kein leerer Enthusiasmus, eher gleicht es einem Staunen ohne Verlust der Realität, das zugleich auch Ehrfurcht bedeutet. 1785 hat er an den Freund Jacobi geschrieben: «Hier bin ich auf und unter den Bergen, suche das Göttliche in herbis und lapidibus.» Auch wenn dieser Brief nicht aus der Schweiz, sondern aus Thüringen stammt, was er aussagt, gilt auch für Goethes Schweizerreisen.

Daneben sind die «Briefe aus der Schweiz 1779» ein einzigartiges Dokument seiner Beziehung zu Charlotte von Stein, denn die meisten der Originalbriefe, die ihnen zugrunde liegen, sind an sie gerichtet. In ihrer Ausgewogenheit verraten sie etwas von dem klärenden Charakter dieser Freundschaft. Bei aller geistigen Entsprechung wurde sie für Goethe, durch die ihr aufgezwungene Distanz, gleichzeitig zu einer Einübung in die Mässigung, die er sich abverlangte.

In den Paralipomena zu «Dichtung und Wahrheit» spricht Goethe noch 35 Jahre später von dem wundersamen Anblick des Gotthards, der sich bei ihm geradezu in eine fixe Idee verwandelt habe, die er nie losgeworden sei. Goethes später Roman «Wilhelm Meisters Wanderjahre» wird mit einer Szene im Hochgebirge beginnen.

«Nun lieber Bruder geht's nach Dir zu», schrieb er an Lavater, «den 19. und 20. bin ich bei Dir, und so steht das liebste auf der ganzen Reise noch vor mir. Mache mir ein Bette, das ich allenfalls bei Dir übernachte.» Goethes Gedanken eilten bereits voraus nach Zürich.

Sie machten sich an den Abstieg, passierten Urnerloch und Teufelsbrücke wie auf der ersten Reise, für Goethe war es ein bekannter Weg. «Zu Fusse fort, durch ein wunderschönes Tal nach Altdorf», liest man in Carl Augusts Tagebuch. «Ist ein Turm, an welchen Tells Geschichte gemalt steht. Vor Flüelen trafen wir einen Haufen Bubens an, welche mit Armbrüsten schossen.» Als sie hinüber zur Tellsplatte fuhren, erschien der Urnersee in seinem grossen Ernst dem Herzog als die schönste aller Landschaften der Schweiz.

In Luzern wurden sie bereits von Moritz von Wedel und Philipp Seidel erwartet, zusammen logierten sie im «Goldenen Adler». Wir wissen, dass sie auf den hölzernen Brücken gestanden sind, aber mit keinem Wort erwähnten sie das mittelalterliche, mit seinen Türmen so ungemein plastische Stadtbild, das in seiner Gesamtheit damals noch intakter war, als es heute ist. Aber im Rokoko und dem beginnenden Kassizismus hatte man noch kein Auge für das Mittelalter, dieses entdeckten erst die Romantiker.

Ihr ganz besonderes Interesse galt dem merkwürdigen Modell von General Franz Ludwig Pfyffer von Wyher, Regimentsoberst, Bauinspektor und Topograph. Was sie bewunderten, war ein Relief, das auf einer Fläche von ca. 6,60 m auf 3,90 m den Vierwaldstädtersee und die angrenzenden Kantone Luzern, Uri, Schwyz, Unterwalden und Zug darstellte. Pfyffer von Wyher hatte sich, wie er selbst sagte, an das Leben eines Gemsenjägers gewöhnen müssen, um die an den Vierwaldstädtersee angrenzenden Ebenen, Gebirge und Schluchten zu vermessen. Nur ein Fanatiker konnte eine solche Aufgabe meistern. Auch Goethes Freunde Friedrich Leopold von Stolberg und Sophie von La Roche haben später Pfyffers Modell auf ihren Reisen gesehen, das, genau vermessen, mit ausserordentlichem Geschick und Ausdauer gefertigt war.

«Ich habe nun des Grossen fast zuviel», heisst es in einem Brief Goethes aus Luzern an Johanna Schlosser, die zweite Frau seines Schwagers. «Seit ich Euch verlassen habe, ist kein überflüssiger, unbedeutender Schritt geschehen. Lasst es uns wohl bekommen und Kindelein, «sagt der Heilige Johannes» liebt Euch!» Auf seiner ersten Reise hätte Goethe des Grossen nie zuviel gehabt. Auch in diesem Brief spürt man die Veränderung in Goethes Wesen durch die ersten Weimarer Jahre. «Kein überflüssiger, unbedeutender Schritt» – das klingt nach Abstand den Dingen und sich selbst gegenüber. Aber bei aller Kontrolle, bei aller Bemühung um Mässigung schaut am Ende des Briefes doch der Goethe von 1775 dem reiferen Bruder über die Schulter und sorgt für Hakenschläge und Überraschungen.

Nach den Strapazen des Hochgebirges wussten die Reisenden die Bequemlichkeit des Gasthofs «Zum Schwert» in Zürich zu schätzen:

«Wir wohnen in einem allerschösten Wirtshause, das an der Brücke steht, die die Stadt zusammenhängt, eine liebliche Aussicht auf den Fluss, See und Gebirge, trefflich zu Essen, gute Betten und also alles, was sonst an bezauberten Schlössern nun Ritter zu erquicken herbeigewinkt wird.» Der Besitzer des «Schwert» war Anton Ort, dessen Kompetenz und Fürsorge von allen Gästen – unter ihnen war später auch Sophie von La Roche – gepriesen wurde. Das «Schwert» also als Vorläufer der Schweizer Luxushotellerie. Die «Schweizerischen Nachrichten verschiedener, in der Schweiz sich ereignender Merkwürdigkeiten, in Zürich gesammelt» nahmen Notiz von dem Besuch der ausländischen Gäste: «Am 18. November langte hier in Zürich der regierende Herzog von Weimar zu Pferde an. In seiner Begleitung der berühmte Dichter Goethe.»

Das Wetter war trüb und wild, aber auch ein grauer Novembertag in Zürich kann reizvoll sein: hellgrau der Stein, aus dem die Häuser gebaut sind, grau die Wolken und die sie reflektierende Fläche des Sees. Darauf die Scharen der Wasservögel in allen Schattierungen von weiss über grau bis schwarz. Grau scheinen sich der See und die angrenzenden Ufer bis ins Unendliche zu dehnen. Goethe zog bald zu Lavater in das Haus «Zur Reblaube», zur Gaststätte umfunktioniert, besteht es noch heute. Hier wohnte Lavater seit seiner Wahl zum Pfarrhelfer von St. Peter, bis ihm 1784 auf dem Platz gegenüber der Kirche von der Kirchengemeinde das jetzige Lavaterhaus eingerichtet wurde.

Vom 18. November bis zum 2. Dezember, also rund zwei Wochen, blieben Goethe und der Herzog in Zürich. Carl August zeigte sich Lavaters Einfluss durchaus zugänglich und verkehrte bald ebenfalls als Freund im Haus «Zur Reblaube». Auch seine Frau, Louise Auguste von Sachsen-Weimar, war eine Verehrerin Lavaters und darüber hinaus die Patin seines Töchterchens Louise Magdalena. Goethe bewunderte die intelligente und zurückhaltende Frau, die eine sehr gründliche Leserin seiner Schriften war, und versuchte zwischen den Ehegatten zu vermitteln. 1808 widmete ihr Goethe seine Farbenlehre, die er für sein wichtigstes Werk gehalten hat. Seine Widmung trägt die Unterschrift «Mit innigster Verehrung» – man darf Goethe glauben, dass es ihm ernst war mit diesen Worten.

Goethes Kommentare anlässlich seiner Wiederbegegnung mit Lavater waren ebenso emphatisch wie bei seiner ersten Reise. Wieder war er ergriffen von der Person und der reinen Menschlichkeit des Freundes:

«Die Bekanntschaft von Lavater ist für den Herzog und mich, was ich gehofft habe, Siegel und oberste Spitze der ganzen Reise und eine Weide am Himmelsbrot, wovon man lange gute Folgen spüren wird. Die Trefflichkeit dieses Menschen spricht kein Mund aus. Wenn sich durch Abwesenheit die Idee von ihm abgeschwächt hat, wird man aufs neue von seinem Wesen überrascht, er ist der beste, grösste, weiseste, innigste aller sterblichen und unsterblichen Menschen, die ich kenne.»

Bodmer hatte inzwischen das Alter der Patriarchen der Bibel erreicht, die er so oft beschrieben. Einundachtzigjährig empfing er Goethe zusammen mit Wedel und dem Herzog und hörte es gern, dass sie sich auf den Schweizer Seen an seiner Übersetzung der Odyssee erbaut hatten. Enttäuscht war er allerdings, dass man seine Dramen und seine Übersetzung aus dem «Nibelungenlied» mit Stillschweigen überging. Des langen und breiten hat Bodmer anschliessend seinem Freund, dem Pfarrer Schinz, von diesem Besuch berichtet. Soll man ihm glauben, dass Lavater Goethe vor ihn, Bodmer, hingestellt habe, mit der Aufforderung, sich genau dessen Mund, Stirn und Augenbrauen anzusehen, ob er darin nicht einen bösen Menschen erblicke? Bodmers Antwort soll gelautet haben, er freue sich, den tapferen Mann zum Freunde zu haben.

Bei einer anderen Gelegenheit hat Goethe Bodmer erzählt, Wieland arbeite an einem Gedicht nach dem Ariost – dem später so berühmten «Oberon». Mehr als zwanzig Jahre waren vergangen, seit Wieland in Zürich der Schüler Bodmers gewesen war.

Auch Salomon Gessner lernte Goethe bei diesem Aufenthalt in Zürich kennen, aber dessen glücklich geniessende Natur entsprach Goethes Intensität und geistiger Neugier nur sehr bedingt. 1772 hatte er sich in den Frankfurter «Gelehrten Anzeigen» noch sehr positiv über Gessners Idyllen geäussert, später sah er deren Wirkungen jedoch lediglich auf das Dekorative und Traumhafte begrenzt. «Gessner ist durch ein zu abstraktes und edles Gefühl physikalischer und moralischer Schönheit in das Land der Ideen geleitet worden, woher er uns nur halbes Interesse, Traumgenuss herüberzaubert.»

Da sie sich genügend Zeit für Zürich nahmen, kamen sie mit vielen markanten Persönlichkeiten der Stadt, innerhalb und ausserhalb des Lavater-Kreises in Berührung. Man zeigte ihnen die Kunstsammlung des jungen Heidegger und die Naturalienkabinette des Chorherren Johannes Gessner, dem Begründer der Züricher Naturforschenden Gesellschaft, sowie die des Arztes und Apothekers Dr. Diethelm Lavater, der auch der Leiter der Züricher Freimaurerloge war. In Begleitung des Herzogs erneuerte Goethe die Bekanntschaften, die er vier Jahre zuvor gemacht hatte – sie besuchten Dr. Hotze in Richterswil, den Pfarrer Däniken in Oberrieden und fuhren hinaus zum Bauern Chlijogg auf der Katzenrüti. Aber Carl August war enttäuscht, er hatte einen Denker erwartet, einen Philosophen, was der unprätentiöse Mann Gottlob nicht zu sein vorgab. Während der Herzog in die Stadt zurückkehrte, blieben Goethe und Wedel noch über Nacht auf dem Katzenrütihof.

Vor allen anderen aber galten Goethes Besuche Barbara Schulthess, nun Mutter von fünf Kindern und seit einem Jahr Witwe. Bei ihr im Schönenhof ging auch Philipp Christoph Kayser aus und ein, er war der Musiklehrer ihrer Kinder. Goethe konnte er zwei Liedersammlungen zeigen, die er auf dessen Gedichte komponiert hatte, aber sie gingen über das Liebenswürdig-Konventionelle kaum hinaus.

Durch Lavater wurden Goethe und der Herzog auf Heinrich Füssli aufmerksam gemacht, und beide waren sie von dessen Arbeiten so beeindruckt, dass sie eine ganze Reihe von ihnen, darunter mehrere Zeichnungen, für die Kunstsammlungen Weimars erwarben. Noch aus Zürich schrieb Goethe an Friedrich Justin Bertuch in Weimar, um im Auftrag des Herzogs Rahmen für die sehr schönen Zeichnungen zu bestellen: diese sollten bei ihrer Ankunft bereits fertig sein.

Auch eine unvollendete Ölskizze, Magdalena Schweizer darstellend, kaufte der Herzog. Füsslis Porträt ist ein eigentümliches Stück Malerei in fahlen Farben, das sich heute neben den Gemälden von Tischbein, C. D. Friedrich und Kesting im Weimarer Schloss seltsam und fremd ausnimmt. Für sich selbst erwarb Goethe 23 Zeichnungen Füsslis, die er in einem Portofolio in seinem Haus am Frauenplan aufbewahrte und im Alter auch Eckermann gezeigt hat. Dies erstaunt einigermassen angesichts Goethes grosser Vorliebe für die metaphysische, von Licht durchflutete Malerei eines Claude Lorrain. Ausführlicher ist Goethe nur im Rahmen seiner Farbenlehre auf Füssli eingegangen; dort heisst es:

«H. Füssli, Schweizer von Geburt, der aber in England lebt und sich für England gebildet hat, ein bekannter und berühmter Maler von Schreckensszenen bedient sich dem Charakter seiner Darstellungen gemäss, eines kräftigen, oft sogar düsteren Kolorits und gesättigter, ernster Farben. Unter die vorzüglichsten Koloristen mag er zwar nicht gerechnet werden, doch pflegt er auch den Regeln des Kolorits so wie der guten Harmonie nicht zuwider zu handeln.»

Eine Charakterisierung, die Füssli nur sehr bedingt gerecht wird, da sie lediglich von der Farbe ausgeht und den virtuosen Zeichner und Enthüller pathologischer Grenzzustände ausser acht lässt. Aus der Sicht der Weimarer Klassik erscheint das Sammeln von Zeichnungen Füsslis als eine Jugendsünde Goethes, ein Relikt aus seinem «Sturm und Drang».

Goethe und der Herzog fühlten sich wohl im Umkreis von Lavater und dem Schönenhof: «Erst hier geht mir recht klar auf, in welch sittlichem Tod wir gewöhnlich zusammenleben und woher das Eintrocknen und Einfrieren eines Herzens kommt, das in sich nie dürr, nie kalt ist», schrieb Goethe an die vertraute Charlotte von Stein. «Könnt' ich Euch malen, wie leer die Welt ist, man würde sich aneinander klammern und nicht voneinander lassen. Indes bin ich auch schon wieder bereit, dass uns der Scirocco von Unzufriedenheit, Widerwille, Undank, Lässigkeit und Prätention entgegendampfe.» Goethes Worte lassen vermuten, dass er seinen Besuch in Frankfurt ganz bewusst zu einer Schweizerreise ausgedehnt hatte.

Der Musiker Philipp Christoph Kayser gehörte der Züricher Loge «Zur Bescheidenheit und Freiheit» an, aber auch im Gasthof «Zum Schwert» war Goethe mit weiteren Logenbrüdern, einflussreichen Männern der Stadt, in Berührung gekommen. Bei seiner Rückkehr nach Weimar hat Goethe um Aufnahme in die dortige Loge «Anna Amalia» gebeten. Als Grund gab er an, die Erfahrungen seiner Reise in die Schweiz hätten ihn zu diesem Entschluss bewogen. Seinem Wunsch wurde entsprochen, und Goethe wurde in einer feierlichen Versammlung in die Loge aufgenommen.

Grossen Wert hat Goethe diesem Schritt allerdings nicht beigemessen, denn er hat später an Kayser geschrieben: «Die Geheimen Wissenschaften haben mir nicht mehr noch weniger gegeben, als ich hoffte. Ich suchte nichts für mich drinne, bin aber schon belehrt genug, dass ich sehe, was andere für sich drinne suchten, fanden, suchen und hoffen . . . Und aufrichtig, wenn man vernünftig und wohltätig sein will und weiter nichts, so kann das jeder für sich und am hellen Tage in seinem Hauskleide.»

Trotz seiner Skepsis ist Goethe auch weiterhin Mitglied der Loge «Anna Amalia» in Weimar geblieben, es war in diesem Rahmen, dass er 1812 seine bewegende Rede auf den Tod Wielands gehalten hat. Etwas vom Geist der Freimaurer klingt auch von fern im Geheimbund der Turmgesellschaft aus dem «Wilhelm Meister» an.

Auf dem Weg nach Schaffhausen blieben sie noch einen Tag in Winterthur, mit Logis in der «Sonne». Der Grund zu diesem Umweg war ein Besuch bei dem Kupferstecher und Zeichner Johann Rudolf Schellenberg, dem Lehrer des jungen Heinrich Lips. Wie sein begabter Schüler war auch Schellenberg einer der Helfer Lavaters bei den «Physiognomischen Fragmenten».

Bevor Goethe die Schweiz verliess, entwickelte er Lavater von Schaffhausen aus einen Plan. Zur Erinnerung an ihre Reise, die ihm als der Beginn einer neuen Epoche erschien, wollte er dem Herzog «in seinen Gärten und Gebüschen» ein Monument errichten lassen. Bei diesen Gärten und Gebüschen wird Goethe an den Ilmpark in Weimar gedacht haben, den er zusammen mit Carl August ein Jahr zuvor, 1778, anzulegen begonnen hatte, inspiriert von einem Besuch der Gärten von Wörlitz.

Die Themen, die auf dem Monument dargestellt werden sollten, hatte Goethe genau im Kopf: Im Zentrum sollte «das gute heilsame Glück stehen, durch das die Schlachten gewonnen und die Schiffe regiert werden». Im rechten Feld daneben stellte sich Goethe den Genius vor, «den Antreiber, Wegmacher, Wegweiser und Fackelträger mutigen Schritts». Zur linken sollte Terminus, «der bedächtige, mässige Ratgeber mit dem Schlangenstabe» zu sehen sein. Im rückwärtigen Felde dachte sich Goethe eine Inschrift: «Der Göttin des Glücks, bei Ausreise und Heimkehr, dem Gelübde gemäss.»

Auf dem ganzen Weg habe er sich nicht allein von ihrem «eigenen Witz und Wollen», sondern von einem guten Geist begleitet gefühlt. Dieser Empfindung könne er nicht besser Ausdruck verleihen als auf die Weise, mit der die Menschen zu allen Zeiten Gott verehrt hätten. Seit Goethe in Zürich die neuesten Arbeiten Füsslis gesehen hatte, wünschte er sich diesen als Zeichner und bat Lavater, ihm zu helfen, Füssli für seinen Plan zu gewinnen. Es sei ihm dabei völlig einerlei, was die Sache koste.

Im Park an der Ilm sucht man heute dieses Monument vergeblich, es ist nicht zur Ausführung gelangt. Aber Goethes hochherziger Plan spricht für seine Grosszügigkeit dem Freund und Herzog gegenüber und ist zugleich ein Zeichen des hohen Idealismus, dessen diese Zeit fähig war. Das alles steht unsichtbar hinter diesem Stein, der gut zu den anderen klassizistischen Denkmälern im Park an der Ilm gepasst hätte.

So viel Lob ist uns heute verdächtig, ist aber dem Glücksfall angemessen, den Goethe in der deutschen Literatur darstellt. Glücksfall aber nur insofern, als es ihm gelang, die «angeborenen Verdienste» – nach einem eigenen Wort – über alle Gefährdungen und Krisen hinwegzuretten und in tatsächliche Verdienste zu verwandeln, ohne über den vielen Abgründen zu straucheln. Goethe hat oft fast wegwerfend von seiner eigenen Produktion gesprochen, als sei sie ihm ein Leichtes gewesen, und hat die Spuren verwischt, die zu dem Riesengebäude geführt haben. Sodass erst bei näherer Beschäftigung die Zwänge, die Mühsal dahinter zu ahnen sind.

Von Ausnahmen wie dem «Werther» und vielleicht dem «Tasso» abgesehen, lässt sich Goethe nicht in die Karten sehen, zeigt er nicht die eigenen Qualen, behält er die Entwürfe und Versuche, das Chaos für sich und gibt sie nicht als Endprodukt aus. Er ist diskret, das mag man nun als Vorteil oder Nachteil empfinden.

Die Natürlichkeit der Beobachtung Goethes ist immer wieder gerühmt worden. Sie ist ein Versuch des Gleichgewichts und entspringt offenbar einem Bedürfnis nach Harmonie, in dem Intellekt und Gefühl sich nicht im Wege stehen, sondern sich gegenseitig bedingen. So dass einem am Ende nicht viel anderes übrig bleibt, als mit den Engeln im Faust zu sagen: «Blicket auf, es ist gelungen.»

Man man mag sich bisweilen an dieser Vollkommenheit ärgern, das Scheitern eines Kleist, eines Hölderlin weckt im modernen Menschen brüderlichere Gefühle. Aber kein Idealisieren, keine ungelesenen Gesamtausgaben, die in Bücherschränken dahindämmern, haben es vermocht, das Widersprüchliche und damit Menschliche, die Bemühung, den ungeheuer guten Willen, das Gefährliche und zugleich Gefährdete, das unwägbar Grosse, aber auch das Überraschende und Erheiternde aus diesem Lebens- und Kunstwerk zu eliminieren. Goethes Glück war ein «strenges Glück», um mit Thomas Mann zu reden. Ein Glück, gepaart mit der Fähigkeit zu Mass und Entsagung, was diesem Sonder- und Glücksfall nichts von seiner ungemein gewinnenden Erscheinung nimmt, sondern ein solches Ausmass von Bevorzugung und glückhafter Begabung erst rechtfertigt.

Man sollte über der Weisheit und olympischen Distanz des alten Goethe, die etwas Erkältendes haben kann, nicht die Überfülle und Spontaneität des jungen Dichters vergessen. Für diese Spontaneität sind die Dokumente seiner ersten beiden Schweizerreisen ein besonders eindrückliches Beispiel.

In Schaffhausen erschien überraschend noch einmal Lavater, er wollte den Freund nicht ohne Abschied über die Grenze lassen. Gemeinsam betrachteten sie den Rheinfall, und dabei stritten sie sich. Goethe behauptete, die riesige Bewegung des Wasser scheine stillzustehen – Lavater aber warf ihm vor, das käme allein von dem vielen Wein, den er trinke. – In einem Brief an Charlotte von Stein sah Goethe die Sache ein wenig anders, er schrieb: angesichts der stürzenden Wasser hätten sie einen starken Dialog über das Erhabene geführt. «Es ist mit Lavater wie mit dem Rheinfall. Man glaubt auch, man habe ihn noch nie so gesehen, wenn man ihn wiedersieht. Er ist die Blüte der Menschheit.»

Dass diese hochgestimmte und inspirierende Freundschaft sich eines Tages in ihr Gegenteil verkehren könnte, wäre damals undenkbar gewesen. Dass es dennoch dahin kam, scheint in den Exaltationen und Widersprüchen ihrer Beziehung beinahe vorprogrammiert und wurde für beide von ihnen zu einer tieftragischen Erfahrung.

Wie stark Goethe noch zur Zeit seines zweiten Besuches in Zürich auf Lavater reagierte, lässt sich an den Briefen ablesen, die er an ihn oder über ihn schrieb. Er passte sich darin geradezu Lavaters überhöhter, ekstatischer Tonlage an. Als die grosse Resonanz und Spiegelung, die über ein für Goethe übliches Mass hinausging, später in Zurückhaltung umschlug, konnte Lavater den Wandel der Gefühle des anderen nicht begreifen, da er doch immer der gleiche blieb. In einem Brief an Goethe stellte er die Frage: «Wie kannst Du einzeln sein und doppelt?» und ahnte damit das Dämonische in dem bewunderten Freunde. Lavaters sanfte Natur liebte das Genie Goethes wie vielleicht kein anderer, hat es gleichzeitig aber auch gefürchtet. Ihre Meinungsverschiedenheiten über die Auslegung der Offenbarung Johannis waren durch das ungetrübte Einverständnis bei ihrer Wiederbegegnung in Zürich zur Nebensache geworden. Aber an Lavaters «Pontius Pilatus» von 1782 sollten sich ihre Geister scheiden. Lavaters Drohung: «Wer dieses Buch hasst, wird auch mich hassen», wurde am Beispiel Goethes zur bitteren Wirklichkeit.

Ein Glaube ohne Christus als Vermittler erschien Lavater undenkbar. «Der Universalgeist des Universums ist unerbittlich und ungeniessbar, es ist Lästerung, Sich-vermessen, ihn unmittelbar anzubeten», so weit wagte er sich in einem Brief an Goethe vor, dem von diesem Augenblick an die Intoleranz und die hartnäckigen Bekehrungsversuche des Freundes dessen Gestalt fragwürdig machten.

1786, bei seinem Besuch in Weimar, wohnte Lavater zwar noch im Haus am Frauenplan, aber der Kontakt zwischen ihnen war nicht mehr als höflich, man wechselte kein vertrauliches Wort. Misstrauen, Vorsicht und Unverbindlichkeit anstelle der Innigkeit von einst. «Ich bin Hass und Liebe auf ewig los», liess Goethe Charlotte von Stein wissen. Aber nicht einmal das entsprach der Wirklichkeit. Während seines Aufenthaltes in Rom fiel Goethe Lavaters «Nathanael» in die Hand. Zwar nennt die Widmung in Form eines fingierten Briefes Goethes Namen nicht, aber der Adressat und die Absicht des Buches sind nur allzu leicht erkennbar. Goethe war ausser sich:

«Ich bin kein Nathanael und die Nathanaele unter meinem

Volke will ich selbst zum besten halten. Ich will ihnen nach Bequemlichkeit oder Notdurft selbst etwas aufbinden, also pack Dich, Sophist, oder es gibt Stösse.» Doch blind und unbeirrbar, ausserstande, das tief Trennende zwischen ihnen zu begreifen, hielt Lavater an der Möglichkeit einer Versöhnung zwischen ihnen fest.

Wahrscheinlich ist, dass Goethe 1788 auf seiner Rückkehr aus Italien deshalb den Splügenpass als Reiseroute wählte, weil er einen Bogen um Zürich machen wollte, um auf diese Weise Lavater und dessen Kreis aus dem Wege zu gehen. Auf ein Wiedersehen mit Barbara Schulthess aber, der «Schönen-Guten», wie er sie in den «Wanderjahren» nennen sollte, wollte er nicht verzichten und bat sie zu sich in den «Goldenen Anker» nach Konstanz.

Was Goethes Weg durch die Schweiz Ende Mai 1788 betrifft, ist man geradezu versucht, von einer Phantomreise zu sprechen, denn er hat sich über sie ausgeschwiegen. Zwar besitzen wir von seiner Hand eine Reihe von Zeichnungen aus diesen Tagen, darunter eine Skizze der Via Mala, aber weder Tagebuchaufzeichnungen noch Briefe Goethes nehmen Bezug auf die Reise durch Graubünden. Erst 40 Jahre später erinnert sich der Dichter in einem Brief an Marianne von Willemer vom 12. Juni 1829 an die Via Mala. Aber dies auch erst, nachdem ihm die Freundin ihre eigene Reise über den Splügenpass an der Seite ihres Mannes in einem bequemen Phaeton beschrieben hatte – die Zeiten hatten sich geändert.

Fragt man sich nach den Gründen für Goethes Schweigen, ist man auf Vermutungen angewiesen. Goethe dürfte die Schweiz damals gespannt und ohne allzuviel Enthusiasmus durchreist haben. Er hatte Italien höchst ungern verlassen, vor ihm lag Unerfreuliches. In Weimar konnte er auf nur wenig Verständnis für sein Italienerlebnis hoffen. Seine Rückkehr sollte denn auch entscheidende Veränderungen im Privaten mit sich bringen – den Beginn seiner Liebesbeziehung zu Christiane Vulpius und den Bruch mit Charlotte von Stein.

Fest steht, dass Goethe mit dem «Lindauer Boten» reiste, einer Art Transportunternehmen, dem man sich für die Strecke zwischen Mailand und dem Bodensee anvertrauen konnte, und dass er am 30. 5. 1788 in Splügen und am folgenden Abend in Chur übernachtet hat. Er wurde begleitet von dem Musiker Philipp Kayser.

Möglich ist, dass die aus Chur gebürtige Angelika Kauffmann Goethe die Reiseroute über den Splügen empfohlen hatte. Einen

Bezug zu Graubünden im weitesten Sinne bildet auch das Porträt, das Angelika Kauffmann 1787 in Rom von dem mit ihr befreundeten Goethe gemalt hat. Ein Porträt, das aber weder ihr selbst, noch dem Dichter sonderlich gefallen wollte, und auf dem dieser, sehr auffallend, die Züge der Malerin trägt. Ein eigenartiger Fall von Identifikation des Künstlers mit seinem Modell.

Am 4. Juni 1788 stiegen Goethe und Philipp Kayser im «Schwarzen Anker» in Konstanz ab. Begleitet von ihrer Tochter Döde und ihrem Neffen Heinrich Schinz von Sengen, stiess dort, wie verabredet, Barbara Schulthess zu ihnen und blieb eine ganze Woche bei Goethe. Wie schwierig die Entzweiung der beiden Menschen für sie war, die ihr so viel bedeuteten, lässt sich nachempfinden, wenn man weiss, dass sie die Besuche Goethes «wie die eines höheren Wesens» empfing. Über ihre Tage in Konstanz hat sie geschrieben:

«Ich kann nicht schreiben, nur hören. Der gestrige Tag ging herum, ich weiss nicht wie. Es wurde immer erzählt, meistens von Kunstsachen. – Der Rat gibt sich soviel Mühe, und lässt keinen Augenblick verloren gehen.» Wie sehr Goethe die unauffälligen menschlichen Qualitäten dieser Frau zu schätzen wusste, beweist sich daran, dass er ihr neben vielen seiner Gedichte auch das Manuskript von «Wilhelm Meisters Theatralischer Sendung» anvertraute.

1908 fand sich im Nachlass der Familie Schulthess in Zürich eine Abschrift von «Wilhelm Meisters Theatralischer Sendung» durch die Hand von Barbara Schulthess und ihrer Tochter. Eine ausserordentliche Ergänzung und sozusagen der erste Akt des grossen Wilhelm Meister-Projektes, das Goethe von 1777 bis 1829 beschäftigt hat. Während das Original verloren ging, blieb auf diese Weise eine Abschrift erhalten – bei ihrer Entdeckung eine literarische Sensation ersten Ranges.

Durch Tagebuchaufzeichnungen der jüngeren Barbara Schulthess, die immer wieder von Ausrufen des Entzückens unterbrochen werden, sind wir über die Fakten der Abschrift unterrichtet. Sie entstand zwischen 1783 und 1786 in der Absicht, auch weiterhin über das Werk zur persönlichen Lektüre verfügen zu können. «Wilhelm Meisters Theatralische Sendung» ist nicht nur ein bedeutsames Kapitel Kulturgeschichte, sondern zugleich der reizvollste Theaterroman der deutschen Literatur aus dem Klima des Sturm und Drang. Darüber hinaus steckt in ihm bereits der Keim zum Entwicklungs- und Bildungsroman, dessen bedeutendstes Beispiel dann «Wilhelm Meisters Lehrjahre» geworden sind.

Gleich das Eingangskapitel der «Theatralischen Sendung» vom Puppenspiel der Grossmutter besitzt den ganz eigenen Zauber des jungen Goethe und beweist die Bedeutung und Eigenständigkeit dieser Urfassung des «Wilhelm Meister».

Nach dem Zusammensein in Konstanz verliessen beide Reisegesellschaften am 10. Juni 1797 die Stadt. Barbara Schulthess kehrte, zusammen mit ihrer Tochter, zurück nach Zürich, Goethe reiste in Begleitung von Philipp Kayser weiter nach Weimar.

Dritte Schweizerreise, 1797

1797 begab sich Goethe zum dritten Mal auf eine Reise in die Schweiz. Vergleicht man den «Werther» mit der «Iphigenie» und dem «Tasso», erkennt man den Weg, den Goethe inzwischen zurückgelegt hatte. Aus dem Dichter des «Sturm und Drang» war ein Vorbild geworden, der Repräsentant der Weimarer Klassik. Bei seiner Rückkehr aus Italien hatte sich Goethe von den meisten seiner Ämter in Sachsen-Weimar entbinden lassen. Goethe begann haushälterisch mit sich umzugehen.

Goethes Reiseziel war ursprünglich Italien gewesen, aber der unsicheren politischen Lage wegen hatte er sein Pläne geändert und wollte sich nun mit seinem Freund Joh. H. Meyer in Stäfa treffen, um mit ihm zusammen noch einmal die Urkantone zu bereisen. Eine Route, die sich im wesentlichen mit der seiner ersten Reise von 1775 deckte. Zunächst aber knüpfte er wieder genau dort an, wo seine zweite Reise in die Schweiz geendet hatte – am Rheinfall von Schaffhausen. Goethe nahm sich Zeit, er reiste nur am Tage und schrieb an den Herzog, nun habe er, wenn auch spät, das Reisen gelernt.

Diesmal kam Goethe aus Stuttgart – dort hatte er neun Tage in Gesellschaft des Bildhauers Friedrich Dannecker zugebracht, einem der Hauptvertreter des Schwäbischen Klassizismus, dessen Fähigkeiten und Grenzen Goethe deutlich erkannte: «Dannecker ist eine herrliche Natur, als Künstler und Mensch, der in einem reicheren Kunstelemente noch mehr leisten würde als dort, wo er zuviel aus sich selbst nehmen muss.»

Dannecker war der Schöpfer der Kolossalbüste Schillers und der berühmten «Ariadne auf dem Panther». Nach dem Tode Lavaters wurde er 1802 durch eine vom Kirchenrat von St. Peter in Zürich bestellte Kommission von Kunstsachverständigen mit der Ausführung einer Lavaterbüste beauftragt. Noch im selben Jahr reiste Dannecker nach Zürich, um sich anhand der Totenmaske, verschiedener Lavater-Porträts und Zeugnissen von Freunden ein Bild von dem Verstorbenen zu machen. Danneckers Marmorbüste kam in ihrer Subtilität den feinnervigen Zügen Lavaters offenbar so nahe, dass Lavaters Witwe bei ihrem Anblick über die frappante Ähnlichkeit erschrak.

Dannecker und Georg Rapp, einem Freund Schillers, las Goethe an einem Abend in Stuttgart sein Gedicht «Hermann und Dorothea» vor. Und in Stuttgart kam er auch mit dem jungen Architekten Thouret in Berührung, den er im Jahr darauf für den Wiederaufbau und die klassizistische Gestaltung des Schlosses nach Weimar holte. Seinem Zusammensein mit Dannecker und dessen Künstlerfreunden hätte Goethe kein grösseres Kompliment machen können, als dass er am Ende seines Aufenthaltes in Stuttgart sagte: «Nun habe ich Tage hier verlebt, wie ich sie in Rom erlebte.»

Anschliessend fuhr Goethe am 7. September auf Einladung des Verlegers Cotta für eine Woche nach Tübingen. Cotta streckte seine Fühler aus, er hatte zu dieser Zeit noch kein Werk von Goethe verlegt. Erst ein Jahr später sollte es mit den «Propyläen» zu einer ersten geschäftlichen Beziehung zwischen ihnen kommen. Goethe schrieb an Schiller:

«Je mehr ich Cotta kennenlerne, desto besser gefällt er mir. Für einen Mann mit strebender Denkungsart und unternehmender Handlungsweise hat er so viel Mässiges, Sanftes, und Gefasstes, soviel Klarheit, dass er mir wie eine seltene Erscheinung ist.» Für Goethe wurde der Besuch in Tübingen zum Beginn einer Verbindung, die seine schlechte Meinung von den Verlegern änderte. Schiller hatte ihre Begegnung vorbereitet, und Cotta war sich dessen bewusst.

«Sie haben mir eine unbeschreibliche Freude gemacht, da ich mir nie träumen lassen konnte, bei Goethe so wohl angeschrieben zu sein ... Ich werde die Stunden nie vergessen, die ich mit ihm zubrachte und nichts bedauern, als dass ich mit Ihnen und ihm nicht mein Leben zubringen kann.

Auch bei seiner dritten Reise in die Schweiz konnte Goethe

noch die gedeckte, hölzerne Rheinbrücke von Schaffhausen benützen, das vielgerühmte Kunstwerk des Baumeisters Johann Ulrich Grubenmann aus Teufen im Appenzellerland. Aber nur zwei Jahre nach Goethes Besuch wurde sie 1799 von den Franzosen in Brand gesteckt.

In Schaffhausen wohnte Goethe im Gasthof «Zur Krone». Das Zimmer war gut, an den Wänden erinnerten Kupferstiche an die Geschichte von Louis XVI. «An der table d'hôte Emmigranten, Dame, Gräfin, Codéische Offiziere, Pfaffen, Oberst Landolt», vermerkt das Tagebuch. Auf dem Weg zum Rheinfall beobachtete Goethe am nächsten Morgen, wie der Wasserdampf sich mit den Morgennebeln vermischte. «Gedanken an Ossian, Liebe zum Nebel bei heftig inneren Empfindungen.»

«Erregte Ideen. Unerschöpfbarkeit als wie ein Unnachlassen der Kraft. Zerstörung, Bleiben, Dauern, Bewegung, unmittelbare Ruhe nach dem Fall.» Immer wieder, von allen Seiten, bei allen Tageszeiten und allen Beleuchtungen betrachtete und beschrieb Goethe das Phänomen und versuchte sein Wesen mit Worten einzukreisen. Dabei scheint eine Metapher die nächste hervorzubringen, darin selbst verwandt der Unerschöpflichkeit des Strömens. «Das Meer gebietet dem Meer. Wenn man die Quellen des Ozeans dichten wollte, *so* müsste man sie darstellen.» Wieder erregte der Regenbogen Goethes Aufmerksamkeit.

«Der Regenbogen erschien in seiner grössten Schönheit; er stand mit seinem ruhigen Fuss in dem ungeheuren Gischt und Schaum, der, indem er ihn gewaltsam zu zerstören droht, ihn jeden Augenblick neu hervorbringen muss.» Goethe stieg auf den hölzernen Vorbau und erinnerte sich inmitten des Tobens der Verse Schillers aus dem «Taucher» – «es siedet, es wallet, es brauset und zischt» und fand den Vers durch die Anschauung legimitiert, was er eine Woche später dem Freund in einem Brief mitteilen sollte.

Die Faszination Goethes durch das «Ungeheuer» muss ganz ausserordentlich gewesen sein, denn er kehrte am Nachmittag noch einmal zusammen mit L. Geist an Ort und Stelle zurück. Im einigermassen ruhigen Wasser unter dem den Rheinfall teilenden Felsen, liess er sich in einem leichten Fischerkahn so nah wie möglich an die stürzenden Wasser heranrudern.

Um ein Glas Wein zu trinken, betrat Goethe das Schlösschen Wörth. «Ich sah Trippels Bild an der Wand», vermerkt das Tagebuch. Es stellte sich heraus, dass der Hausherr mit dem Bildhauer

Trippel verwandt war. Alexander Trippel war in Schaffhausen geboren, lebte aber in Rom. Dort hatte er in den Jahren 1787–90 eine idealisierte Büste von Goethe aus Marmor geschaffen, die als eine herausragende Leistung gilt. Goethe selbst beurteilte sie am 17. September 1787 sehr positiv, aber auch mit einiger Ironie:

«Meine Büste ist sehr gut geraten, jedermann ist damit zufrieden. Gewiss ist sie in einem schönen und edlen Styl gearbeitet, und ich habe nichts dagegen, dass die Idee, als hätte ich so ausgesehen, in der Welt bleibt.»

Auf dem Weg zurück in den Gasthof wies sich bei Goethe ein junger Mann durch ein Empfehlungsschreiben aus und erzählte ihm von seinen Reiseplänen. Goethe blieb einsilbig. In seinem Tagebuch vermerkte er spöttisch: «Er ist auf einer genialischen Fussreise begriffen.» Goethe hatte nicht mehr viel übrig für Enthusiasten und Schwärmer und den gedankenlosen, allzu grosszügigen Gebrauch des Wortes «genialisch». Wieder im Gasthof, ärgerte er sich gleich noch einmal, diesmal über einen Franzosen, der vom Rheinfall nichts anderes zu sagen wusste: «C'est assez joli, mais pas si joli que l'on me l'avait dit.» Goethes Kommentar: «Ich möchte die Ideen des Mannes und seinen Massstab kennen.»

In Goethes Aufzeichnungen seiner ersten beiden Schweizerreisen gewinnt man oft den Eindruck, er sei mit sich und der Natur allein – diesmal aber scheint ihm jede Kleinigkeit von Interesse, scheint er jeden der ihm begegnenden Menschen genau wahrzunehmen. Die Passagen poetischer Umsetzung sind dagegen seltener geworden.

Goethe konnte Schaffhausen nicht verlassen, ohne den Rheinfall noch ein zweites Mal zu besuchen. Das Erstaunlichste erschien ihm diesmal der Felsen, der sich in der Mitte der stürzenden Fluten hält, ohne zu bersten. Achtzehn Jahre zuvor war Goethe nur das Phänomen des Rheinfalls als solches wichtig gewesen. Aber seitdem hatte sein Interesse an der Geologie und den Naturwissenschaften im allgemeinen so zugenommen, dass es gleichwertig neben seine Dichtung getreten war. Bei seinem dritten Besuch merkte er an:

«Die untergehende Sonne färbte einen Teil der beweglichen Massen gelb. In tiefen Strömungen erschienen sie grün, und aller Schaum und Dunst war leicht purpur gefärbt; auf allen Tiefen und Höhen erwartete man die Entwicklung eines neuen Regenbogens. Herrlicher war das Farbenspiel in dem Augenblick der sinkenden Sonne, aber auch alle Bewegung schien schneller, wilder und sprühender zu werden. Leichte Windstösse kräuselten lebhafter die Säume des stürzenden Schaums, Dunst schien mit Dunst zu kämpfen, und indem die ungeheure Erscheinung immer sich selbst gleich blieb, fürchtete der Zuschauer, dem Übermass zu erliegen und erwartete jeden Augenblick die Katastrophe.»

In Fausts Monolog zu Beginn des 2. Teils der Tragödie symbolisiert die grossartige Naturerscheinung Fausts Hinwendung zu einem neuen, bedeutungsvolleren Dasein:

«Der Wassersturz, das Felsenriff durchbrausend
Ihn schau ich an mit wachsendem Entzücken.
Von Sturz zu Sturzen wälzt er jetzt in tausend,
Dann abertausend Strömen sich ergiessend,
Hoch in die Lüfte Schaum an Schäume sausend,
Allein wie herrlich diesem Sturm erspriessend,
Wölbt sich des bunten Bogens Wechseldauer,
Bald rein gezeichnet, bald in Luft zerfliessend,
Umher verbreitend duftig kühle Schauer.
Der spiegelt ab das menschliche Bestreben.
Ihm sinne nach, und du begreifst genauer
Am farbigen Abglanz haben wir das Leben.»

«Der Baum, der Efeu, Anlass zur Elegie», liest man in Goethes Tagebuch. Auf dem Weg zwischen Schaffhausen und Jestetten wurde am nächsten Morgen ein ganz vom Efeu umwundender Baum für Goethe zu einem Sinnbild der Liebe, das er in sein Gedicht «Amyntas» übertrug. Dieses Bild verband sich mit der Erinnerung an eine Idylle des Theokrit. Mit einer Anrufung des darin zitierten Arztes Nikias, einer Bitte um Heilung von der Liebe, beginnt die Elegie. Aber Goethe findet zunächst nur seltsam skeptische Worte für die Liebe, die ihm zugleich auch Fessel bedeutet, und in dieser Fessel glaubt man die Gestalt Christianes zu erkennen:

«Soll ich nicht lieben die Pflanze,
Die meiner einzig bedürftig,
Still mit begieriger Kraft,
Mir um die Seite sich schlingt?»

Aber am Ende des Gedichtes heisst es, entgegen aller Skepsis:

«Süss ist jede Verschwendung! O! Lass
Mich der schönsten geniessen.
Wer sich der Liebe vertraut,
Hält er sein Leben zu Rat?»

Das Gedicht wirkt wie eine Rechtfertigung seiner Liebe zu Christiane, für die selbst Freund Schiller kein Verständnis aufbrachte. Eine Allusion an den Rheinfall verweist auf das Umfeld, in dem die Elegie entstanden ist. Am Zoll dann amüsierte es Goethe, dass zwei Mädchen von 12 bis 14 Jahren von ihm das Wegegeld erhoben; die Jüngere nahm das Geld und überreichte den Zettel, indessen die Ältere das Buch hielt. Dann rollte er Zürich entgegen.

Auch diesmal wieder stieg er im Gasthof «Zum Schwert» ab, es war der 19. September 1797. Als erstes schickte er eine Botschaft zu Joh. H. Meyer nach Stäfa, in dessen Gesellschaft er seine Reise fortsetzen wollte. Anschliessend begab er sich zu Barbara Schulthess. Doch ein später an sie gerichteter Brief Goethes aus Stäfa zeigt, dass ihr Wiedersehen in Zürich nicht gänzlich harmonisch verlief. Es gab Spannungen – wegen Lavater:

«Wir waren zu karg, ein paar hundert Worte mehr hätten uns beiden drei Wochen Unbehaglichkeit erspart, da sie uns eben so lange Zeit entschiedenes Vergnügen hätten verschaffen können. Alles ist mir bisher über meine Wünsche geglückt, ausser das, was ich mir so lebhaft wünschte: mich mit Dir gleich, und unmittelbar auf dem alten Fleck wiederzufinden.» Er wünschte sich, das Gedicht, dessen erste Hälfte er ihr geschickt hatte, möge zum Mittler zwischen ihnen werden – es wird «Hermann und Dorothea» gewesen sein, das 1796 erschienen war.

An der Table d'hôte im Gasthof «Zum Schwert» traf Goethe den Schweizer Historiker Johannes von Müller, der aus Sorge um das Schicksal der Eidgenossenschaft von Wien nach Zürich gekommen war.

«Trüb ist unser Horizont. Nicht weil, wie es scheint, der Feind an uns will, sondern weil wir unter uns selbst uns so wenig verstehen; wofür ich die Aristokraten und Demokraten gleich anklage», schrieb von Müller nach seinem Besuch in der Schweiz. Johannes von Müller war dem Dichter schon 1782 am Hof von Weimar begegnet. Goethe schätzte von Müllers «Schweizergeschichte» und las sie abwechselnd mit dem «Tacitus». Schiller hat er sie für seine

Arbeit am «Tell» empfohlen. Dass er von Müllers viel diskutierte Rede auf Friedrich den Grossen, «De la Gloire de Frédéric», ins Deutsche übersetzte, ist ein Hinweis darauf, dass er von Müllers Ansichten teilte. Die Tragödie Johannes von Müllers – seine Ernennung zum Minister des Königs von Westfalen und seinen Zusammenbruch – hat Goethe mit Anteilnahme verfolgt.

Vor welch bewegtem Hintergrund Goethes dritte Schweizerreise stattfand, zeigt ein Brief Joh. von Müllers an seinen Freund Victor Carl von Bonstetten vom 19. Dezember 1798:

«Die Schweiz gährt entsetzlich; man gibt sich alle Mühe zurückzuhalten, bis der Tag des Zorns öffentlich anbricht: aber viele, die ihr nahe sind fürchten eine plötzliche S. Barthelemie aller Franzosen und aller ihrer Anhänger, Ströme von Blut, Gräuel der Anarchie. In der Tat ist der Druck fürchterlich und schändlich. Meine Briefe aus dem Lande selbst sind meist aus beklommener Brust kaum laute Seufzer.»

Auch in Goethes Briefen aus Stäfa ist viel von Politik die Rede, aber auf seiner Reise in die Urkantone versuchte er, sie sich vom Leibe zu halten, um die Schweiz von 1775 und 1779 wiederzufinden.

Den nächsten Morgen brachte Goethe «unter den hohen Linden» zu, dem ehemaligen Burgplatz, und wurde, ohne es zu wollen, von weitem zum Zuschauer eines Zürcher Gerichtsfalls. Es handelte sich dabei um die Verurteilung eines Falschmünzers. Goethe sah Geistliche zum Wellenbergturm in der Mitte der Limmat hinüber- und herüberfahren, der als Gefängnisturm diente. Dass die Glocke um 11 Uhr läutete, bedeutete, dass der Verbrecher begnadigt worden war. Stille nach dem Urteilsspruch hätte für den Schuldigen den Tod bedeutet.

Am Nachmittag des 21. Oktober ging Goethe bei sehr trübem Wetter über die neuen Anlagen. Dabei begegnete er Lavater. Zweiunddreissig Jahre später, am 17. Februar 1829, erzählte er den Vorgang Eckermann: «Verkleidet ging ich in einer Alleen, ich sah ihn auf mich zukommen, ich bog ausserhalb, er ging an mir vorüber und kannte mich nicht. Sein Gang war wie der eines Kranichs.» Etwas Tragisches, etwas von Schurkerei liegt über dieser Szene, als stünde sie in einem von Schillers frühen Dramen. Nach so vielen Jahren geäussert, zeigen diese Worte, wie stark auch jetzt noch Goethes Betroffenheit war. Als Kranich hatte er

Lavater bereits im «Walpurgistraum» aus dem 1. Teil des Faust karikiert:
Neugieriger Reisender:

«Sagt, wie heisst der steife Mann?
Er geht mit stolzen Schritten.
Er schnopert, was er schnopern kann. –
Er spürt nach Jesuiten.»

Kranich:

«In dem Klaren mag ich gern
Und auch im Trüben fischen;
Darum seht ihr den frommen Herrn
Sich auch mit Teufeln mischen.»

Unbarmherzig verfolgte damals Goethes Hass die Person Lavaters, die ihm zutiefst verdächtig geworden war. Er hatte dazu einige Berechtigung: wenn ihn Lavater in seiner Verehrung anfänglich geradezu mit Christus gleichgesetzt hatte, so drehte er später den Spiess um und liess nun den Versucher Christi auf einem Kupferstich die Züge Goethes tragen. Und so wurde aus dem einst von Goethe liebevoll gehänselten wunderlichen Paradiesvogel der Kranich des «Walpurgistraums», der sich in einer weiteren Metamorphose in den schnarrenden Greifen aus der «Klassischen Walpurgisnacht» verwandelte:

«Niemand hört es gern, wenn
man ihn Greis nennt –
grau, gräulich, griessgram
greulich, Gräber, grimmig,
ethymologisch gleichermassen stimmig.»

Auch das gilt Lavater, wirkt aber bereits wieder versöhnlicher durch die Transposition in die höhere Heiterkeit dieser Szene, einer Art Revue der griechischen Mythologie.

Johann Heinrich Meyer war nach Zürich gekommen, um Goethe abzuholen. Bei gutem Wetter bestiegen sie ein Segelschiff nach Stäfa. Unterwegs machten sie Halt in Herrliberg, um Hauptmann Escher auf seinem Gut, der «Schipf», zu besuchen, einer der schönsten Besitzungen am Zürichsee, mit Hausorgel und Tanzsaal, umgeben von Weinbergen. Seinen Sohn Caspar Escher hatte Meyer in Italien kennengelernt und war mit ihm zusammen wieder in die

Schweiz zurückgekehrt. Erst am Abend kamen sie in Stäfa an, wo Joh. H. Meyer im Gasthof «Krone» seines Grossvaters zu Hause war.

Goethe gefiel es in Stäfa ausnehmend gut, denn er wohnte «umgeben von einer herrlichen Gegend in einem sehr reinlichen und artigen Hause». Er hatte Joh. H. Meyer auf seiner Italienreise im Jahre 1786 in Rom kennengelernt, und zwar im Quirinal bei der Betrachtung eines ihm unbekannten Gemäldes mit der Darstellung des Heiligen Georg. Als sich Goethe nach dem Namen des Malers erkundigt hatte, war es Joh. H. Meyer gewesen, der das Bild als einen Pordenone identifiziert hatte. Die heutige Zuschreibung an Paris Bordone tut dem bedeutungsvollen Auftakt ihrer Bekanntschaft keinen Abbruch.

Als sie sich trafen, studierte Joh. H. Meyer seit zwei Jahren in Italien, zeichnete, kopierte und bildete sich in Museen. Goethe verschaffte ihm ein herzogliches Stipendium für weitere zwei Jahre in Rom, im Anschluss daran sollte er in Weimar eine Stellung finden. In dem Brief Goethes, der Joh. H. Meyer dies in Aussicht stellte, hiess es mit grosser Wärme, aber auch mit erstaunlich besitzergreifender Geste: «Mir gibt es eine neue Aussicht aufs Leben, da ich mir nun denken kann, dereinst Ihres Umgangs zu geniessen. – Da wir zusammen gehören, so müssen wir auch unsern Lebensgang zusammen leiten, auf jede Weise.»

Joh. H. Meyer kam allerdings einer schweren Krankheit wegen erst drei Jahre später nach Weimar und wohnte im Hause Goethes am Frauenplan. Er verstand es, sich auf jedem Posten und in jeder Weise unentbehrlich zu machen. Geschult an den Ideen Winckelmanns und Mengs, war er Klassizist und stand neuen Tendenzen skeptisch bis ablehnend gegenüber. Ohne Zweifel hat er Goethe in dieser Richtung beeinflusst.

Der «Kunschtmeyer», wie man ihn später in Weimar seines Schweizer Akzents wegen nannte, wurde Goethe durch sein geradezu lexikalisches Wissen zur höheren Instanz in allem, was die bildende Kunst betraf. Wie gross Goethes Wertschätzung Joh. H. Meyers war, ermisst sich an seiner Äusserung: er, Goethe, wünsche Joh. H. Meyers Tod nicht zu überleben. Er hat ihn nicht überlebt, und es war Meyer, der dem Freund in einem Abstand von nur sechs Monaten nachgestorben ist.

Joh. H. Meyer war Schweizer, in Zürich geboren, aber aufgewachsen im Gasthof «Zur alten Krone» in Stäfa, dort, wo sie sich jetzt wieder trafen. Der erste Tag in Stäfa verging mit der Betrachtung von Joh. H. Meyers eigenen Arbeiten und anderen, aus Rom mitgebrachten Kunstwerken. «Meyer habe ich gefunden wie einen Steuermann, der aus Ophyr zurückkehrt», schrieb Goethe. Es gab Besuche – den Porträtmaler Diogg aus Andermatt, der auch Lavater verschiedentlich gemalt hatte, den jungen Escher und den Bannerherr Johann Peter Zwicki aus Glarus, und wie im Jahre 1779 machte man die Bekanntschaft eines «philosophischen Bauern», diesmal war es der Untervogt Hans Rudolf Rebmann aus Uetikon. Der prachtvolle Mann gefiel Goethe ganz besonders, und Eckermann hat eine spätere Äusserung Goethes überliefert: «Der Philosoph vom Berg wäre ein glückliches Thema für eine Idylle, in welcher die Kultur in ihrer Breite, Anmut und Wichtigkeit dargestellt werden könne.» Ein anderes Mal fuhren sie hinüber zur Ufenau, wo Ulrich von Hutten seine letzten Tage verbracht hatte und wo er 1523 gestorben war.

Auf dieser Reise vermisst man Goethes Briefe an Charlotte von Stein, die einen grossen Teil des literarischen Reichtums seiner zweiten Schweizerreise ausmachen. Da Goethe wie alle grossen Briefschreiber den Empfänger seiner Briefe sehr stark reflektierte, sind seine weit schlichteren Briefe an Christiane kaum ein Ersatz für die Grosszügigkeit, mit der er seine Eindrücke der Schweiz mit der einstigen Freundin geteilt hatte. Die Briefe an Christiane sind sehr liebevolle Briefe, fürsorglich und zärtlich, aber sie beschränken sich auf die Realitäten und Banalitäten ihres Privatlebens und spiegeln so die warmherzig-sympathische, aber so viel einfachere Gestalt der Frau, die seit Goethes Rückkehr aus Italien sein Leben teilte. Sie hat ihren «lieben Geheimen Rat» gut versorgt, hat ihn geliebt, und er hat es ihr gedankt. Auch er liebte sie offenbar, und zwar so, wie sie war, und versuchte nicht, sie zu verwandeln. In Weimar hatte man einige Mühe zu akzeptieren, dass Goethe von den Göttern herabgestiegen und ein Mensch geworden war. Am 23. September 1797 versicherte er Christiane aus Stäfa:

«Mit meinen Reisen wird es künftig nicht viel werden, wenn ich Dich nicht mitnehmen kann. Denn jetzt schon möchte ich lieber bei Dir zurück sein, Dir im grünen Alkoven eine gute Nacht und einen guten Morgen bieten und mein Frühstück aus Deiner Hand empfangen.» Da er nun einmal im Land der Mousseline sei, solle es an einem hübschen Kleid nicht fehlen. Die Fabriken seien allerdings 14 Stunden entfernt (sie waren in St. Gallen), und so müsse er nach Muster kaufen. Auch auf die «Äugelchen» kam Goethe zu sprechen, das bedeutete zwischen ihnen so etwas wie einen Flirt: «Äugelchen, am besten wäre es, Du machtest gar keine, denn es ist auch mir auf der ganzen Reise noch kein einziges vorgekommen.»

Ein weiterer Brief aus Stäfa galt Schiller. Man erfährt aus ihm etwas über den Charakter dieser Reise, die für Goethe eine Art von klärendem Nachvollzug, ja so etwas wie ein Prüfen und Registrieren seiner starken Eindrücke von 1775 und 1779 war. Das gibt seinen Beobachtungen bisweilen etwas Forciertes, geradezu Pedantisches, als sei Frost über sie gefallen.

«Ich habe schon ein paar tüchtige Aktenfaszikel gesammelt, in die ich alles, was ich erfahren habe, oder was mir sonst vorgekommen ist, sich eingeschrieben oder eingeheftet befindet . . . Ich hoffe diese Reisesammlung noch um vieles zu vermehren. Man geniesst doch zuletzt, wenn man fühlt, dass man so manches subsummieren kann, die Früchte der grossen und anfangs unfruchtbar scheinenden Arbeiten, mit denen man sich ein Leben lang geplagt hat. Da Italien, durch seine früheren Unruhen, und Frankreich durch seine neuesten, den Fremden mehr und mehr versperrt ist, so werden wir wohl vom Gipfel der Alpen wieder zurück im Falle des Wassers folgen und, den Rhein hinab, uns wieder gegen Norden bewegen», schrieb ihm Goethe.

Zu den eigenen Eindrücken, die Goethe seinem Schreiber Geist diktierte, kamen Zeitungsausschnitte, Theaterzettel, Kaufangebote, Drucksachen. Goethe war ein anderer geworden, auch äusserlich hatte er sich verändert, und das nicht unbedingt zu seinem Vorteil, wenn man Friedrich Burys wenig schmeichelhaftem Porträt Glauben schenken darf, auf dem der Dichter ernüchtert und schlecht gelaunt erscheint. Der jugendliche Halbgott ist nicht mehr zu erkennen, Geist und Körper sind schwer geworden, so dass Frau von Stein Goethe, verletzt und kritisch, sogar dick nennen konnte. Erst später wird sich das in die olympische, eindrucksvoll schöne Gestalt des Alters verwandeln, von der alle Besucher am Frauenplan zu berichten wissen.

An den Geheimen Rat Vogt in Weimar, dessen Interesse am Zeitgeschehen er voraussetzen konnte, schrieb Goethe:

«Die öffentlichen Angelegenheiten sehen in diesem Land wunderlich aus. Da ein Teil der ganzen Masse schon völlig demokratisch regiert wird, so haben die Untertanen der mehr oder weniger aristokratischen Kantone an ihren Nachbarn schon ein Beispiel dessen, was jetzt der allgemeine Wunsch des Volks ist; an vielen Orten herrscht Unzufriedenheit, die sich hie und da in kleinen Unruhen zeigt. Über alles kommt in dem gegenwärtigen Augenblick noch eine Sorge und Furcht vor den Franzosen.» Dagegen erwähnt Goethe erst in den Tag- und Jahresheften den Erhebungsversuch, den «Stäfnerhandel», von dem er mit Sicherheit während seines Aufenthaltes gehört hatte.

Die Reise in die Urkantone begann unter den schönsten Voraussetzungen. «Um acht Uhr von Stäfa zu Schiffe. Glanz der Wolken über dem Ende des Sees. Sonnenblick auf Richterswil und den nächsten Höhen.»

Immer wieder erscheint der Ausdruck «Sonnenblick» in den Aufzeichnungen Goethes und wendet die sachliche Beobachtung ins Poetische. Er verbindet auf eine ungemein herzliche Weise den Betrachter mit dem Gestirn und ist ein ebenso einfaches wie zwingendes Beispiel für die Ganzheit der Goetheschen Naturbetrachtung. Goethe hat das Auge selbst als sonnenhaft bezeichnet, in den «Zahmen Xenien» heisst es: «Wär' nicht das Auge sonnenhaft, die Sonne könnte es nie erblicken»; auch hier durchdringen sich wirkende Kraft und erkennendes Wesen. Aber auch der «Wolkensteg», die «Glücksluft» und der berühmte «Scheideblick» sind Wortschöpfungen Goethes, die in ihrer Anschaulichkeit jedoch so natürlich wirken, dass man sie gar nicht als solche wahrnimmt. Das Abstrakte war Goethes Sache nicht.

Als Goethe am 28. September 1797 von Stäfa aufbrach, um die Urkantone wiederzusehen, nahm er fast den gleichen Weg, den er schon zweiundzwanzig Jahre früher, 1775, zusammen mit Passavant eingeschlagen hatte. Seine mineralogische und geognostische Liebhaberei sei ihm dabei durch die Studien verschiedener Schweizer erleichtert worden, bekannte Goethe und erwähnte dabei die Schriften von Hans Conrad Escher von der Lindt.

Goethes Passion für die Geologie war nicht neu, sie war durch die amtlichen Verpflichtungen geweckt worden, die ihm der Herzog 1776 als Mitglied der Bergbaukommission beim Abbau von Kupferschiefer in Ilmenau übertragen hatte. Erste Einblicke in die noch junge geologische Wissenschaft hatte er bereits 1775 in Genf bei seiner Begegnung mit Horace Bénédict de Saussure tun können. Mit Goethes zunehmendem Interesse an allen Gesteinsformen wuchsen auch seine eigenen mineralogischen Sammlungen in

Weimar, die im Laufe der Jahre einen geradezu musealen Umfang annahmen.

Der Weg führte Goethe zunächst über die Schindellegi. Neben Joh. H. Meyer begleitete ihn sein Schreiber Ludwig Geist, der auch für sich selbst Aufzeichnungen von dieser Reise machte. Nichts entging Goethes Aufmerksamkeit. Er merkte an, dass Schwyz keinen eigenen Hafen besitze, weil es von Zürich daran gehindert werde. Aus diesem Grund müsse es seine Produkte nach Richterswil schaffen, um sie von dort aus weiter zu transportieren. Ausgestochene Torfflächen fielen ihm auf, das Wechseln bei der Bepflanzung des Bodens; er interessierte sich für die Ausfuhr der Kühe nach Italien und den Weinverkauf nach Schwaben, den Anbau von Kartoffeln und Kohl und das Flachs- und Hanfbrechen. Dinge, die er auf seinen früheren Reisen durch die Schweiz kaum aufnotiert hätte, falls sie ihm überhaupt aufgefallen wären. Inzwischen aber hatte sich Goethe um die Verbesserung der Wirtschaft des kleinen Staates von Sachsen-Weimar gekümmert; das hatte die Optik der Dinge verändert. An die Seite des Dichters war der Ökonom und neben den Ökonom der Naturwissenschaftler getreten.

In Einsiedeln logierten sie der Kirche gegenüber im «Pfauen». Wenig erbaut zeigte sich Goethe von der Musik des Hochamtes und der – wie er schreibt – «unsinnigen» Verzierung des Chors. Der Jünger Erwin von Steinbachs hatte keinen Blick für die Schönheit des barocken Kirchenbaus. In der Bibliothek bemerkte Goethe wie schon zuvor in Bülach die bunten Glasscheiben, die ihn aus Gründen der Farbenlehre und der Mineralogie interessieren mussten. Aufs neue bewunderte er die Kupferstiche Martin Schongauers.

Nach Einsiedeln kamen sie in den Nebel, das Tagebuch signalisiert Schwierigkeiten: «Knüppelstieg, rauhester Stieg, Ruheplatz beim Kapellchen. Böses Augurium, dass uns noch ein starker Stieg bevorstehe. Wir kamen nun wirklich in den Nebel. Wüste Schlucht und Giessbach, daneben einige Trift und leidlicher Pfad.»

Wieder war Goethe fasziniert von Wolkenerscheinungen, kurz vor dem Lauerzersee beobachtete er: «Ein seltsamer Schein in den Wolken und Nebeln zeigte den Untergang der Sonne an. Diese Hüllen lagen so gehäuft übereinander, dass man beim Einbrechen der Nacht nicht glaubte, dass es wieder Tag werden könnte.» Angesichts der Gegend von Schwyz werden Goethes Aufzeichnungen ausführlicher, man spürt seine Freude an der idyllischen Landschaft.

«Schöner Anblick des völlig grünen, mit hohen zerstreuten

Fruchtbäumen und weissen Häusern übersähten Landes, die steilen dunklen Fenster dahinter, an denen die Wolken sinkend hinstrichen ... Die Heiterkeit der Nebel war ein Vorbote der Sonne. Unaussprechliche Anmut sobald nur einzelne Sonnenblicke hier und dahin streifen.»

Lakonisch gibt Goethe dagegen seinen Eindruck vom Urnersee wieder, als scheue er sich, der Ruhe der Szenerie etwas hinzuzufügen: «Freiheitsgrütli, Grüne des Sees, steile Ufer, Kleinheit der Schiffe gegen die ungeheuren Felsmassen, schwer mit Käse beladenes Schiff. Waldbewachsene Abhänge, wenige Matten, Wolkenumhüllte Gipfel, Sonnenblicke, gestaltlose Grossheit der Natur. Angenehmer Anblick der Nutzbarkeit neben dem Rauhesten. Die Seelinie macht das Ganze so ruhig. Schwanken der Bergbilder im See.» Goethes Zurückhaltung lässt an seine Worte in den «Wanderjahren» denken: «Die Gebirge sind stumme Meister und machen schweigsame Schüler.»

Im Gegensatz zu Schwyz erschien Altdorf Goethe von bereits italienischem Einschlag. Im Gasthof «Zum schwarzen Löwen» fielen ihm die schönen Türschlösser auf, «die man von aussen aufstösst und von innen aufzieht». Offenbar fühlte er sich hier besonders wohl, denn er merkte sich den Namen des Wirtes, Franz Maria Arnold. Am nächsten Morgen, bei Regen, Wolken, Nebel und Schnee auf den nächsten Gipfeln «höflicher Abschied, Schein wechselseitiger Zufriedenheit, Weltgleichnis.»

Noch einmal der Weg zum Gotthard. Eine Unzahl präziser Beobachtungen zeichnet das Bild dieses Aufstiegs, dann fasst sie ein einziger Satz zusammen: «Der Einblick nach oben verkündigt das Ungeheure.» Später heisst es: «Prächtiger Rundblick in die hinabstürzende Reuss. Die Felsmassen werden immer ganzer, ungeheurer. Echo, sehr schlechter Weg, flacheres Bette der Reuss, zweite Brücke. Nacht. Von der Höhe Rückblick in die Tiefe; die Lichter in den Häusern und Sägemühlen nahmen sich, in der ungeheuren, nächtlichen Schlucht, gar vertraulich aus. Die Herrlichkeit des Herrn nach der neuesten Exegese.»

Sie übernachteten in Wasen. Am nächsten Morgen war es klarer: «Nebel an den Höhen, bald Anzeichen des blauen Himmels und der durchdringenden Sonne ... Alles sieht fast grau umher aus, von zerstreutem Granit, verwittertem Holz und grau gewordenen Häusern ... Granitwände unzerstörlich scheinend. Verwitterter Granit. Brücke. Die Steine derselben, die Felsen, besonders welche das Wasser bei hohem Strome bespült, hellgrau; Nebel, gleichsam als Gehänge über das Tal hin. An den Höhen sieht man durch den Nebel lange Wasserstreifen sich herunterbewegen. Granitfelsen wie aufgebaute Pyramiden, ganz glatte Wände der losen Felsstücke, Obeliskenform. Vorwärts steiles Alpentheater der Schneeberge im Sonnenlichte.»

Aber angesichts der grandiosen Natur vergass Goethe diesmal nicht mehr die Menschen, sondern merkte an, dass die holzschleppenden Weiber, die ihnen entgegenkamen, im Urserental 6 gr für ihre Last erhielten, das Holz koste sie in Göschenen 3 gr, der Rest sei ihr Tagelohn. Sehr knapp und suggestiv sind die nächsten Eintragungen, an diesen Stichworten erkennt man den Wanderer von 1775 wieder.

«Fichten verschwinden ganz. Teufelsbrücke. Rechts ungeheure Wand. Sturz des Wassers. Stieg. Sonne, Nebel, starker Stieg, Wandsteile der ungeheuren Felsen, Enge der Schlucht, drei Raben kamen geflogen.» Urzeitliches, Mythisches klingt hier an, zugleich aber sind es Worte, die als Regieanweisung über einer Szene aus Faust II stehen könnten. Denn in einer kühnen Assoziation hat Goethe den Grund der Hölle hier heraufverlegt, wenn er Mephisto, das Oberste ins Unterste verkehrend, zu Faust sagen lässt:

«Nun aber sag, was fällt Dir ein?
Steigst ab in solcher Gräuel Mitten
Im grässlich gähnenden Gestein
Ich kenn es wohl, doch nicht an dieser Stelle,
denn eigentlich war das der Grund der Hölle.»

Und am Ende der Szene heisst es:

«Das treu gemeine Volk allein begreift
Und lässt sich im Begriff nicht stören
Ihm ist die Weisheit längst gereift
Ein Wunder ist's, der Satan kommt zu Ehren,
Der Wanderer hinkt an seiner Glaubenskrücke
Zum Teufelsstein, zur Teufelsbrücke.»

Damals aber war es Goethe selbst, der diese wenig geheueren Gegenden durchwanderte, und nicht Mephisto, sondern der Schreiber Geist und der getreue «Kunschtmeyer» gingen an seiner Seite.

Am 3. Oktober 1797 stand Goethe zum dritten Mal oben am Gotthard-Hospiz. Pater Lorenzo schien so munter wie 20 Jahre zuvor, kritisch berichtete er von der Unsicherheit in Italien, die er selbst miterlebt hatte, und den Verhältnissen in Mailand, das seit dem 15. Mai von den Franzosen besetzt war. Aber über persönliche Eindrücke und Empfindungen schweigt sich das Tagebuch aus. Keine Rück- und Scheideblicke, zumindest lässt uns Goethe an ihnen nicht teilnehmen.

Aber wir wissen, dass ihm auf dem Weg hier herauf im Gespräch mit Joh. H. Meyer der Gedanke gekommen ist, seine Reise zum Gotthard «in einem Halb-Roman» darzustellen. Ein Jahr später, 1798, hat er dem Verleger Cotta eine Fortsetzung der «Lehrjahre» in Form von Briefen eines Reisenden und seines Zöglings angekündigt. Man erkennt in ihnen Wilhelm und Felix der «Wanderjahre». Die ersten Kapitel des Romans weisen nicht nur atmosphärisch, sondern auch sehr konkret auf Goethes eigenes Erleben hin. Landschaftszeichnung und Naturforschung, hat Goethe gesagt, hätten ihn zu so beständig genauer Anschauung getrieben, dass er jederzeit zur Verfügung habe, was er als Poet brauche. Was nichts mit einer photographischen Ablichtung zu tun hat; die poetische Umsetzung bleibt dabei das Geheimnis Goethes.

Erst 1829, dreissig Jahre später, wurden «Wilhelm Meisters Wanderjahre» abgeschlossen. In ihrer ungemein modernen Erzählweise, ihrer lose gefügten Handlung, wurden sie bei ihrer ersten Veröffentlichung 1822 wenig begriffen und scheinen auch Goethe selbst in dieser Form nicht befriedigt zu haben. 1829 liess er eine zweite, erweiterte Fassung folgen, die jedoch den Eindruck des Heterogenen, scheinbar Zufälligen durch immer wieder eingeschobene Novellen, Briefe und Aphorismen eher noch verstärkte. Aber gerade diese offene Form will uns heute als eine überzeugende Möglichkeit des Romans erscheinen.

Goethe selbst ragte zur Zeit der Veröffentlichung wie Urgestein hinein in die literarische Landschaft seiner Zeit. Er selbst nannte sich Zelter gegenüber «den alten Merlin in seinem Grabe». Publikum und Kritik schüttelten die Köpfe: was sollte ihnen dieses Konglomerat aus Widerstrebendem, das man, je nachdem wie man disponiert war, für ein Weisheitsbuch oder lediglich für einen Vorwand halten konnte, Disparates aus der Schublade des alten Goethe zusammenzuhalten.

Die «Wanderjahre» sind ein Buch, das dem Leser Widerstand

entgegensetzt, das seine Geheimnisse nicht leicht preisgibt. Sie sind pädagogisch nicht nur durch die Einbeziehung der «Pädagogischen Provinz», sie sind es ihrem ganzen Charakter nach. In ihrem hohen sittlichen Anspruch und ihrem freimaurerischen Tonfall haben die Turmgesellschaft und Makariens Bezirk etwas von dem Adel und der schönen Unwahrscheinlichkeit der Zauberflöte. Wenn man Spannung im herkömmlichen Sinne erwartet, was bei einem Roman legitim wäre, wird man enttäuscht. Tut man das nicht, ist ihre Wirkung ausserordentlich anregend. Dann lassen einen die «Wanderjahre» nicht mehr los, und ihre Rahmenhandlung erscheint als Bindeglied der Stationen einer geistigen Wanderschaft.

Goethe äusserte sich über seine eigene Produktion in der Regel sehr bescheiden, fast wegwerfend. Am 23. November 1829 heisst es in einem Brief an J. F. Rochlitz: «Mit solchem Büchlein ist es wie mit dem Leben selbst: es findet sich in dem Komplex des Ganzen Notwendiges und Zufälliges, Vorgesetztes und Angeschlossenes, bald gelungen, bald vereitelt, wodurch es eine Art von Unendlichkeit erhält, die sich in verständige und vernünftige Worte nicht durchaus fassen noch einschliessen lässt.»

In den Aufzeichnungen Goethes dieser Tage fällt die Vielzahl der geologischen Beobachtungen auf. «Sehr quarzhafter Glimmerschiefer», «Massen Gneis», «Immer Granit», «Mit Talk gemischtes Quarzgestein», heisst es da, «Granit mit viel Feldspat aber noch immer sich zum Blättrigen neigend». So schreibt nur einer, dem es ernst ist mit der Mineralogie.

Goethes spätere Schriften zur Geologie umfassen nüchterne Gesteinsbestimmungen, Untersuchungen über die Gebirgsarten, die Bildung von Edelsteinen, Versteinerungen, Fossilien und Betrachtungen über die Epochen der Gesteinsbildung. Sie nehmen Stellung zu den Arbeiten anderer Forscher, berühren dabei auch den Streit zwischen Vulkanisten und Neptunisten über die Erdentstehung und reichen bis ins Metaphysische, am eindrucksvollsten vielleicht in Goethes Aufsätzen über den Granit von 1784/85.

Dabei wird die Trennung zwischen dem Forschenden und dem Gegenstand seiner Forschung immer wieder aufgehoben. Beide, Subjekt und Objekt, vereinigen sich in Passagen dichterischer Intensität und Schönheit. Goethe war sich bewusst, dass der Granit aus Feldspat, Quarz und Glimmer besteht, trotzdem liest man in seinem Aufsatz: «Wenn wir diese Teile genau betrachten, so kömmt uns vor, als ob sie nicht, wie man es sonst von Teilen denken muss, vor dem Ganzen gewesen seien, sondern zugleich mit dem Ganzen, das sie ausmachen, entstanden.»

Goethe besteht also sozusagen gegen besseres Wissen darauf, dass der Granit unteilbar sei. Auch das Urgestein des Granits wird für ihn zu einem Mittel, die Ganzheit zu erfahren.

«Mit diesen Gesinnungen nähere ich mich euch ihr ältesten würdigsten Denkmäler der Zeit. Auf einem hohen nackten Gipfel sitzend und eine weite Gegend überschauend kann ich mir sagen: Hier ruhst du unmittelbar auf einem Grunde, der bis zu den tiefsten Orten der Erde hinreicht, keine neuere Schicht, keine aufgehäufte zusammengeschwemmte Trümmer haben sich zwischen dich und den festen Boden der Urwelt gelegt, du gehst nicht wie in jenen fruchtbaren schönen Tälern über ein anhaltendes Grab, diese Gipfel haben nichts Lebendiges erzeugt und nichts Lebendiges verschlungen, sie sind vor allem Leben und über alles Leben. In diesem Augenblicke da die innern anziehenden und bewegenden Kräfte der Erde gleichsam unmittelbar auf mich wirken, da die Einflüsse des Himmels mich näher umschweben, werde ich zur höheren Betrachtung der Natur hinauf gestimmt, und wie der Menschengeist alles belebt so wird auch ein Gleichnis in mir rege dessen Erhabenheit ich nicht widerstehen kann. So einsam sage ich zu mir selber indem ich diesen ganz nackten Gipfel hinab sehe und kaum in der Ferne am Fusse ein geringwachsendes Moos erblicke, so einsam sage ich wird es dem Menschen zu Mute der nur den ältesten ersten tiefsten Gefühlen der Wahrheit seine Seele eröffnen will. Ja, er kann zu sich sagen: hier auf dem ältesten ewigen Altare der unmittelbar auf die Tiefe der Schöpfung gebaut ist, bring ich dem Wesen aller Wesen ein Opfer.»

Am 7. Juni 1786 liess Goethe Charlotte von Stein wissen, er arbeite an einer Gebirgslehre. Seine Aufsätze über den Granit sind zusammen mit anderen Schriften zur Gesteinslehre als Entwürfe hierzu anzusehen und stehen darüber hinaus im Zusammenhang mit dem Plan eines Romans über das Weltall.

Oben auf dem Gotthardpass trieb man Handel mit seltenem Gestein, und die Köchin erklärte ihnen die mineralogischen Moden – habe man einst nach Quarzkristallen gefragt, so frage man jetzt nach Titanit. Aus den Aufzeichnungen des Schreibers Geist erfährt man mit Genauigkeit das Menü, das die Wanderer am Gotthard erwartete, es ist für solche Einsamkeiten erstaunlich: «Gute Reissuppe, in welcher eine Knackwurst, Pökelfleisch mit einer guten Sauce, Fisch sowohl mit Semmel geröstet als mit Essig und Zitronen. Schweizerkäs und Most.» Wie man sieht, wusste Pater Lorenzo die Kargheit seines Lebens auf der Passhöhe nicht nur durch seine Ausflüge nach Mailand, sondern auch durch das Lukullische zu ergänzen.

Am nächsten Tag, dem 3. Oktober, machten sie sich auf den Rückweg. Dabei fiel ihnen der Abstieg so leicht, dass sie dies der Wirkung der Bergluft zuschrieben. In Urseren, dem Andermatt von heute, übernachteten sie im Gasthof «Zu den drei Königen». Trotz des permanenten Anschauungsunterrichts in der Natur, besuchten Goethe und seine Begleiter hier in Andermatt noch zusätzlich das Mineralienkabinett des Landammanns Franz Dominik Nager.

Dann noch einmal die Teufelsbrücke, diesmal in Nebel und Wasserstaub. «Das Ungeheure lässt keine Mannigfaltigkeit zu. Schnee, der die Vögel in Schlingen jagt. Maultierzug. Ton des Kuhhorns. Mist für ein Rittergut auf dem Wege zerstreut und verderbt», meldet das Tagebuch, als gälte es, den Eindruck des Ungeheuren durch das Alltägliche zurückzudrängen. Am nächsten Tag folgten sie einem Fusspfad hinunter bis nach Altdorf.

Auch eine Erinnerung an den Vierwaldstättersee hat Eingang in den Faust II gefunden. «Die grossen Naturszenen, die ihn umgeben», hatte Goethe von Stäfa aus an Schiller geschrieben, «muss ich mir, da wir so nahe sind, wieder zum Anschauen bringen, denn die Rubrik dieser ungeheuren Felsen darf mir unter meinen Reise Kapiteln nicht fehlen.» Das klingt so akademisch, dass man die spätere poetische Umsetzung kaum für möglich hält. Aber Goethe selbst hat in den Gesprächen mit Eckermann am 6. Mai 1827 auf die Beziehung zwischen Fausts grossem Monolog vom Sonnenaufgang aus Faust II und seinen eigenen Eindrücken vom Vierwaldstättersee hingewiesen. Die Erinnerung erfährt dabei eine Transposition ins Allgemeingültige, ins Symbolische, der faustische Mensch erkennt angesichts der Grösse der ihn umgebenden Natur seine Grenzen:

«Ein Paradies wird um mich her die Runde!
Hinaufgeschaut! – Der Berge Gipfel Riesen
Verkünden schon die feierlichste Stunde!
Sie dürfen froh des ewigen Lichts geniessen,

Das später sich zu uns herniederwendet.
Jetzt zu der Alpe grün gesenkten Wiesen
Wird neuer Glanz und Deutlichkeit gespendet,
Und stufenweis herab ist es gelungen; –
Sie tritt hervor! – Und leider schon geblendet,
Kehr ich mich um, vom Augenschmerz durchdrungen.

In Weggis wurde der Geologe Goethe Zeuge eines seit über 14 Tage währenden Erdrutsches, der sich so langsam bewegte, dass die Betroffenen ihre Häuser hatten abtragen und das Holz in Sicherheit bringen können. «Auf dem angenehmsten Weg, den man sich denken kann», gelangten sie nach Stans. «Es geht unmittelbar am See hin, und steigt sanft in die Höhe durch grüne Matten, hohe Nuss- und andere Fruchtbäume und reinliche Häuser . . . Schön gepflasterter Weg über eine Höhe, zwischen Matten, auf welchen Kühe schwelgten.» Hier in Stans, so berichtet Goethe, trugen die Mädchen vier Schleifen auf den kleinen Strohhüten, wechselweise rot und grün. In der Wirtsstube der «Krone» erregten wieder die schön gemalten Fensterscheiben seine Aufmerksamkeit, auf denen, über verschiedenen Wappen, Episoden der Schweizer Chronik dargestellt waren. «In der Mitte des Platzes vor dem Gasthof ein Brunnen, auf dem der alte Winkelried mit den Speeren im Arm dargestellt ist.»

Überall Spuren des Tell, nach einem Gang durch die Hohle Gasse erblickten sie auf der Landzunge, die den Vierwaldstättersee vom Zugersee trennt, «eine Kapelle zum Andenken an Gesslers Tod» – die Tellsage liess Goethe nicht mehr los.

Vergebens sahen sich die Reisenden nach dem Raynalschen Monument um. Auf der kleinen Insel vor dem Meggenhorn hatte der französische Schriftsteller Guillaume Thomas François Raynal zur Erinnerung an die Freiheitshelden Fürst, Melchtal und Stauffacher ein Monument in Form eines Obelisken errichten lassen, das sinnigerweise auf seiner Spitze einen kupfernen Apfel trug, durchbohrt von einem Pfeil. Goethe hatte sich in einem Brief an Lavater von 1781 sehr abschätzig über dieses Vorhaben ausgelassen: «Der dreissig Fuss hohe Obelisk wird sich armselig zwischen der ungeheuren Natur ausnehmen. Was sich der Mensch mit seiner Nadelspitze aus Marmor einbildet. Ich hoffe, es soll nicht zu Stande kommen.»

Es war zustande gekommen, aber ein Jahr vor dem Besuch Goethes hatte man es bereits wieder abgetragen, da es vom Blitz getroffen worden war. Man darf annehmen, dass dies Goethe mit Genugtuung erfüllte.

Auf dem Zugersee fiel ihm die besondere Bauart der kleinen Schiffe auf: «Sie sind nur aus zwei Stücken zusammengesetzt und gleichen also völlig einem grossen ausgehöhlten Baumstamm; die Bänke stehen durchaus quer und passen sauber in die Fugen; an den Seiten sind noch Bretter aufgesetzt, an denen die Ruder angebracht sind; man fährt sehr schnell damit. Die Ruder sind klein und der Takt viel geschwinder.» Wie schon auf seiner ersten Reise wohnte er in Zug im Gasthof «Zum Ochsen». Zug hat Goethe gefallen. Er nannte es «reinlich und alt, aber gut gebaut», ein Städtchen also wie in «Hermann und Dorothea», und er notierte sich, dass von hier aus die anderen Kantone mit Töpferware beliefert wurden.

Am 8. Oktober langte man wieder in Stäfa an. Sofort vertiefte sich Goethe im Hinblick auf die Behandlung der Tellsage in die Schweizer Chronik von Aegidius Tschudi aus den Jahren 1734–36. Dass das Thema ihn nicht ruhen liess, beweist auch eine Zeichnung Goethes vom Tag darauf, sie zeigt Tell zusammen mit seinem Knaben. Am 14. Oktober 1797 schrieb er an Schiller:

«Was werden Sie nun aber sagen, wenn ich Ihnen vertraue, dass zwischen allen diesen prosaischen Stoffen sich auch ein poetischer hervorgetan hat, der mir viel Zutrauen einflösst. Ich bin fast überzeugt, dass die Fabel vom Tell sich werde episch behandeln lassen und es würde dabei, wenn es mir, wie ich vorhabe, gelingt, der besondere Fall eintreten, dass das Märchen durch die Poesie erst zu seiner vollkommenen Wahrheit gelangt, anstatt dass man sonst um etwas zu leisten, die Geschichte zur Fabel machen muss. Doch darüber künftig mehr.»

Goethe plante ein Epos in Hexametern und liess Schiller wissen, am liebsten bliebe er an Ort und Stelle, um das Gedicht niederzuschreiben. Tell und Gessler hätten bei Goethe anders ausgesehen als bei Schiller: «Den Tell dachte ich mir als einen urkräftigen, in sich selbst zufriedenen, kindlich-unbewussten Heldenmenschen, der als Lastträger die Kantone durchwandert, überall gekannt und geliebt ist, überall hülfreich, übrigens ruhig sein Gewerbe treibend, für Weib und Kind sorgend, und sich nicht kümmernd, wer Herr und Knecht sei.» Es will scheinen, als habe Goethe später dem Garnträger in der 2. Fassung der «Wanderjahre» von 1829 Tells

Gestalt geliehen. Gessler dachte er sich als einen Tyrannen von der gemütlichen Sorte, dem das Wohl und Wehe des Volkes vollkommen gleichgültig ist und der Böses tut aus Langeweile.

Dreissig Jahre später erinnerte sich Goethe in einem Gespräch mit Eckermann: «Von diesem Gegenstande war ich ganz voll und ich summte dazu schon gelegentlich meine Hexameter. Ich sah den See im ruhigen Mondschein, erleuchtete Nebel in den Tiefen der Gebirge, ich sah ihn im Glanze der lieblichsten Morgensonne, ein Jauchzen und Leben in Wald und Wiesen. Dann stellte ich einen Sturm dar, einen Gewittersturm, der sich aus den Schluchten auf den See wirft. Auch fehlte es nicht an nächtlicher Stille und heimlichen Zusammenkünften über Brücken und Stegen.» Dann aber scheint Stäfa Goethe doch nicht das geeignete Winterquartier gewesen zu sein, um den Tell zu schreiben. Er hat den Stoff noch lange mit sich herumgetragen, hat ihn dann aber gewissermassen an Schiller abgetreten, den er ja schon brieflich auf die Fährte gesetzt hatte.

Die Geschichte des Tell, als ein Gedicht in Hexametern wie «Hermann und Dorothea», das uns weniger vom Inhalt her als durch sein Versmass so ferngerückt ist? Ein Versmass, dessen etwas umständliches Pathos sich auf immer mit antikem Heldendonner verbunden hat? Goethe hat seine «Achilleis» nicht zuende geführt. Langweilte er sich am Ende schon an seinen Hexametern, die er sich im Falle des «Reinecke Fuchs» hatte von Voss korrigieren lassen, der dafür zuständig war? Hat er das gemeint, als er zu Eckermann sagte, er habe anderes zu tun gehabt und darum nicht den «Tell» geschrieben? Der «Tell» ist ein Stoff für die Bühne, und bei Schiller war er schon vom Dramatischen her sicher besser aufgehoben.

Einmal aber liess Goethe den «Tell» dann doch auf seiner eigenen Bühne auftreten, wenn auch nur in einem Maskenzug anlässlich des Besuches der Kaiserin Mutter Maria Feodorowna in Weimar im Jahre 1818 – in geradezu parodistischer Devotion heisst es da im Vorwort:

«Als Ihro Kaiserliche Hoheit die Frau Erbgrossherzogin von Sachsen-Weimar-Eisenach hiernächst beschriebenen Festzug gnädigst anordneten, befahlen Höchstdieselben: dass dabei Einheimische Erzeugnisse der Einbildungskraft und des Nachdenkens vorgeführt und auf die vieljährig und mannigfaltig gelungenen Arbeiten beispielsweise hingedeutet werden sollte ...»

Stellvertretend für Wieland erscheinen «Musarion» und «Oberon», für Herder «Adrastea», und nachdem Goethe seine eigenen Werke vorgestellt hat, führt er als «Einheimisches Erzeugnis der Einbildungskraft und des Nachdenkens» unter den Werken Schillers auch dessen «Tell» vor die Augen des hohen Publikums. «Ja, sogar die Gestalt Gesslers wagt es, versöhnt, unter seinen Widersachern aufzutreten», erfahren wir. Da sich Goethe selbst als Mephistopheles unter die Gratulanten mischte, fragt man sich, wie weit es ihm tatsächlich ernst mit diesem Spiel gewesen ist. Denn nur mit einiger Mühe lassen sich Tell und seine vaterländische Befreiungstat ins klassizistisch Schickliche umfunktionieren. Dass Goethe ausgerechnet Tell die Worte sprechen lässt:

«Die mit den Fürsten sich beraten,
Sie fühlen sich zu grossen Taten,
Zu jedem Opfer sich bereit,
Je einiger sie sich verbündet,
Je sichrer ist das Glück begründet
Für jetzt und alle Folgezeit»

ist allerdings eine etwas massive Konzession an die befreundete fürstliche Familie und erklärt sich nur aus dem fast familiär-privaten Ambiente Weimars. Aber das Gelegenheitsgedicht, das mit ungeheurem Aufwand über die Bühne ging, war im Grunde genommen mehr als nur eine Huldigung an die Zarin, es war eine Apotheose der Weimarer Klassik. In einem Brief an Karl von Knebel heisst es in diesem Zusammenhang: «Indessen habenwir die alte Ehre Weimars gerettet, ich aber, will's Gott! habe von solchen Eitelkeiten hiedurch für immer Abschied genommen.»

Schiller hat die Schweiz nie gesehen, und doch wirkt sein Tell vollkommen authentisch. Geheimnis seiner dichterischen Phantasie, aber doch wohl auch Vermittlung des Atmosphärischen durch das Gespräch mit dem heimkehrenden Goethe, dem der Stoff auf den Nägeln brannte und dessen Erzählungen im Notfall für eine Reise in die Schweiz aufkommen konnten. Mit welcher Wärme spricht noch der alte Goethe von dem längst verstorbenen Freund. Während seiner Zeit in Stäfa, also in der Mitte seines Lebens, war die Beziehung zu Schiller für Goethe als Dichter geradezu lebenswichtig geworden, denn sie beendete eine tiefe Schaffenskrise. Und doch hatte Goethe sich zunächst gegen diese Freundschaft gesträubt.

Aber auch Schiller kämpfte lange mit seinen Gefühlen Goethe gegenüber: «Öfters um Goethe zu sein, würde mich unglücklich machen ... Er ist nach nichts zu fassen; ich glaube in der Tat, er ist ein Egoist in ungewöhnlichem Grade ... Er macht seine Existenz wohltätig kund, aber nur wie ein Gott, ohne sich selbst zu geben ...», heisst es in einem Brief an Theodor Körner vom 2. Februar 1789. Goethe der Egoist? Goethe war *auch* Egoist, bei allen anderen Eigenschaften – er scheint sie alle besessen zu haben. Er selbst hat das, darüber erstaunt, zugegeben. Aber warum ihm nicht zugestehen, dass er mit sich haushielt, dass er sich distanzierte, wenn es ihm für sein Gleichgewicht nötig erschien. Der innig werbende und drängende Schiller schrieb schliesslich voller Ungeduld: «Ich betrachte ihn wie eine stolze Prüde, der man ein Kind machen muss.»

Kritisch gefördert und inspiriert von einem Dialog, der nicht mehr abriss, waren vor der dritten Schweizerreise «Wilhelm Meisters Lehrjahre» und die Wallenstein-Trilogie entstanden, so dass Goethe ihre Freundschaft später «ein hohes, reines, heiteres und unschuldiges Verhältnis» nannte, dessen Wesen er so fasste:

«Freundschaft kann sich nur praktisch erzeugen, praktisch Dauer gewinnen. Neigung, ja Liebe hilft alles nicht zur Freundschaft. Die wahre, die tätige, produktive besteht darin, dass wir gleichen Schritt im Leben halten, dass Er meine Zwecke billigt, ich die Seinigen, und dass wir so unverrückt zusammen fortgehen, wie auch sonst die Differenz unserer Denk- und Lebensweise sein möge.»

Die regnerischen Tage von Stäfa brachten weitere kunsttheoretische Diskussionen mit Joh. H. Meyer, sie waren eine Vorbereitung für die «Propyläen», die im Jahr darauf bei Cotta erscheinen sollten. Goethes Wertschätzung des Freundes war unbegrenzt, es sei eine herrliche Empfindung, sagte er, mit einer so bedeutenden Natur wie Joh. H. Meyer nach einerlei Schätzen zu streben und sie nach einerlei Sinn zu bewahren und zu verarbeiten. Auch mit dem «treuen Spiegel» in einer der Xenien hat Goethe den Freund aus Stäfa gemeint:

«Reiner Bach Du entstellst nicht den Kiesel, Du bringst ihn dem Auge näher; so seh ich die Welt, xxx (Meyer), wenn Du sie beschreibst.»

Wie treu dieser Spiegel war, erfährt man auch aus Goethes Korrespondenz. 1810 hat Goethe Joh. H. Meyer um präzise Unterlagen über die Spinn- und Baumwollheimindustrie der Schweiz gebeten, die er für eine Episode der entstehenden «Wanderjahre» brauchte. In einem Brief vom 13. April 1810 dankte ihm Goethe für seine technische Beschreibung, sie besitze «nicht nur sachlich klare und anschauliche, sondern auch menschlich liebenswürdige und schriftstellerische Darstellung».

Dieser Stoff hat jedoch erst in die zweite Fassung der «Wanderjahre» von 1829 Eingang gefunden und erscheint dort in «Lenardo's Tagebuch». Goethe konnte Joh. H. Meyer kein grösseres Kompliment machen, als dass er Teile seines Textes wörtlich in den Roman übernahm. Poetischer als die exakten Beschreibungen des Spinnens und Webens, die sich dort etwas allzu didaktisch ausnehmen, ist die Darstellung der Verschiffung der Ware auf dem Zürichsee. Hier hat sich Meyer dem klassich-klaren Stil des grossen Freundes so vollkommen angenähert, dass es nicht wunder nimmt, dass Goethe diese Passage unverändert in den Roman übernahm:

«Die Abfahrt aus der Stadt verzieht sich gewöhnlich bis gegen Abend, dann belebt sich der See allmählich und die Schiffe gleiten segelnd, oder durch die Kraft der Ruder getrieben, über seine Fläche hin; jedes bemüht sich dem anderen zuvorzukommen; und die denen es gelingt, verhöhnen wohl scherzend die, welche zurückzubleiben sich genötigt sehen.

Es ist ein erfreuliches schönes Schauspiel um die Fahrt auf dem See, wenn der Spiegel desselben mit den anliegenden Gebirgen vom Abendrot erleuchtet sich warm und allmählich tiefer und tiefer schattiert, die Sterne sichtbar werden, die Abendglocken sich hören lassen, in den Dörfern am Ufer sich Lichter entzünden, im Wasser wiederscheinend, dann der Mond aufgeht und seinen Schimmer über die kaum bewegte Fläche streut. Das reiche Gelände flieht vorüber, Dorf um Dorf, Gehöft um Gehöft bleiben zurück, endlich in die Nähe der Heimat gekommen wird in ein Horn gestossen und sogleich sieht man im Berg hier und dort Lichter erscheinen, die sich nach dem Ufer herabbewegen, ein jedes Haus das einen Angehörigen im Schiffe hat sendet jemanden um das Gepäck tragen zu helfen.»

Anderes Material Meyers wurde von Goethe in den Stoff des Romans eingearbeitet oder erweitert, wie die Gestalt des Garnträgers, die in Meyers Darstellung nur erwähnt, bei Goethe aber zu einer zentralen Figur der Episode wurde. Und Frau Susanne, die Schöne-Gute, die Hallers «Alpen» und Gessners «Idyllen» gelesen hat, trägt ganz offensichtlich die Züge von Barbara Schulthess, die Lavater die Immer-Gleiche nannte. Damit verwirklicht sich eine Notiz aus dem zweiten Schema von «Dichtung und Wahrheit», nach der Goethe in der Fortsetzung seiner Autobiographie Barbara Schulthess erwähnen wollte. Gleich der Beginn von «Lenardos Tagebuch» mit dem Schellen- und Glockengeläute der Saumrosse erinnert an ein Erlebnis Goethes während seiner zweiten Schweizerreise. Danach bedarf es kaum noch der Helvetismen «Rädli Garn» oder «Brittli», um die Geschichte tatsächlich in der Schweiz anzusiedeln.

Aber Goethe sah die Arbeit der Weber und Spinner keineswegs nur als eine Gessnersche Idylle – auf seinen Reisen durch das Herzogtum Sachsen-Weimar hatte er auch das Elend der Weber kennengelernt und setzte sich für die Förderung ihres Gewerbes ein. 1888 liess der Schweizer Spinner-, Weber- und Zwirnerverband an dem Haus, in dem sich Goethe seinerzeit in Stäfa aufgehalten hatte, eine Gedenktafel anbringen.

Eine weitere Anregung aus der Schweiz ist in «Wilhelm Meisters Wanderjahre» eingegangen. Philipp Emanuel von Fellenbergs Erziehungsinstitut in Hofwyl bei Bern darf als Vorbild der «Pädagogischen Provinz» in Goethes Roman gelten. In den «Wanderjahren» geht es, sehr vereinfacht ausgedrückt, um den Platz des Individuums in der Gemeinschaft. Dass die Schweiz in dieser Zeit führend war in der Anwendung aufgeklärter Erziehungsmethoden, zeigt die Arbeit Ulysses von Salis', Pestalozzis und Emanuel von Fellenbergs.

1817/1818 wurden zwei Söhne Carl Augusts und der Schauspielerin Caroline Jagemann-Heygendorf in Fellenbergs Institut aufgenommen. In diesem Zusammenhang hatte sich einer der Erzieher des Internats in Weimar vorgestellt. Joh. H. Meyer und Carl August begaben sich anschliessend selbst nach Hofwyl. Dass Goethe von ihnen Genaues über Fellenbergs Institut erfuhr, versteht sich von selbst. Ausserdem begegnete er 1818 in Karlsbad dem russischen Staatssekretär Capo d'Istria, den Zar Alexander, der Bruder Maria Pawlownas von Sachsen-Weimar, in die Schweiz geschickt hatte, um Auskünfte über Hofwyl einzuholen. Goethe war also gut informiert und zeigte, ganz im Gegensatz zu seiner ablehnenden Haltung dem Erziehungswerk Pestalozzis gegenüber, grosses Interesse für die Ideen Fellenbergs.

Pestalozzi hat sich vergeblich um Goethe bemüht, dessen Werk er verehrte. Als Pestalozzi ihm seine Gesammelten Schriften schickte, hüllte sich Goethe in Schweigen. Goethes «Wahlverwandtschaften» und Pestalozzis «Lienhard und Gertrud» sind fast gleichzeitig erschienen. Auf der einen Seite die subtile Chemie menschlicher Beziehungen und Verhaltensweisen, auf der anderen die Darstellung einer Welt des fast Kindlich-Einfältigen. Diese Gegenüberstellung soll die ausserordentliche Bedeutung Pestalozzis nicht schmälern – dafür ist schon die Absicht der beiden Bücher zu verschieden, aber sie zeigt immerhin die Unvereinbarkeit zweier Welten. Fellenbergs Arbeit dagegen schätzte Goethe und nannte sie «menschenfreundlich bildende Bemühungen», da sie sich zum Ziel setze, die spezifischen Begabungen des Menschen auszubilden. Reichlich überheblich wirkt ein Satz aus einem Schreiben Fellenbergs an Goethe:

«Verehrtester, Sie konnten den Gegensatz, in dem sich das Menschengeschlecht in der Schweiz zu ihrer grossen Natur bringen liess, auch nicht hindern. Die Menschheit ward überhaupt in dieser Zeit einiger neuen Erfahrungen von Jahr zu Jahr bedürftiger. Gedanken, auch das lebendigste Wort und die bezauberndsten Schriften konnten nicht helfen. Grosse Tatsachen, zur Anschauung der Welt gebracht, sollten den Ausschlag geben. Wir trachten sie in der Schweiz einzuleiten und halten sie für schon entschieden.» Einverstanden dürfte Goethe jedoch mit folgendem Satz Fellenbergs gewesen sein:

«Wenn einer nur das Schöne, der andere nur das Nützlich-Sittliche befördert, so machen beide zusammen erst einen Menschen aus.»

Im September 1820 empfing Goethe dreimal den Besuch des Sohnes von Philipp Emanuel von Fellenberg, und noch am Ende dieses Monats nahm Goethe die Arbeit an der zweiten Fassung der «Wanderjahre» auf. Aber ganz im Gegensatz zur Integration der Episode von der Baumwollspinnerei in den Roman, die auf weite Strecken sehr nah am Original Joh. H. Meyers bleibt, war das Hofwyl Fellenbergs zwar Vorbild und erste Anregung für Goethes «Pädagogische Provinz», die Entwicklung dieser Utopie aber und ihre weltanschauliche Untermauerung – von der poetischen Umsetzung ganz abgesehen – ist allein das Werk Goethes.

Mit der Ankunft der «Aldobrandinischen Hochzeit», der Aquarellkopie Meyers eines römischen Hochzeitsbildes aus der Zeit des-

Augustus, hatten sie alle ihre Schätze in Stäfa beisammen. Goethe hatte sie seit langem aus Rom erwartet; sie war über Triest, Villach und Konstanz «dem weit und breit gewaltigen Napoleon» entronnen.

Der Rest von Goethes Zeit in Stäfa gehörte seiner Korrespondenz. Liebevoll dachte er an Christiane und seinen kleinen Sohn und schrieb wiederholt an Cotta und an die Freunde in Weimar. In einem Brief an den Herzog gingen Goethes Gedanken zurück zu der Zeit, als sie gemeinsam die Schweiz bereist hatten. Aber auch von der gespannten politischen Lage des Landes berichtete er ihm: «Kaum sind wir aus der unglaublichen Ruhe, in welcher die kleinen Kantone hinter ihren Felsen versenkt liegen, zurückgekehrt, als uns vom Rhein und aus Italien her das Kriegsgeschrei nach- und entgegenschallt. Die Franzosen haben an Bern einen Botschafter geschickt, mit dem Begehren, man solle den englischen Gesandten sogleich aus dem Lande weisen. Sie geben zur Ursache an, man sehe nicht ein was er gegenwärtig zu tun habe, als der Republik innere und äußere Feinde zu machen und aufzureizen. Mir scheint, als suchten die Franzosen Händel mit den Schweizern. In einigen Tagen gedenken wir nach Zürich zu gehen und erwarten, was uns die Kriegs- und Friedensgöttin für einen Weg nach Hause zeigen wird.» Seinem Brief beigelegt war ein Blatt mit der Überschrift «Stäfa», es galt Goethes Blick aus seinem Fenster und liest sich in seiner geradezu wunderlichen Exaktheit wie die wissenschaftliche Beschreibung des irdischen Paradieses.

Der Herzog zeigte sich belustigt von so viel akademischer Genauigkeit und äusserte: «Goethe schreibt mir Relationen, die man in jedes Journal könnte einrücken lassen. Es ist gar possierlich, wie der Mensch feierlich wird.» Im Briefwechsel zwischen Goethe und dem Herzog sind die Gewichte sehr eigentümlich verteilt. Hier sind im Grunde genommen die Briefe des Herzogs die ergiebigeren, während sich Goethe gegen das brüderliche «Du» Carl Augusts im Lauf der Jahre immer mehr hinter Formelhaftem und höfischem Zeremoniell verschanzt. Und dies so demonstrativ, dass es weniger unterwürfig wirkt, als dass man den Eindruck gewinnt, Goethe schaffe sich damit den von ihm gewünschten persönlichen Freiraum.

Auch an Barbara Schulthess ging ein Brief aus Stäfa. Sie hatte Goethe ein Zusammentreffen in Wädenswil vorgeschlagen, aber er ging nicht darauf ein und vertröstete sie auf Zürich.

«Ich hoffe, dass uns eine gute Stunde zusammenführen soll, denn ich will nur gestehen, dass ich auch wegen Deiner letzten Äusserung nicht Deiner Meinung bin. Bei meinem Alter und meiner Sinnesart kenne ich nur Worte und Tat, wodurch der Mensch sich dem Menschen offenbaren kann. Das sogenannte beredte Schweigen habe ich schon lange der lieben und verliebten Jugend anheim gestellt.» Aber als sie sich im «Schönenhof» wiedersahen, sei Goethe «nicht im Strumpf» gewesen, berichtet Johann Gessner, Barbara Schulthess' Schwiegersohn.

Kühle und Kritik statt Goethes einstiger verschwenderischer Freundschaft. Galt auch hier, was er an Schiller geschrieben hatte, dass er ein anderer Mensch geworden sei, so dass ihm nicht nur Gegenstände, sondern auch Menschen anders und fremd erscheinen mussten? Dennoch schickte er der Freundin ein Gedicht mit dem Titel «Schweizer Alpe»:

«War doch gestern dein Haupt noch so braun wie die Locke der Lieben,
Deren holdes Gebild still aus der Ferne mir winkt;
Silbergrau bezeichnet dir früh der Schnee nun den Gipfel,
Der sich in stürmender Nacht dir um den Scheitel ergoss.
Jugend, ach. Ist dem Alter so nah, durchs Leben verbunden,
Wie ein beweglicher Traum Gestern und Heute verband.»

Es ist ein Geistergespräch wie am Ende der «Lotte in Weimar», Zärtlichkeit ist darin und Resignation. Barbara Schulthess hat die Briefe, die Goethe im Lauf der Jahre an sie gerichtet hatte, kurz vor ihrem Tode verbrannt. Das ist schwer zu deuten. Warum verbrennt man die Briefe eines Goethe? War sie es müde, ihm, den sie bewundernd durch so viele Verwandlungen gefolgt war, auch weiterhin zu folgen? Oder war es Bitterkeit, dem grossen, allzu grossen Freund nicht mehr genügt zu haben? Vielleicht wollte sie aber nur, wie es ihrer diskreten Natur entspräche, keine Spur dieses ausserordentlichen Gefühls hinterlassen.

In einem Gespräch mit Eckermann hat Goethe 1828 die Frauen silberne Schalen genannt, in die die Dichter goldene Äpfel legen. Ein schöner und passender Vergleich für das ruhige, in sich zurückgenommene Wesen dieser Frau und ihrer Freundschaft. Durch das Bewahren des «Urmeister» in ihrer eigenen Handschrift hat sie der Metapher Goethes aufs vollkommenste entsprochen.

«Euphrosyne» heisst die andere Elegie, die Goethe auf dieser Reise zu schreiben begann. Er hatte in der Schweiz vom Tode der erst 19jährigen Christiane Neumann-Becker erfahren, um deren Ausbildung er sich in Weimar zusammen mit Corona Schröter gekümmert hatte. Auf der Bühne von Weimar hatte sie die Ophelia, die Emilia Galotti und das Klärchen im «Egmont» verkörpert.

«Wenn sich manchmal in mir die abgestorbene Lust fürs Theater zu arbeiten wieder regte, so hatte ich sie gewiss vor Augen und meine Mädchen und Frauen bildeten sich nach ihr und ihren Eigenschaften. Die Nachricht von ihrem Tode hatte ich lange erwartet, sie überraschte mich in den formlosen Gebirgen. Liebende haben Tränen, und Dichter Rhythmen zur Ehre der Toten; ich wünschte, dass mir etwas zu ihrem Andenken gelänge», schrieb Goethe am 25. 10. 1797 aus Zürich an C. A. Böttiger.

Traumhaft durchdringen sich in Goethes Gedicht Schweizer Gegenwart und die Erinnerung an die junge Tote, die ihm in der Einsamkeit des Gebirges erscheint. Noch einmal sucht sie den Freund, den Lehrer, den Vater auf und bittet ihn, ihr im Gedicht ein Denkmal zu setzen, bevor sie von Hermes endgültig hinweggeführt wird. Am Ende ist der Dichter wieder allein:

«Tiefer liegt die Nacht um mich her; die stürzenden Wasser
Brausen gewaltiger nun neben dem schlüpfrigen Pfad.
Unbezwingliche Trauer befällt mich, entkräftender Jammer,
Und ein moosiger Fels stützet den Sinkenden nur.
Wehmut reisst durch die Saiten der Brust, die nächtlichen Tränen
fliessen; und über dem Wind kündet der Morgen sich an.»

Auch Goethes Schreiber L. Geist betätigte sich auf seine Weise als Schriftsteller. Auf seiner Schweizerreise mit Goethe führte er nicht nur selbst Tagebuch, sondern legte sich auch Listen von Ausdrükken Schweizer Mundart an, die er «einen kleinen Beitrag zu einem Zürchischen Idiotikon» nannte. Johann Ludwig Geist war ein begabter Mensch, Kammerdiener und Schreiber in einer Person. Nach Diktat hielt er Goethes poetische, philosophische und wissenschaftliche Einfälle fest, erledigte bisweilen auch dessen Post, hatte aber durchaus auch ein Eigenleben und eigene Interessen, darunter die Botanik und das Orgelspiel.

Bei einem weiteren Besuch zusammen mit Goethe und Joh. H. Meyer bei Hauptmann Escher in der «Schipf» entdeckte er, während sich die Herrschaften unterhielten, im Tanzsaal die kleine Orgel «und spielte jungen Leuten beiderlei Geschlechts den lustigsten Ball aus dem Stegreif».

Fünf Tage lang ist Goethe noch einmal in Zürich geblieben. Zusammen mit Ludwig Geist stand er vor dem Gessnerschen Monument, einem klassizistischen Denkmal, das ihn besonders interessieren musste, da Alexander Trippel dafür ein Marmorrelief nach einem Motiv aus Gessners Idyllen geschaffen hatte. Im Rathaus zeigte man ihm Füsslis dramatischen «Rütlischwur», und im Kabinett von Johannes Escher betrachtete er lange «schöne Suiten der Schweizer Gebirge». Es ist anzunehmen, dass es die Stichfolgen nach Caspar Wolf gewesen sind, die «Vues remarquables des Montagnes de la Suisse», die in verschiedenen Ausgaben bei Wagner in Bern erschienen waren. Man hätte sich gewünscht, dass sich Goethe und Caspar Wolf begegnet wären. In der Grossartigkeit ihrer Sicht der Natur kommen sie sich sehr nahe. Vom künstlerischen Standpunkt aus dagegen dürften Wolfs kühne Alpenbilder Goethe, der der Ideallandschaft eines Claude Lorrains verpflichtet war, zu modern gewesen sein. Caspar Wolf gibt die Landschaft der Schweiz nicht nur als gefällige Vedute wieder, auch für ihn wird sie zu einem Aufbruch ins Ungeheure. Seine Darstellung der Natur weckt im Beschauer das Gefühl der Sehnsucht nach dem Unbedingten und bringt gleichzeitig die Unmöglichkeit dieses Wunsches zum Bewusstsein, zwingt zur Bescheidung. Bei Caspar Wolf wird dies sichtbar in der Gestalt des winzigen Zeichners, mit dem er sich selbst ins Bild bringt.

Goethe wurde sich bewusst, dass er auch in Zürich nicht den Winter über den «Tell» schreiben konnte, denn das hätte bedeutet, Lavater ständig aus dem Wege gehen zu müssen. Bei einem weiteren Besuch auf dem Schönenhof spürte er, dass er selbst hier nicht mehr zu Hause war. Lavater suchte den Freund von einst im «Schwert» auf und schrieb, als er ihn nicht antraf, seinen Namen an dessen Türe.

Sehr erfreulich dagegen verlief ein Besuch bei Charlotte Gessner, Wielands Tochter, die Heinrich, den Sohn Salomon Gessners, geheiratet hatte. Ein Jahr zuvor, 1796, war Wieland selbst noch einmal für drei Monate in der Stadt seiner Lehrjahre bei Bodmer zu

Gast gewesen. Goethe konnte ihm berichten, Tochter und Enkelkind seien wohlauf. Noch ein letztes Wort schrieb Goethe vor seinem Abschied von Zürich an Schiller: «Es ist wunderbar wie alte Verfassungen, die bloss auf sein und erhalten gegründet sind, sich in Zeiten ausnehmen, wo alles zum werden und verändern strebt.»

Goethe hat die Aufzeichnungen, Briefe und Aktenfaszikel seiner dritten Reise in die Schweiz nicht selbst zu einem Reisebericht ausgewertet. Er scheint bald das Interesse an den umfangreichen Konvoluten, die er angelegt hatte, verloren zu haben. Sie blieben in Weimar unbearbeitet liegen und wurden zu einer Art Kartothek der Erinnerung, der Goethe entnehmen konnte, was er brauchte. Erst nach seinem Tod stellte Eckermann daraus korrekt und mit einigem Geschick einen Reisebericht zusammen. Dass sich diese posthume «Reise in die Schweiz 1797» nicht mit Goethes hoch inspirierten Briefen seiner zweiten Schweizerreise vergleichen lässt, versteht sich von selbst. Sie gilt zwar als die klassische Reisebeschreibung par excellence, sie informiert, enthält viel Wissenswertes, wirkt aber über weite Strecken trocken, fast beziehungslos. Das Poetische wird, ganz offenbar bewusst, vom Willen zur Objektivierung neutralisiert, was bisweilen etwas unangenehm Pedantisches haben kann. Als Dokument für die Veränderung der Betrachtungsweise Goethes ist indes die «Reise in die Schweiz 1797» höchst aufschlussreich.

In einem Augenblick des Unwillens hat Goethe später einmal den Wert seiner Schweizerreisen dem Naturforscher Nees von Esenbeck gegenüber geleugnet. In einem Brief vom 23. 10. 1823 heisst es: «Warum bin ich nicht mehr so leicht auf den Füssen als zur Zeit, wo ich die unnützen Reisen in die Schweiz tat, da man glaubte, es sei was Grosses getan, wenn man Berge erklettert und angestaunt hatte.» Aber diese Worte enthalten ihren Widerspruch in sich selbst, denn was sich nicht in Aktenfaszikeln festhalten lässt, war längst in Goethes Dichtung eingegangen.

Dass gerade in den «Wanderjahren» und im «Faust II» so viele Erinnerungen an die Schweiz wiederkehren und verarbeitet sind, zeigt, wie dauerhaft das Erlebte in Goethe fortgewirkt hat. Vielleicht lassen sich auch die beiden grossen Alterswerke als eine Landschaft begreifen: die «Wanderjahre» als ein rätselhaftes Gebiet, in dem sich der Leser die Markierungen selbst suchen muss, der «Faust II» als eine sich türmende Pyramide aus uraltem, vielfarbigem Gestein, dessen Spitzen sich in den Wolken verlieren, um überraschend und bedeutungsvoll in immer neuen Beleuchtungen und Brechungen aus ihnen hervorzutreten.

Goethes Bewunderung für die Landschaft der Schweiz ging über das rein Ästhetische weit hinaus, sie war gepaart mit seinem sich ständig vertiefenden Interesse an den Naturwissenschaften. Goethe, losgelöst von dieser leidenschaftlichen Beschäftigung rein als Dichter zu betrachten, hiesse ihn verarmen und beraubt ihn seiner Mitte. Schon als 20jähriger hatte Goethe mit Überzeugung in sein Strassburger Merkbuch geschrieben: «Wir erkennen Gott in der Natur.» Gott und Natur bedingten sich in seiner Sicht wie Systole und Diastole, wie Einatmen und Ausatmen sich gegenseitig bedingen. Diese Gegebenheit hat Goethe stets als Lebensgesetz anerkannt, ohne sie philosophisch in Frage zu stellen.

Wer aus der Vätergeneration der Schweizer Denker konnte Goethe näher stehen als der tiefernste Arzt und Universalgelehrte Albrecht von Haller? Zu dessen theologisch-philosophischen Überlegungen, die er in seinem grossen Gedicht «Die Alpen» mit einem starken Naturgefühl verband, sich wissenschaftliche Neugier auf Mineralogie und Botanik gesellten? Parallelen zu Goethe – auch wenn Hallers Gedankenwelt noch ganz dem Barock verpflichtet ist. Schoss Goethe darum bei seinem schnöden Angriff auf Albrecht von Haller nicht über das Ziel hinaus?

«Ins Innere der Natur dringt kein erschaffener Geist,
Zu glücklich, wem sie nur die äussere Schale weist»,

so lauten die Worte Hallers aus seinem Lehrgedicht «Die Falschheit menschlicher Tugenden», die Goethe so sehr zum Widerspruch reizten, dass er sie mit seinen Altersgedichten «Allerdings» und «Ultimatum» glaubte beantworten zu müssen:

«Das hör ich 60 Jahre wiederholen,
Ich fluche drauf, aber verstohlen,
Sage mir tausend, tausendmale,
Alles gibt sie reichlich und gern
Natur hat weder Kern noch Schale,
Alles ist sie mit einemmale.
Dich prüfe Du nur allermeist,
Ob Du Kern oder Schale seist.»

Der Quintessenz der Worte Hallers konnte Goethe nicht ernstlich widersprechen, denn sie bedeutet nichts anderes als Ehrfurcht, und diese lehrt die «Pädagogische Provinz» der «Wanderjahre» gleich in dreierlei Gestalt. Wogegen sich Goethe so heftig sträubte, war vielmehr die Unterscheidung vom Kern und Schale, von Innen und Aussen. Für ihn war die Natur das Eine und die Vielfalt zugleich.

Neben den ergriffen erlebten Pantheismus seiner Jugend trat im Laufe eines langen Lebens das immer stärkere Bedürfnis der Erkenntnis der Naturphänomene. Daß dieser Wunsch nach wissenschaftlicher Exaktheit das Staunen jedoch keineswegs verdrängt hatte, wird durch einen Aphorismus Goethes zur Morphologie von 1829 deutlich:

«Hier aber werden wir vor allen Dingen bekennen und aussprechen, dass wir mit Bewusstsein uns in der Region befinden, wo Metaphysik und Naturgeschichte übereinander greifen, also da, wo der ernste treue Forscher am liebsten verweilt. Denn hier wird er durch den Zudrang grenzenloser Einzelheiten nicht mehr geängstigt, weil er den hohen Einfluß der einfachsten Idee schätzen lernt, welche auf die verschiedenste Weise Klarheit und Ordnung dem Vielfältigen zu verleihen geeignet ist.»

Aber bei aller wissenschaftlichen Neugier war Goethe nicht frei von Zweifeln gegenüber der immer grösser werdenden Aufspaltung der Natur in der Forschung. Seine Skepsis mutet, auch wenn er Plato zum Kronzeugen aufruft, sehr modern an:

«Um sich in der grenzenlosen Vielfalt der Zerstückelung und Verwirklichung der modernen Naturlehren wieder ins Einfache zu retten, muss man sich immer wieder die Frage stellen, wie würde sich Plato gegen die Natur, wie sie sich uns jetzt in ihrer grössern Mannigfaltigkeit, bei aller gründlichern Einheit erscheinen mag, benommen haben», liest man in Goethes Aufzeichnungen zur Wissenschaftsgeschichte.

Am 26. Oktober 1797 verliess Goethe zusammen mit Joh. H. Meyer und einem durch Meyers Kunstschätze, Goethes eigene Aufzeichnungen, Akten und Gesteinsproben gewaltig angeschwollenen Gepäck die Stadt Zürich. Noch einmal Bülach, Eglisau, noch einmal am Nachmittag die Aussicht auf den Rhein, und dann ein letztes Mal der Rheinfall selbst. Goethe wurde nicht müde, die mächtige Naturerscheinung, halb unbändiges Leben, halb Katastrophe, zu betrachten. Später hat er einmal geäussert, die Natur der Schweiz habe ihn in ihrem Reichtum und ihrer Grösse so erregt, dass er ihr erst auf seiner dritten Reise einigermassen gelassen gegenüber gestanden sei.

Er freute sich auf die Gespräche mit Schiller, sie hatten ihm gefehlt. Aus Stäfa hatte er an den Freund geschrieben: «Die Hoffnung, mit Ihnen das Erbeutete zu teilen und zu einer immer grösseren theoretischen und praktischen Vereinigung zu gelangen, ist eine der schönsten, die mich nach Hause lockt.»

— Friedrich Hölderlin in Hauptwil —

Friedrich Hölderlin ist kaum drei Monate, von Mitte Januar bis Mitte April 1801 in Hauptwil geblieben, und wir wissen nur wenig über ihn aus dieser Zeit, während praktisch jeder Tag der Schweizerreisen Goethes dokumentiert ist. Hölderlin kam als Fremder in die Schweiz und hat sie als Fremder wieder verlassen. Wir besitzen von ihm nur fünf Briefe, die er aus Hauptwil geschrieben hat und das Gedicht «Unter den Alpen gesungen», von dem mit Sicherheit feststeht, dass es hier entstanden ist.

Und doch ist seine Zeit in Hauptwil mehr als nur eine Episode, denn Hölderlin lebte hier im Angesicht der Alpen, die in seiner Dichtung zu einem Topos des Göttlichen wurden. Ihr Anblick hat ihn mit staunender Bewunderung, mit Betroffenheit, wie er schrieb, erfüllt, und ihr Bild erscheint verwandelt wieder in vielen seiner Gedichte bis hin zu der Hymne «Patmos» und den späten Fragmenten. Die Alpen Hölderlins sind geographisch nicht lokalisierbar, sie stehen für das Mythische schlechthin.

> «So mit den Himmlischen allein zu sein, und
> Geht vorüber das Licht, und Strom und Wind, und
> Zeit eilt hin zum Ort, vor ihnen ein stetes Auge zu haben»

heisst es in der Ode «Unter den Alpen gesungen». Der dies schrieb, suchte die Identifikation mit dem, was er staunend vor sich sah.

Als Hölderlin sich um eine Hofmeisterstelle in der Schweiz bemühte, hielt er sich seit einem halben Jahr in Stuttgart auf, wo er umgeben war von Freunden, die ihm Anerkennung und Verständnis entgegenbrachten. Es war dies eine der glücklichsten und dichterisch fruchtbarsten Zeiten seines Lebens. Hier entstanden die Elegien «Brot und Wein» und «Stuttgard», auch die Hexameterdichtung «Der Archipelagus» wurde hier vollendet. Verglichen mit dem lyrisch ausufernden «Hyperion», gelingt Hölderlin mit ihr eine Beschwörung Griechenlands, das er nie mit eigenen Augen gesehen hat, in wunderbar konzentrierter Form. Die Hymne beginnt mit einer grossräumigen und begeisterten Schilderung der griechischen Inselwelt im Frühling, einer Anrufung des Archipelagus. Das Meer, als dominierendes Element dieser Zonen, wird pantheistisch als Offenbarung der Natur erlebt.

Um der ihn enttäuschenden Gegenwart einen neuen Sinn zu geben, stellt Hölderlin dem Europa seiner Vorstellung, «Hesperien», die Kultur des antiken Athen, vor und nach den Perserkriegen, als Leitbild gegenüber. Mit diesem Symbol einer geistigen Erneuerung ist der Pessimismus des «Hyperion» überwunden.

Aber in einem Brief an seine Schwester Heinrike vom Sommer 1800 nimmt Hölderlin auch Bezug auf «das böse, malade Jahr», das hinter ihm lag. Er meinte damit die Erschütterung durch die Begegnung mit Susette Gontard, der Diotima seiner Dichtung. Sie hatte eine so vollkommene Ergänzung und Bestätigung seiner eigenen Existenz bedeutet, dass die Einsicht in die Unmöglichkeit dieser Beziehung Hölderlin in einer Leere zurückliess, in der er sich noch immer nicht einrichten konnte.

«Ich bin durch das böse malade Jahr», so schrieb er, «das ich überstanden habe, etwas langsam in meinem Geschäfte geworden und muss oft mit einem halb müssigen Nachsinnen manche gute Stunde zubringen, darf mich dann nicht öfters unterbrechen, als es die Not erfordert und diese trat bisher wegen der Neuheit meiner Lage öfter ein, als es künftig geschehen wird.»

Durch das Verständnis und die Herzlichkeit der Stuttgarter Freunde hoffte Hölderlin, «hier eine Zeit in Frieden zu leben und ungestörter als bisher mein Tagewerk tun zu können». Dieses Gefühl der Anerkennung und Geborgenheit verdankte er in ganz besonderem Masse Christian Landauer, der ihn im Juni 1800 in sein Haus aufgenommen hatte. Was Landauer für Hölderlin bedeutete, erfährt man aus einem Brief an den Freund aus Hauptwil; dort schreibt er – zu ihm, Landauer, dürfe er ja wohl sprechen, als spräche er mit sich selbst.

Christian Landauer war Tuchhändler, etwa gleichaltrig mit Hölderlin, den er in Frankfurt kennengelernt hatte. Dorthin reiste er regelmässig in Geschäften. Landauer führte eine glückliche Ehe, war Vater von vier Kindern, tüchtig in seinem Beruf als Kaufmann, dabei aber auch musisch begabt, ein rundum sympathischer, tatkräftiger Mann. Er stand in allen praktischen Dingen des Lebens hinter Hölderlin. So tarnte er zum Beispiel dessen Aufenthalt in Stuttgart als den eines Hauslehrers seiner Kinder und entzog Hölderlin damit dem Zugriff der Kirchenbehörde. Denn als einstiger

Elève und Stipendiat des Tübinger Stifts wäre dieser sonst verpflichtet gewesen, eine Stelle als Vikar anzunehmen.

Aber ebenso wichtig wie die Aufnahme in den Kreis einer gesicherten bürgerlichen Normalität war Hölderlin das Verständnis Landauers für seine Dichtung und die daraus resultierenden Schwierigkeiten seiner Existenz:

«Der Umgang mit Dir und den übrigen Freunden», heisst es weiter in Hölderlins Brief aus Hauptwil, «hat mir einen reellen Gewinn gegeben, den ich immer entbehrte, und den ich zu gebrauchen suchen werde. Ich habe bei Euch erst eine rechte Ruhe gelernt, mit der man sich mit dem Grund der Seele auf Menschen verlässt, bei der man sie an echten Zeichen kennengelernt hat. So hält man denn auch fest und treuer am Leben und unter denen, die einen angehen.»

Hölderlins Gedicht «An Landauer» ist denn auch ein Loblied auf diesen «Freund der Freunde, der in goldener Mitte wohnt» – eine sehnsüchtige Umschreibung dessen, was Hölderlins eigenem Leben versagt war. Das schlichte Gedicht verrät durch seine Reimverse den Anlass seiner Entstehung, es ist ein Gelegenheitsgedicht, geschrieben zum 31. Geburtstag Landauers. Er spricht vom Wohlstand des loyalen Freundes, seinem schönen Besitz, von den Weinbergen, die Stuttgart auch heute noch umgeben, nachdem es längst zur Grossstadt geworden ist, von Landauers Familie, von seiner glücklichen Hand in den Geschäften. «Manch Leben ist wie Licht und Nacht verschieden», mit diesen Worten charakterisiert Hölderlin im Gegensatz dazu das eigene Dasein.

Auch andere Gedichte Hölderlins aus dieser Zeit beschäftigen sich mit der Welt des Freundes: «Das Ahnenbild», «Die Entschlafenen» und die unvollendete Elegie «Der Gang aufs Land» mit dem schönen Beginn: «Komm ins Offene, Freund», deren Verse am deutlichsten spüren lassen, dass Hölderlin in Stuttgart nicht nur der Nehmende gewesen ist, sondern wie stark das Zusammensein der Freunde von ihm geprägt wurde, der sich im Gedicht wünscht, «ihr Gespräch möge offen, dem Geiste gemäss sein».

Doch dann scheint ihn selbst diese so sympathische Nähe eingeengt zu haben. Offenbar waren die Ansprüche der Geselligkeit, die man dabei an ihn stellte, auf die Dauer zu gross, denn er hat sich ihnen durch die Reise nach Hauptwil entzogen. Dieser Entschluss fiel Hölderlin ausserordentlich schwer, und wie widerstrebend seine Gefühle dabei waren, zeigt ein Brief an die Schwester aus Stuttgart:

«Ich wurde von meinen Freunden fast unbarmherzig bestürmt,

zu bleiben», heisst es da. Aber Hölderlin hoffte, Ruhe und Distanz, die er sich so dringend wünschte, leichter bei Fremden in Hauptwil zu finden: «Und in der Tat, ich fühle mich oft wie Eis, und fühle es notwendig, so lange ich keine stillere Ruhestätte habe, wo alles was mich angeht, mich weniger nah, und eben deswegen weniger erschütternd bewegt. Hierin liegt für mich, und wie ich glaube, auch für die Meinigen, der Hauptgrund, der mich, wo manches andere auf beiden Seiten gleich war, zu meinem Entschlusse bestimmte.» Die Notwendigkeit der Distanz war mit dem Bedürfnis nach freundschaftlicher Wärme nicht vereinbar.

Die Familie von Gonzenbach, die ihn als Hauslehrer engagiert hatte, scheint menschlich von der Art gewesen zu sein, dass Hölderlin sich bei ihr hätte wohlfühlen müssen. Aber Hauptwil kam zu spät, um eine wohltätige Wirkung auf seine Psyche haben zu können. Nur ein Jahr später brach er nach Bordeaux auf, zu einer weiteren Winterreise, von der er nicht als der gleiche zurückkehren sollte.

Ein junger Schweizer, Emanuel von Gonzenbach, hielt sich im Herbst 1801 in Stuttgart auf. Er hatte von seinem Vater Anton von Gonzenbach den Auftrag, sich nach einem Hauslehrer für zwei seiner Schwestern umzusehen. Hölderlin war der junge Mann sympathisch, was für ihn sicherlich den Ausschlag gab, die Stelle im Thurgau anzunehmen. Denn er hatte sich bereits – und das entgegen dem Rat Landauers – bei einer anderen Schweizer Familie in Trogen im Appenzellerland beworben, bei Johann Caspar Zellweger, einem reichen und einflussreichen Fabrikanten, der eine Schwester Salomon Gessners geheiratet hatte.

Ein Freund aus Ludwigsburg, Karl Philipp Conz, der wiederum mit Karl Friedrich Reinhard, dem französischen Gesandten in Bern, befreundet war, hatte die Sache vermittelt. Aber die Zeit arbeitete zugunsten von Hauptwil, die Zusage aus Trogen kam zu spät. Vor seiner Abreise aus Stuttgart schrieb Hölderlin an Anton von Gonzenbach:

«Sie kommen mir mit so vielem entgegen, was ich achten muss; ich kann Ihnen nur guten Willen und Aufmerksamkeit, auf dass, was meine Pflicht in Ihrem Hause sein wird, und Offenheit und Treue versprechen; und wenn Sie sagen, dass Sie einen Wert in das, was ich zu leisten habe legen, so wissen Sie gewiss auch, wieviel Wert und Gutes darin für mich liegt, dass ich in dem Kreise einer Familie leben werde, die sich selbst genug sein kann, und die schweste und schönste aller Tugenden, die das Glück zu tragen, täglich ausnützt. Wär ich auch nur der Zuschauer unter ihnen, so hätte ich an einem solchen Bilde des Friedens genug. Ich bitte, dass Sie diese Worte nicht für eitel nehmen.»

Dass Hölderlin am Ende seines Briefes darum bittet, man möge das, was er so überaus zart formuliert, nicht für eitel ansehen, gibt einen Eindruck von der aussergewöhnlichen Empfindlichkeit dieses Menschen und der Dünne des Eises, auf dem er sich bewegte. Anton von Gonzenbach mag beim Lesen gestutzt haben; Hölderlins Schreiben war, vorsichtig ausgedrückt, zumindest ungewöhnlich, dabei in seiner grossen Offenheit keineswegs devot.

Anfang Januar 1801 begab sich Hölderlin auf die Reise. Die Kosten für das Logis bei Christian Landauer sowie 40 fl «Appril reiss geld in die Schweitz» waren von der Mutter in Nürtingen bezahlt worden. Christian Landauer und andere Stuttgarter Freunde gaben ihm das Geleit durch den winterlichen Schönbuch bis Tübingen. Den Rest des Weges, über Ebingen und das Hochsträss, über die Schwäbische Alb nach Sigmaringen bis zum Bodensee, legte er teils im Wagen, teils zu Fuss zurück. Von dort liess er sich nach Konstanz übersetzen, dann blieben ihm noch einmal fünf Stunden bis Hauptwil. Dass er einen grossen Teil des Weges im Winter zu Fuss zurücklegte, spricht für seine gute körperliche Verfassung.

Hölderlin als den «Wanderer» schlechthin zu apostrophieren, wäre kein Gemeinplatz, denn er erwanderte ganz ausserordentliche Distanzen, was ihm, wie er sagte, half, nachzudenken und zu dichten. Ein Vergleich drängt sich auf zu Beethoven und Brahms, die spazierengehend komponierten. Aber im Gegensatz zu ihnen scheint bei Hölderlin das Wandern etwas Zwanghaftes zu haben. Etwas Existentielles drückt sich in seinem Unterwegssein aus, das mit Aufbruch, mit Freiheit zu tun hat und der übergrossen Ferne seines Ziels. «Oft flammt der Wunsch, unendlich fortzuwandern unwiderstehlich in uns auf», steht bereits in dem Gedicht «An Hillern» aus der Zeit im Tübinger Stift. «Süss ists zu irren in heiliger Wildnis», wird es am Ende heissen.

Die Familie von Gonzenbach hatte 1664 die niedere Gerichtsbarkeit über Hauptwil und damit das Marktrecht erworben, auf diesem Privileg beruhte auch ihr Adelsprädikat. Sie waren die Arbeitgeber des kleinen Ortes, der wie weite Teile des Thurgaus am Ende des 18. Jahrhunderts von der Herstellung, Weberei und Druckerei feiner Leinwand und Musseline lebte. Die das dörfliche Weichbild überragenden Gebäude gehörten ihnen - das obere Schloss, das alte, das auch Schlössli genannt wurde, und das sogenannte Kaufhaus. Schöne, bequem möblierte, von parkähnlichen Gärten umgebene Landhäuser, die ihren Namen als Schloss wohl eher dem sozialen Gefüge des Ortes als besonderer Aufwendigkeit verdankten.

Anton von Gonzenbach, Hölderlins Brotherr, war neben seinen geschäftlichen Fähigkeiten ein gebildeter Mann von damals 53 Jahren. Er musizierte gern, sang und soll eine gewisse Fertigkeit auf der Violine besessen haben. Er hatte Schweres hinter sich – den Verlust zweier Söhne, die Verwahrung seines geistesgestörten Schwagers David Emmanuel Develay und geschäftliche Sorgen um die Behauptung des Familienunternehmens im Zuge der politischen Umschichtung. Die St. Galler Nachbarn hatten gedroht, Ortschaft und Fabrikgebäude in Asche zu legen, da sie in ihm einen Vaterlandsverräter sahen. Dies bestätigt die «Grosse Amtliche Sammlung der Akten aus der Zeit der Helvetischen Republik I in Frauenfeld» aus dem Jahre 1798. Hölderlin scheint diese Schwierigkeiten gespürt zu haben, denn er schrieb an seine Mutter:

«Besonders ist mir der Vater vom Hause ein ehrwürdiger Mann, der für seinen Stand besonders viel erlebt zu haben scheint und doch seine Einfalt beibehalten hat.» Noch aus der Art der Anrede von Gonzenbachs Kündigungsschreiben an Hölderlin, kaum drei Monate später, spricht ein taktvoller und feinfühliger Mensch: «Mein hochgeschätzter Herr und Freund», das klingt nicht nach leerer Höflichkeit. Auch wenn es nicht die in dem Kündigungsschreiben angeführten Gründe gewesen sein sollten, die Anton von Gonzenbach veranlasst hätten, Hölderlin nach so kurzer Zeit wieder zu entlassen, so geschah dies auf eine Art und Weise, die Sympathie und Hochachtung für den Betroffenen und darüber hinaus Bedauern über diesen Schritt fühlen liessen.

Die beiden Schülerinnen, um derentwillen sich Hölderlin in Hauptwil aufhielt, waren die 15jährige Barbara Julia und die ein Jahr jüngere Augusta Dorothea von Gonzenbach. Auf zwei zeitgenössischen Medaillons erscheinen sie als elegant gekleidete, sehr junge Damen des frühen Empire. Waren sie von Hölderlins charismatischem Wesen bezaubert? In Tübingen hatte es geheissen, es sei, als ginge Apollo durch den Saal, wenn der junge Hölderlin auftrat. Er war ein schöner, stattlicher Mann, freundlich und gewinnend. Schwärmten die beiden Mädchen für ihren neuen Hauslehrer? Liebten sie ihn, wie Henry, der Sohn Susette Gontards, der ihn lieber Holder genannt hatte? Aber da war noch eine andere Seite an ihm, dunkel, in sich verschlossen, unmitteilsam, die er selbst, auf gut schwäbisch, den «Klotz» nannte, und die er an sich selbst nicht liebte.

Es gibt keine privaten Aufzeichnungen Anton von Gonzenbachs, keine Reaktionen auf Hölderlin und dessen Aufenthalt, auch nicht solche seiner Frau Ursula. Diese wird als starke Persönlichkeit geschildert, die in Krisenzeiten durchaus fähig war, das Unternehmen der Familie auch eine Weile selbst zu führen. Die Gonzenbachs hatten neun Kinder, von denen damals noch acht bei den Eltern in Hauptwil lebten, es wird also laut und lustig bei ihnen zugegangen sein. Sie hatten vermutlich gar keine Ahnung, wer da bei ihnen als Hofmeister lebte, und konnten es auch gar nicht haben, denn es ist kaum anzunehmen, dass Hölderlin ihnen seine Gedichte vorgelesen hat. Er war ja gerade deshalb nach Hauptwil gegangen, um nicht, wie in Stuttgart, allzu nahem persönlichen Kontakt ausgesetzt zu sein.

Vielleicht hat Hölderlin mit dem Hausherrn musiziert; auch bei den Gontards hatte er ja die Flöte gespielt. Aber das sind lediglich Vermutungen – über das tägliche Leben Hölderlins in Hauptwil wissen wir so gut wie nichts. Als Salär bekam er den Betrag von 30 Louisdor, die Dauer des Verhältnisses war offenbar nicht fixiert.

Die Bewohner der Herrenhäuser luden sich regelmässig gegenseitig zu Abendgesellschaften ein. Dabei wurde, dem Geschmack des Hausherrn entsprechend, viel musiziert. Es gab also gewiss Schlimmeres, als Hofmeister in Hauptwil zu sein, da bei den menschlichen Qualitäten der Familie nicht anzunehmen ist, dass es zu einer herabsetzenden Behandlung als Folge von Standesdünkel kam wie zuvor in Frankfurt. Und auch dort hatte der Hausherr sich nicht eigentlich ungewöhnlich verhalten, da man nicht gut erwarten konnte, dass er – wie man unvernünftigerweise wünschen möchte – seinen Segen zum Glück seiner Frau mit dem Hauslehrer seiner Kinder gegeben hätte.

Die Stellung eines Hofmeisters war auch unter günstigeren Umständen prekär genug, und das politische Klima in dieser Zeit machte besonders empfindlich für das Abhängige, Subalterne einer solchen Position. Halb gehörte man zur Familie und halb auch wiederum nicht. Man wurde bezahlt, war also eine Art von Dienstbote, und dabei oft kultivierter als die Herrschaft selbst. (Gontard: «Die

Geschäfte vor allem anderen!») Soziale Abhängigkeit, Verpflichtung zur Höflichkeit, Zwang also auch hier.

Vielleicht hat sich Hölderlin, als er in Hauptwil Schweizerdeutsch sprechen hörte, eines anderen Schweizer Schülers erinnert. Es ist in der Tat ein seltsamer Zufall, dass er in Tübingen ausgerechnet Philipp Emanuel von Fellenberg unterrichtet hat, der dort 1791–1792 zusammen mit vier anderen Patriziersöhnen aus Bern studierte. Den selben Fellenberg, der später als Mitglied der Helvetischen Gesellschaft das seinerzeit berühmte Erziehungsinstitut in Hofwyl gründete, das zum Modell für die «Pädagogische Provinz» in Goethes Altersroman «Wilhelm Meisters Wanderjahre» geworden ist. Hölderlin schrieb damals an seine Schwester:

«Fürs zweite heiss' ich das gute Botschaft, dass ich die l. Mamma versichern kann, Sie dürfe sich nicht nur für jetzt keine Sorge machen, wegen meiner Börse, sondern Sie sei auf diesen Winter der Mühe beinah ganz überhoben, mir Zuschuss zu schicken. Ich bin bei einem Berner Edelmann Namens von Vellenberg zum Unterricht im Lateinischen und Griechischen vorgeschlagen worden, und werde monatlich 5 f bekommen. Er ist sehr artig u. in meinem Alter. Studiert hier unter der Aufsicht eines Hofmeisters mit vier andern Edelleuten aus der Schweiz.»

Hölderlin fühlte sich, das zeigt ein Brief vom 24. Januar 1801 an die Mutter, in Hauptwil zunächst ausgesprochen wohl: «Ich kann in der Tat nichts anderes sagen, nach der Überzeugung, die ich mir seit 10 Tagen geben konnte, als dass die zahlreiche Familie, in der ich lebe, aus solchen Menschen besteht, unter denen man mit zufriedener Seele sein muss, so viel unschuldiger Frohsinn ist unter den jüngeren, und so viel unschuldiger Verstand und edler Gutsinn unter den älteren.»

Im allgemeinen bemühte er sich, der Mutter nur Positives zu berichten, daher wäre seiner Aussage gegenüber vielleicht eine gewisse Skepsis geboten. Aber auch in dem bereits zitierten Brief an die Schwester macht Hölderlin einen sehr glücklichen Eindruck. Der Winter 1800 auf 1801 war ausserordentlich mild, und die Natur war der Jahreszeit um Wochen voraus:

«Du würdest auch so betroffen, wie ich vor diesen glänzenden, ewigen Gebirgen stehn, und wenn der Gott der Macht einen Thron hat auf Erden, so ist es über diesen herrlichen Gipfeln. Ich kann nur dastehen, wie ein Kind, und staunen und stille mich freuen, wenn ich draussen bin, auf dem nächsten Hügel, und wie vom Äther herab die Höhen aller näher und näher niedersteigen bis in dieses freundliche Tal, das überall an seinen Seiten mit den immergrünen Tannenwäldchen umkränzt, und in der Tiefe mit Seen und Bächen durchströmt ist, und da wohne ich, in einem Garten, wo unter meinem Fenster Weiden und Pappeln an einem klaren Wasser stehen, das mir gar wohl gefällt des Nachts mit seinem Rauschen, wenn alles still ist, und ich vor dem heiteren Sternenhimmel dichte und singe.»

Es ist eine eigenartig geträumte, unwirkliche Landschaft, der durch das fast Kindliche der Anschauung alle Realität entzogen ist und die ein Gefühl der Einsamkeit vermittelt, das weniger von der Natur als von ihrem Betrachter ausgeht. Keine Idylle wie bei Salomon Gessner, sondern vielmehr eine entstofflichte Welt, das «Alleinsein mit den Himmlischen», der luftleere Raum. Danach überrascht es nicht, dass sich Hölderlins in Hauptwil entstandene sapphische Ode «Unter den Alpen gesungen» an die «Heilige Unschuld» wendet. Denn welchen anderen Urgrund hätten seine Worte als diese, und er selbst verkörpert auf überzeugende Weise den «Mann, der, dem Wild gleich oft zum Himmel staunet», von dem seine eigenen Verse sprechen:

Unter den Alpen gesungen

Heilige Unschuld, du der Menschen und der
Götter liebste vertrauteste! du magst im
Hause oder draussen ihnen zu Füssen Sitzen, den Alten,

Immerzufriedner Weisheit voll; denn manches
Gute kennet der Mann, doch staunete er, dem
Wild gleich, oft zum Himmel, aber wie rein ist Reine, dir alles!

Siehe! das rauhe Tier des Feldes, gerne
Dient und trauet es dir, der stumme Wald spricht
Wie vor Alters, seine Sprüche zu dir, es Lehren die Berge

Heil'ge Gesetze dich, und was noch jetzt uns
Vielerfahrenen offenbar der grosse
Vater werden heisst, du darfst es allein uns Helle verkünden.

So mit den Himmlischen allein zu sein, und
Geht vorüber das Licht, und Strom und Wind, und
Zeit eilt hin zum Ort, vor ihnen ein stetes Auge zu haben,

Seliger weiss und wünsch' ich nichts, so lange
Nicht auch mich, wie die Weide, fort die Flut nimmt,
Dass wohl aufgehoben, schlafend dahin ich Muss in den Wogen;

Aber es bleibt daheim gern, wer in treuem
Busen Göttliches hält, und frei will ich, so
Lang ich darf, euch all', ihr Sprachen des Himmels! Deuten
und singen.

Das eigene dichterische Dasein wird hier begriffen als vom Göttlichen nur auf Zeit geliehen. Für das Ende dieser Frist wird angesichts einer glücklichen Gegenwart um Aufschub gebeten. Als hätte Hölderlin gewusst um die Gefahren der Höhe und der dünnen Luft, in der er sich aufhielt, und um den Preis, den es für diesen Aufenthalt und die Vermittlung dieser Sphäre am Ende zu zahlen galt. Hölderlin hat sich auf eine natürliche und vollkommen unprätentiöse Weise selbst miteinbezogen gefühlt in die mythische Welt, von der er sprach. In seinem Gedicht «Die Jugend» heisst es mit Selbstverständlichkeit: «Im Arme der Götter wuchs ich gross.»

Voller Bezug zur Realität ist dagegen der Anfang des erwähnten Briefes an die Schwester. Er gilt dem Frieden von Lunéville, der am 9. Februar 1801 proklamiert worden war. «Ich glaube, es wird nun recht gut werden in der Welt. Ich mag die nahe oder die längst verklungene Zeit betrachten, alles dünkt mir seltene Tage, die Tage der schönen Menschlichkeit, die Tage sicherer, furchtloser Güte, und Gesinnungen herbeizuführen, die ebenso heiter als heilig, so erhaben als einfach sind.»

Hölderlin war ausserordentlich bewegt, seit Anton von Gonzenbach ihn am Morgen mit dieser Nachricht überrascht hatte: «Aber das helle Himmelsblau und die reine Sonne über den nahen Alpen waren meinen Augen in diesen Augenblicken nur um so lieber, weil ich sonst nicht gewusst hätte, wohin ich sie richten sollte in meiner Freude.»

Der Friede von Lunéville bedeutete das Ende der auch auf deutschem und schweizerischem Boden seit 1792 ausgetragenen Kämpfe und war bei vielen verbunden mit der Hoffnung auf einen dauerhaften Frieden in Europa. Er hat die in ihn gesetzten Hoffnungen, die bei Hölderlin geradezu die einer endzeitlichen Heilserwartung annahmen, nicht erfüllt. Die ersten Entwürfe zu seiner Hymne «Friedensfeier», die erst 1802/03 endgültig niedergeschrieben wurde und deren Manuskript sich heute in der Sammlung Martin Bodmer in Cologny bei Genf befindet, entstanden unter diesem grossen Eindruck bereits im Frühjahr 1801 in Hauptwil.

Bezeichnend sind in diesem Zusammenhang die Worte, die Hölderlin der «Friedensfeier» bei ihrer Veröffentlichung voranstellte. Der Hinweis auf die Eigenständigkeit seiner anspruchsvollen Dichtung geschieht auf eine naive, unintellektuelle Weise, die erraten lässt, welcher Bescheidenheit dieser Mensch fähig war:

«Ich bitte dieses Blatt nur gutmütig zu lesen. So wird es sicher nicht unfasslich, noch weniger anstössig sein. Sollten aber dennoch einige eine solche Sprache zu wenig konventionell finden, so muss ich ihnen gestehen: ich kann nicht anders. An einem schönen Tage lässt sich fast jede Sangart hören, und die Natur, wovon es her ist, nimmts auch wieder.»

Die Napoleanischen Kriege, die eine tiefgreifende politische Umstrukturierung des ganzen Kontinents mit sich brachten – darunter 1798 das Ende der alten Eidgenossenschaft und die Proklamation der Helvetischen Republik – fielen zusammen mit der Zeit einer Jahrhundertwende, und mit dem Untergang der herkömmlichen Werte gingen ein grosser Idealismus und Fortschrittsglaube einher.

Hölderlin war gewiss kein politischer Mensch wie Schiller, auch wohl kein «engagierter Schriftsteller» im Sinn des 20. Jahrhunderts, jedoch weit mehr am politischen Zeitgeschehen interessiert und unmittelbar mit ihm in Berührung – zum Beispiel durch seine Freundschaft mit Sinclair –, als man es dem philosophisch-utopischen Charakter seiner späten Hymnendichtung nach erwarten könnte. Ein politisches Bewusstsein steht selbst noch hinter Hölderlins Elegie «Brot und Wein», die kein reiner Nachtgesang ist. Was man allerdings, förmlich betäubt von dem Wohllaut der 1. Strophe – die Clemens Brentano das schönste Gedicht deutscher Sprache genannt hat – zunächst nicht wahrnimmt. Gerichtet ist Hölderlins Gedicht an Dionysos, den Weingott, den grossen revolutionären Veränderer.

Aber in Hölderlin einen Jakobiner zu sehen, wie es geschehen ist, geht denn doch wohl nicht an. Seine Gestalt und seine Dichtung sträuben sich gegen die Vereinnahme für ein Regime, dessen Herrschaft der Schrecken war. In einem Brief an Philipp Emanuel von

Fellenberg hat Casimir Ulrich Böhlendorff Hölderlin einen Republikaner «im Geist und in der Wahrheit» genannt.

Ihre Ressentiments gegenüber dem als Unterdrücker gehassten Landesvater Carl Eugen machten die Eleven des Tübinger Stifts, zu denen auch Hölderlin gehörte, besonders empfänglich für die Ideale der Französischen Revolution. Gesteigert durch die menschlich und geistig gleichermassen intensive Freundschaft mit Hegel und Schelling, kam Hölderlin schon während dieser Zeit in Tübingen mit dem Gedankengut des deutschen philosophischen Idealismus in Berührung. Kant, Fichte und Schiller wurden zu Leitbildern des jungen Hölderlin, und dass ein Idealist wie er auch unter dem Einfluss der Ideen Rousseaus stand, dass also für ihn der Mensch von Natur aus gut war, ist nicht überraschend. Aber obwohl er sich von den Geistesgrössen seiner Zeit umstanden fühlte wie von Gipfelriesen, übernahm er keines ihrer Gedankengebäude ganz. Seine Eigenständigkeit war gross genug, dass sie alle Theorie und Abstraktion bald hinter sich liess.

Schwärmerische Freundschaften haben das Leben Hölderlins begleitet, und das freundschaftliche Gespräch galt ihm als die wichtigste Form der Kommunikation. Als solche erscheint es auch in seiner Dichtung: «Gut ist ein Gespräch und zu sagen des Herzens Meinung», heisst es dort als ein Beispiel unter vielen. Und Böhlendorff gegenüber hat Hölderlin es später folgendermassen formuliert: «Ich brauche Deine reinen Töne. Die Psyche unter Freunden, das Entstehen eines Gedankens im Gespräch und Brief ist uns Künstlern nötig.»

Idealistische Begeisterung war auch der Grund einer früheren ersten Reise Hölderlins in die Schweiz, gemeinsam mit zwei Freunden aus dem Tübinger Stift im Frühjahr 1791. Hölderlin war damals 21 Jahre alt. Diese Freunde waren Kommilitonen, der Medizinstudent August Memminger und der auch im Gedicht angesprochene Christian Friedrich Hiller. Hölderlins Gedicht «An Hiller» erinnert den Freund ausserordentlich gefühlvoll an die gemeinsame Reise und nennt darin die Schweiz mit einigem Bombast: «Helvetia, die Riesentochter der schaffenden Natur». Und an anderer Stelle: «Ein Arkadien, wo himmelhoch Gebirg, dess tausendjähr'gen Scheitel ew'ger Schnee, wie Silberhaar des Greisen Stirne, kränzt, umschwebt von Wetterwolken und von Adlern, sich unabsehbar in die Ferne dehnt.»

Hiller und Memminger waren durchaus revolutionär gesinnt,

während Hölderlin sich von allen Studentenverbindungen und politischen Geheimbünden in Tübingen fernhielt. Was die drei jungen Männer planten, war eine Wallfahrt in das «Land der heiligen Freiheit», das zugleich auch das Land Rousseaus war.

Aus einem Brief an die Mutter wissen wir, dass Hölderlin ordentlich für seine Reise ausgerüstet war, er hatte «3 Hembder, 3 Schnupptücher, 3 Paar Strümpfe (wegen dem Verreissen)» in sein Felleisen gepackt – vermutlich schrieb er ihr das, um ihr Freude zu machen. Gleichzeitig bat er sie, ihm seinen Dornenstock zu schikken, der ihm «ein unentbehrliches Meuble» sei. Immerhin leisteten sich die jungen Leute einen Burschen, der ihnen die Wäsche tragen und den Weg zeigen sollte.

So begleitet wanderte Hölderlin das erste Mal in die Schweiz. Auf dem Weg zu den Urkantonen machten sie halt in Zürich, um Lavater zu besuchen, und trugen sich bei dieser Gelegenheit in dessen Fremdenbuch ein. Man wüsste gern, was sich der Verfasser der «Physiognomischen Fragmente» dabei dachte, als er neben Hölderlins Unterschrift ein N.B., ein Notabene und das genaue Datum setzte – es war der Dienstag der Karwoche 1791, der 19. April. Offenbar war ihm etwas an dem jungen Mann aufgefallen. Lavater hat den Begriff des Genies immer wieder zu definieren versucht, in den «Physiognomischen Fragmenten» nennt er es einmal den «Quellgeist». In der Gestalt des jungen Hölderlin ist dieser vor ihm gestanden, vielleicht hat er es gespürt.

In der Rückschau dieser Reise entstand in Tübingen das Gedicht «Kanton Schweiz», womit Hölderlin den Kanton Schwyz meinte. Es ist ein Gedicht in Hexametern, die sehr locker gehandhabt werden, wodurch sie sich in gewisser Weise bereits dem freien Vers des späteren Hölderlin annähern. Sie stehen damit im Gegensatz zu den in Tübingen entstandenen Hymnen in Reimversen, die stark dem Vorbild Schillers verpflichtet sind und deren Titel: «Hymne an die Menschheit, an die Freiheit, an den Genius der Jugend, an den Genius Griechenlands» zwar den hohen Idealismus des jungen Dichters verraten, aber in ihrem rhetorischen Schwung und ihrer grossen Geste auch etwas überinstrumentiert scheinen.

Das Gedicht «Kanton Schweiz» lebt von intensiven, aber stilleren Farben in der Schilderung der Natur, das Heroische ist gedämpfter. Wie Goethe, und vor diesem schon Klopstock, sind auch Hölderlin und seine Freunde auf dem Zürichsee gefahren: «Wie brannte die Wange süss von Morgendüften gekühlt, als unter Gesängen Zürich den Scheidenden schwand im sanfthingleitenden Boote!» Der Rheinfall wird erwähnt, Hölderlin nennt ihn den «donnernden Rheinsturz», auch Einsiedeln und der Vierwaldstättersee, und als sich den Wanderern über die verschneiten Matten die Wolken entgegenwälzten, glaubt sich Hölderlin in die Welt des Ossian versetzt. Der Gedanke an die «allheilige Einfalt» erscheint schon hier, verwandt der «heiligen Unschuld», der Hölderlin während seines Aufenthaltes in Hauptwil seine Ode «Unter den Alpen gesungen» widmen wird: «Arkadiens Friede, köstlicher Unbekannter, und du, allheilige Einfalt, wie so anders blüht in eurem Strahle die Freude.»

Aber im Enthusiasmus unterlaufen dem jugendlichen Verfasser auch eine ganze Reihe sentimentaler Gemeinplätze und Nachempfundenes im Stile der Zeit. Da «schäumen die Becher im Jubelklang», da wird die schlichte Berghütte als «herzerfreuend» geschildert, da «wallen die drei Jünglinge in frommer seliger Stille». Und wenn es von den jungen Wanderern heisst: «Sie kosteten lächelnd auf dem Pfade des Sauerklees und erfrischender Ampfer», wird die hohe edle Absicht endgültig durchkreuzt, und das ganze gerät gefährlich in die Nähe unfreiwilliger Komik.

Aber dazwischen stehen bereits sehr starke persönliche Bilder, die über das Konventionelle durchaus hinausgehen. Wie die folgende Passage, in der sich auf wundersame Weise zwei Bewegungen überschneiden und so die Betroffenheit der jungen Wanderer angesichts der Gebirge ausdrücken:

«Und der Wolken Hülle zerriss, und im ehernen Panzer
Kam die Riesin heran, die majestätische Mythen.
Staunend wandelten wir vorüber.» –

Am Ende seines Gedichtes gedenkt Hölderlin der Kämpfer für die Schweizer Freiheit und hofft auf den Tag, an dem sich seine Scham über die eigene Tatenlosigkeit in die «erfreuende Tat» verwandeln wird. Diese sah Hölderlin jedoch nicht in revolutionären Kämpfen, sondern in seinem «Dichterberuf».

Als es später zu einer Annäherung zwischen Hölderlin und seinem Idol Schiller kam, hat dieser ihm zwar geholfen, mit dem «Hyperion» bei Cotta unterzukommen, auch veröffentlichte er Passagen aus dem Roman in der «Thalia». Aber er hatte nicht genügend Geduld mit ihm und hat ihn wohl auch nicht eigentlich begriffen. Auf seinen Hilferuf nach der Rückkehr aus der Schweiz, als Hölderlin ihn wegen einer Stelle in Jena um Vermittlung bat, hat er nicht geantwortet.

Missverstehen, mangelndes Interesse auch auf seiten Goethes, oder doch wohl eher ein ganz entschiedenes Ablehnen dieser Welt des Glühens, deren Gefahren Goethe nur zu gut selbst kannte und die er ganz bewusst hinter sich gelassen hatte, um der Mässigung und der Vernunft willen.

Goethe, der Hölderlin empfahl, «kleine Gedichte» zu machen und zu jedem einen menschlich interessanten Stoff zu wählen. Schiller hatte Goethe, ohne den Namen des Verfassers zu nennen, aber mit dem Zusatz: «Über Produkte in dieser Manier habe ich kein Urteil», zwei grosse Gedichte Hölderlins geschickt, so Bedeutendes wie «An den Äther» und «Der Wanderer». Waren diese nicht menschlich anrührend? Sie waren ausserordentlich subjektiv und benannten die Extreme, die der Verfasser auszuhalten hatte – die afrikanisch dürren Wüsten, auf die vom Olymp Feuer herabregnete, und den Eispol, das starrende Chaos, von denen das Gedicht «Der Wanderer» eindringlich spricht.

Wie konnten sie beide wissen, dass der Dichter damit die Gegensätze schilderte, die sein Leben zerrissen? Es ist möglich, dass sie beide gespürt haben, dass dem jungen Menschen nicht eigentlich zu helfen war, dass man ihm seine Substanz raubte, wenn man ihm seine geniale Einseitigkeit, seinen «Wahnsinn» nahm, der in solch sanfter äusserer Gestalt einherging, und ihm darum etwas hilflos «kleine Gedichte» empfahlen. Danach war in ihrer Korrespondenz von Hölderlin nicht mehr die Rede.

Goethe war überzeugt, man könne sich nur in der Reaktion auf die Umwelt erkennen, und Schiller gab zu bedenken: «Ich würde ihn nicht aufgeben, wenn ich nur eine Möglichkeit wüsste, ihn aus seiner eigenen Gesellschaft zu bringen und einem wohltätigen und fortdauernden Einfluss von Aussen zu öffnen.» Sie hatten beide recht, in gewisser Weise, und wüsste man nicht, um wen es sich dabei handelt, erschiene ihre Korrespondenz über den jungen Dichter wohlwollend, voll guter Absichten. Da dieser Dichter aber Friedrich Hölderlin ist, wirkt sie erschreckend und für diesen beleidigend. Er tat in der Folge denn auch genau das Gegenteil von dem, was man ihm empfahl.

Aber je weniger Resonanz Hölderlin von seiner Umwelt erfuhr, desto konsequenter lieferte er sich dem absoluten Anspruch seiner

Dichtung aus und legte ihn als Massstab auch an sein Leben an. Der erste Brief an Christian Landauer aus Hauptwil ist ein Zeichen dieser Selbstbesinnung Hölderlins. Er wirkt nicht euphorisch, sondern ausserordentlich klar und einsichtig, und ist dabei von einem, jeglicher Überheblichkeit freien Selbstwertgefühl.

«Theurer Freund!», schreibt Hölderlin an Landauer, «Ich habe mich lange mit Täuschungen getragen, die anderen und mir zur Last, und vor dem Herrn des Lebens und vor meinem Schutzgeist eine Schande gewesen sind. Ich meinte immer, um im Frieden mit der Welt zu leben, um die Menschen zu lieben, und die heilige Natur mit wahren Augen anzusehen, müsse ich mich beugen, und, um anderen etwas zu sein, die eigene Freiheit verlieren. Ich fühl es endlich, nur in ganzer Kraft ist ganze Liebe, es hat mich überrascht, in Augenblicken wo ich völlig rein und frei mich umsah. Je sicherer der Mensch in sich und je gesammelter in seinem Leben er ist, und je leichter er sich aus untergeordneten Stimmungen in die Eigentliche wieder zurückschwingt, um so heller und umfassender muss sein Auge sein.»

Mit der gleichen Luzidität, und daher merklich nüchterner, sieht Hölderlin nun auch die Menschen, in deren Umgebung er lebt:

«Sie sind, nach meinem kältesten Urteil, gerade das, was ich erwarten mochte, solche gründliche Menschen, die gerade so viel Anteil nehmen an Fremdem, als es ihr Herz nicht schwächt und als die Teilnahme und Geselligkeit noch ungezwungen und wahr bleibt. Eben darum seid Ihr ja mir unvergesslich, und ich werde die besten Stunden, die ich hier in Gesellschaft lebe, an Euch gemahnt.» Man spürt eine leichte Enttäuschung, aber das Hochgefühl über den eben beschlossenen Frieden trägt Hölderlin über sie hinweg, und er sieht nach Krieg und Revolutionen «eine schönere Geselligkeit als nur die ehernbürgerliche reifen».

Aber Hölderlin spricht in seinem ersten Brief an Landauer auch von der Natur, und zwar auf eine ganz andere Weise als in seinem Brief an die Schwester – die Alpen, in deren Angesicht er lebt, erscheinen darin bereits transponiert in mythischer Gestalt, so wie sie in seiner Dichtung wiederkehren werden:

«Vor den Alpen, die in der Entfernung von einigen Stunden hieherum sind, stehe ich immer noch betroffen, ich habe wirklich einen solchen Eindruck nie erfahren, sie sind, wie eine wunderbare Sage aus der Heldenjugend unserer Mutter Erde, und mahnen an das bildende Chaos, indess sie niedersehn in ihrer Ruhe, und über ihrem

Schnee in hellerem Blau die Sonne und die Sterne bei Tag und Nacht erglänzen.»

Und er fügt hinzu, dies sei der erste Frühling seit drei Jahren, den er mit freier Seele geniesse. Mit dem Frieden von Lunéville, so hofft Hölderlin, hätten die politischen Verhältnisse und Missverhältnisse ihre überwichtige Rolle ausgespielt: «Am Ende ist doch wahr, je weniger der Mensch vom Staat erfährt und weiss – die Form sei wie sie will, desto freier ist er.» Das sind überraschende Worte von einem, dem es in vielen seiner Gedichte ernst gewesen war mit vaterländischer Begeisterung.

Beunruhigend wirkt dagegen bereits eine Passage in einem zweiten, kurzen Brief an Landauer: «Ich bin hier mit dem Posten noch nicht bekannt. Überhaupt ist's seit ein paar Wochen ein wenig bunt in meinem Kopfe.» Dieser zweite Brief wurde im März geschrieben, Hölderlin lebte also bereits seit über zwei Monaten in Hauptwil. Nur gegenüber dem Freund in Stuttgart sprach er während dieser Zeit ganz offen von den Extremen seiner Natur, mit denen er leben musste:

«O! Du weisst es, Du siehest mir in die Seele, dass es mich oft um so mächtiger wieder überfällt, je länger ich's mir verschwiegen habe, dies, dass ich ein Herz habe in mir, und doch nicht sehe wozu? mich niemand mitteilen, hier vollends niemand mich äussern kann . . . Sag mir's, ist Segen oder Fluch, dies Einsamsein, zu dem ich durch meine Natur bestimmt bin.»

Die ersehnte, gefundene Ruhe der Distanz hatte sich längst wieder in Einsamkeit, in Fremdsein verwandelt, und Hölderlin sehnte sich aus höflichem Abstand zurück nach Liebe und freundschaftlicher Nähe. Er bat Landauer, wenn er nach Frankfurt zur Messe fahre, an ihn zu denken – demnach wusste Christian Landauer also von Hölderlins Liebe zu Susette Gontard.

Dass aber auch Anton von Gonzenbach sich Rechenschaft über die seelischen Schwankungen des Hofmeisters seiner Töchter ablegte, steht zu vermuten. Besonders da, wie bereits erwähnt, sein Schwager Develay unter starken psychischen Störungen gelitten hatte. Das ist eine Hypothese, doch hat sie viel Wahrscheinlichkeit für sich. Es ist möglich, dass das Befremden über den Gemütszustand Hölderlins der eigentliche Grund für seine vorzeitige Entlassung gewesen ist, auch wenn in Gonzenbachs taktvollem Schreiben nichts darauf hinweist.

Der letzte Brief Hölderlins aus Hauptwil galt dem Stiefbruder Karl Gock. Er ist der ausführlichste seiner Briefe aus der Schweiz und setzt sich mit grosser Vehemenz mit dem Glauben auseinander, ein offenbar vordringliches Thema zwischen den Brüdern. Zugleich möchte Hölderlin mit diesem Brief sein «Bündnis mit dem geliebten Bruder», wie er schreibt, neu knüpfen und gibt seinen eigenen Zweifeln die Schuld an einer gewissen Entfremdung zwischen ihnen.

«Aber ein Unglaube an die ewige Liebe hatte sich meiner bemächtigt. Ich sollte auch dahin geraten in diesen furchtbaren Aberglauben an das, was eben Zeichen der Seele und Liebe, aber so missverstanden ihr Tod ist», schreibt Hölderlin. «Was wir sonst zusammen dachten, denke ich noch, nur angewandter! Alles unendliche Einigkeit, aber in diesem Allen ein vorzüglich Einiges und Einigendes das, an sich, kein Ich ist, und dieses sei uns Gott!»

Hier, «unter den silbernen Alpen», beschäftige ihn die Religion in ganz besonderer Weise. Wann hätte sie Hölderlin nicht beschäftigt, auch wenn er versuchte, sich der Kirchenbehörde zu entziehen und es vorzog, «zu dichten und denken».

«A Deo principio», der Anfang ist von Gott – unter dieses Motto stellte Hölderlin seinen Brief, und er tat es mit einer Intensität, als gälte es, den Bruder zu bekehren: «Wer dieses versteht und hält, ja bei dem Leben des Lebens! der ist frei und kräftig und freudig, und alles Umgekehrte ist Chimäre und zergeht insoferne in Nichts».

Am 11. April 1801 erhielt Hölderlin gänzlich unerwartet ein Kündigungsschreiben von der Hand Anton von Gonzenbachs. Die zwei Knaben, die Hölderlin neben den Töchtern Gonzenbachs hätte unterrichten sollen, es handelte sich um die Söhne seines Schwagers Develay, seien anderweitig untergebracht worden und damit entfiele der eigentliche Grund seiner Verpflichtung. Auf seinen Wunsch hin erhielt Hölderlin ein Zeugnis, das unverbindlich im Positiven gehalten war und von «ununterbrochener Zufriedenheit» spricht.

Er scheint erleichtert gewesen zu sein. Es gibt in Hölderlins Schweizer Zeit keine «Begegnungen», keine Auseinandersetzung mit Bodmer, wie für den jungen Wieland, keinen «Cercle de Coppet» wie für August Wilhelm von Schlegel. Und schon gar nicht die überall sich öffnenden Türen, wie für Goethe. Hölderlin verliess Hauptwil so, wie er gekommen war. Man stellt sich ihn nicht anders vor, als im Gespräch mit seinem grossen Gegenüber, den Alpen.

Die Menschen, bei denen er lebte, bleiben im Verhältnis dazu fast anonym.

Heimkehr und Heimat, sie besitzen einen besonders sehnsüchtigen Klang bei Hölderlin, den Klang des letztlich Unerreichbaren. Nicht Nürtingen, wohin er nun aufbrach, war die Heimat und auch die Mutter nicht, die sich um ihn sorgte und die ihm aus ihrer bürgerlichen Gedankenwelt heraus dorthin nicht zu folgen vermochte, wo offenbar sein Platz war – was ihr nicht vorzuwerfen ist. Heimat, das war für Hölderlin eine Idee, war die Heimat an sich, war allenfalls noch die Natur und die wenigen Wahlverwandten, die Freunde und das Gespräch mit ihnen. Als konkreter Ort war sie für ihn nicht existent.

Der ausserordentlich freudige Ton der Elegie «Heimkunft», die als erstes Gedicht nach seiner Rückkehr nach Süddeutschland entstanden ist, weist darauf hin, dass Hölderlin glücklich und unbeschwert seine Reise angetreten hat. Das Gedicht reflektiert mit grosser Anschaulichkeit Eindrücke seines Aufenthalts in der Schweiz und beginnt mit einer Beschreibung der Morgendämmerung im Gebirge. Besonders suggestiv ist dabei das Bild der «Wolke, die Freudiges dichtet»:

«Drinn in den Alpen ists noch helle Nacht und die Wolke,
Freudiges dichtend, sie deckt drinnen das gähnen des Tal.
Dahin, dorthin toset und stürzt die scherzende Bergluft,
Schroff durch Tannen herab glänzet und schwindet ein Strahl.»

Aber es gibt in dieser ersten Strophe eine ganze Fülle weiterer Naturbezüge: das Dörflein, «das furchtlos, Hohem vertraut, in der Tiefe unter den Gipfeln hinaufschaut», und die alten Wasserquellen, «die wie Blitze fallen, der Grund unter den Stürzenden dampft, Echo tönet umher, und die unermessliche Werkstatt reget bei Tag und bei Nacht, gaben versendend, den Arm». Bilder, die in dem Gegensatz zwischen dem Grossartigen und dem Traulichen mit Sicherheit das Spezifische der Schweizer Gebirgslandschaft erfassen, ohne sich im Pittoresken zu verlieren. Ganz im Gegenteil, sie erheben das Spezifische ins Allgemeine. Am Ende der 1. Strophe heisst es:

«Doch merket die Zeit der Gewittervogel und zwischen
Bergen, hoch in der Luft, weilt er und rufet den Tag.»

Das Bild des «Gewittervogels», des Adlers, «der die Zeit merket», erlaubt, ebenso wie die spätere Erwähnung des «heiligen Friedens» den Schluss, dass das «Tagen» in den Tälern der Alpen auch im Zusammenhang mit dem Frieden von Lunéville verstanden werden darf, als Sinnbild der Erneuerung. (Bernhard Böschenstein)

Hölderlin wanderte also zurück nach Nürtingen, und falls andere Gründe als die in Gonzenbachs Kündigungsschreiben angegebenen zu seiner Entlassung geführt hatten, war er sich dessen nicht bewusst. Er berührte Lindau, das Gedicht «Heimkunft» spricht vom Lauf des Rheins. Es ist bezeichnend, dass wir über Hölderlins Reiseroute nichts Bestimmtes wissen und aus seiner Dichtung auf sie schliessen müssen.

In einem Brief an Immanuel Niethammer vom 23. 6. 1801 hat er später die Monate in Hauptwil als eine «wenig glückliche Zeit» bezeichnet – aber das lag nicht an der Schweiz, sondern, wie Hölderlin erläutert, an seiner Stellung als Hofmeister. «Die Tätigkeit eines Erziehers, die sich mir anbot und die ich ausgeübt habe, erschien mir nur darum als erstrebenswert, weil das tägliche Leben mit den Kindern, die meiner Obhut anvertraut waren, es möglich machte, ihre geistige Entwicklung von innen her zu befördern und durch den täglichen Unterricht, den ich ihnen gab, in ihnen das Bewusstsein zu erwecken, dass sie eines Tages auf dem Wege der Bildung allein fortschreiten müssen. Aber die wechselnden Verhältnisse, in denen sich das Leben eines Hofmeisters abspielt, waren weder meiner Natur, noch meinem Lebensplan adäquat, und so war es immer mein Bestreben, danach eine Zeit der Independenz folgen zu lassen.» Hölderlins Brief zeigt, dass für ihn das Pädagogische keineswegs nur Zwang, sondern auch ein Anliegen gewesen ist.

Im gleichen Brief teilt er Niethammer seine Absicht mit, nach Jena zu gehen, um dort «sein Wissen über griechische Literatur in Vorlesungen nützlich zu machen». Aber in Jena hatte man keine Verwendung für ihn.

Eine Zeit der ganz grossen Gedichte lag vor Hölderlin. Nach dem Vorbild Pindars entstehen in einem Prozess schöpferischer Anverwandlung die späten Hymnen und Hymnenfragmente. Sie sind das Werk eines nur 31–35jährigen und wurden in den knapp fünf Jahren geschrieben, die Hölderlin nach seiner Zeit in Hauptwil verblieben sind. Sie wirken fremd im Umfeld ihrer Zeit und finden, wenn überhaupt, erst im 20. Jahrhundert eine Entsprechung in den

«Duineser Elegien» Rilkes. Eigenwilligkeiten des Satzbaus, ständige Rück- und Vorausbezüge bewirken eine Aufhebung des Zeitgefühls, eine Empfindung des Unendlichen.

Trotz ihrer einzigartigen sprachlichen Schönheit, trotz der Fülle ihrer Bilder besitzt Hölderlins Dichtung nichts Dekoratives, keine selbstgefällige Pose, sie lässt sich nicht ästhetisch geniessen. Ihrer Lauterkeit gegenüber bedarf es einer sehr wachen Lektüre. In Form und Inhalt wirken diese Dichtungen heute ebenso neuartig wie zur Zeit iher Entstehung. Durch eine Rückschau in die Welt der Antike und einer gleichzeitigen Begegnung mit Christus, als deren Vollender dieser erscheint, wird Hölderlin zum Stifter eines Mythos, der eine neue, bessere Gegenwart zu schaffen versucht. In einer Zeit, die Hölderlin als eine «kulturelle Nacht» empfindet, will er an die Gedankenwelt der Vergangenheit erinnern, um sie dem Vergessenwerden zu entreissen, und verbindet sie mit dem Entwurf einer utopischen Zukunft. Man wird sich verwundert bewusst, dass er damit *seine* Zeit, die Zeit der Klassik meinte, die uns heute als Epoche einer Hochblüte erscheint.

«Schöne Welt, wo bist Du?» – fragt auch Schiller in seinem Gedicht «Die Götter Griechenlands». Aber im Vergleich dazu ist der Mythos bei Hölderlin keine Allegorie und auch keine poetische Zutat. Für ihn sind die Götter erlebte, geglaubte Wirklichkeit und sein Naturgefühl ein von ihnen bevölkerter Pantheismus.

Dem Bild der Alpen begegnen wir in Hölderlins späterer Dichtung immer wieder. Die Hymne «Der Rhein» dürfte zumindest noch in Hauptwil entworfen worden sein, dafür spricht ihr Anfang, dessen Metapher von den «Treppen des Alpengebirges» mit einer Briefstelle an die Schwester korrespondiert.

«Im dunklen Efeu sass ich, an der Pforte
Des Waldes, eben da der goldene Mittag,
Den Quell besuchend, herunterkam
Von Treppen des Alpengebirgs,
Das mir die göttlichgebaute,
Die Burg der Himmlischen heisst,
Nach alter Meinung wo aber
Geheim noch manches entschieden
Zu Menschen gelanget;»

Wenn Hölderlin die Alpen die Burg der Himmlischen nennt, «nach alter Meinung», so ist das weniger eine Hypothese, als dass er ausspricht, was uns alle bei ihrem Anblick bewegt. Es ist, man kommt um das Wort nicht herum, das Erhabene, ein Element, das auch für die deutsche Musik besonders charakteristisch ist und das man nur sehr vage mit dem Begriff der Tiefe umschreiben kann. Tiefe und Höhe werden austauschbar. Hölderlin scheint ein Kind dieser Sphäre zu sein, von der er mit selbstverständlicher Berufung spricht.

An anderer Stelle der «Rheinhymne» ist vom Ursprung des Rheins die Rede: Hölderlin schildert, wie «drinn im Gebirg, tief unter den silbernen Gipfeln und unter fröhlichem Grün, wo die Wälder schauernd zu ihm, und der Felsen Häupter übereinander hinabschaun», der Rhein «im kältesten Abgrund» entspringt. Dieses Entspringen ist für Hölderlin von kühnem mythischen Charakter. In der 10. Strophe der Rheinhymne setzt Hölderlin dem von ihm verehrten Rousseau ein Denkmal, indem er ihn, entsprechend der Rousseau-Idealisierung seiner Zeit, unter die Halbgötter versetzt. Dabei erinnert sich Hölderlin des Bielersees, wo Rousseau auf dem Refugium der Petersinsel seinen «Rêveries du promeneur solitaire» nachhing.

Auch in der Hymne «Die Wanderung» werden die Alpen angesprochen, und dabei wird die Schweiz im Frühling mit Namen genannt:

«Und Bäume genug, weissblühend und rötlich,
Und dunklere, wild, tiefgrünenden Laubs voll
Und Alpengebirg der Schweiz auch überschattet
Benachbartes dich; denn nah dem Herde des Hauses
Wohnst Du, und hörst, wie drinnen
Aus silbernen Opferschalen
Der Quell rauscht, ausgeschüttet
Vor reinen Händen, wenn berührt
Von warmen Strahlen
Krystallenes Eis und umgestürzt
Vom leichtanregenden Lichte
Der schneeige Gipfel übergiesst die Erde
Mit reinestem Wasser.»

Auch das Bild der Schneeschmelze, mit besonderer Frische gezeichnet, verwandelt sich in Hölderlins Worten ins Mythische. Das

Absolute, Reine, die dünne Luft der Alpen, sie waren Hölderlin etwas durchaus Verwandtes. Er erkannte die Alpen sozusagen wieder in ihrer «Ruhe, aus der sie niedersehen» aber auch in dem Urzeitlichen, das sie umgibt, dem «bildenden Chaos».

Aber während Goethe bei aller Betroffenheit von der Natur auf seiner zweiten und dritten Schweizerreise ganz bewusst den realen Grund suchte, auf dem er gehen konnte, und sich durch die Beschäftigung mit den Naturwissenschaften noch tiefer in ihm verankerte, erlebte Hölderlin die Alpen als eine Welt ohne Materie, in dem immer stärkeren Wunsch der Entgrenzung. Und doch hat sich auch er immer wieder gegen dieses Gefühl gewehrt und versucht, sich mit Worten der Vernunft dagegen abzusichern: «Vorwärts aber und rückwärts wollen wir nicht sehn, uns wiegen lassen, wie auf schwankem Kahne der See.» So beantwortet er selbst in seiner Hymne «Mnemosyne» die Worte: «Und immer ins Ungebundene geht eine Sehnsucht.» Ja, er geht in einem Brief an Böhlendorff so weit, Homer dafür zu loben, «dass er die Junonische Nüchternheit für sein Apollonsreich erbeutet und so wahrhaft das Fremde sich angeeignet habe.»

In einem Fragment aus der Zeit der «Mnemosyne» erscheinen die Alpen in einer grossartigen Vision der Schöpfung:

«Wenn aber die Himmlischen haben gebaut, still ist es
Auf Erden, und wohlgestalt stehen
Die betroffenen Berge, gezeichnet
Sind ihre Stirn. Denn es traf
Sie . . . des Gottes bebender Strahl
Und wohl duftet gelöscht von oben der Aufruhr.»

Und in der Hand des Schöpfers überfliegen die Dichter, die Propheten, die Alpen, geklammert an die Schwingen des Adlers. Hölderlins Visionen erinnern an die Aquarelle seines Zeitgenossen William Blake, die sich dem Religiösen auf ähnlich bestürzende, unkonventionelle Weise nähern.

Auch zu Beginn der dem Landgrafen von Hessen gewidmeten Hymne «Patmos» ist noch einmal von den Alpen die Rede. Dabei scheint sie der Dichter wie aus der Vogelschau zu überblicken. Sein Gedankenflug führt ihn fort bis nach Kleinasien, nach Patmos, zur Insel der Offenbarung des Johannes. Die ausserordentliche Gedankenfülle der Hymne kündigt sich in ihrer ersten Strophe an:

«Nah ist
Und schwer zu fassen der Gott.
Wo aber Gefahr ist, wächst
Das Rettende auch.
Im Finstern wohnen
Die Adler und furchtlos gehen
Die Söhne der Alpen über den Abgrund weg
Auf leichtgebaueten Brücken.
Drum, da gehäuft sind rings
Die Gipfel der Zeit, und die liebsten
Nah wohnen, ermattend auf
Getrenntesten Bergen,
So gibt unschuldig Wasser,
O Fittige gib uns, treuesten Sinn
Hinüberzugehen und wiederzukehren.»

Und noch in den rätselhaften Ruinenfeldern der späten Entwürfe, Skizzen und Fragmente begegnet man dem Bild der «sichergebaueten Alpen», oft fast ohne Zusammenhang, wie vergessenem Geröll, das Ketten von Gedankenverbindungen auslöst, wenn man darüber stolpert. Wo in einem Entwurf, «Griechenland», das «Saumross über den Gotthard tastet» und wo Treppen am Ende nur noch angelehnt sind «an der Schule Blau», wie es im gleichen Bruchstück heisst. Bis alles austauschbar wird, Frankreich mit Schwaben und die Schweiz mit Griechenland.

Das 20. Jahrhundert misstraut dem Vollkommenen, dem Klassischen. Ihm flösst das Rätselhafte, das Fragmentarische, dessen Fehlstellen man selbst ergänzen muss, grösseres Vertrauen ein, es empfindet Hölderlin endlich als Zeitgenossen.

Wenn man sich vergegenwärtigt, welchen Weg dieser Mensch, geboren in der Enge des schwäbischen Pietismus, zurückgelegt hat bis zur letzten Erschöpfung, als er selbst in den Fernen des von ihm geschaffenen Mythos verschwand, schwindelt es einem vor den Höhen aber auch vor der Einsamkeit dieser Existenz. Dass Hölderlins Gestalt bei aller Tragik so viel Helligkeit besitzt, macht die Lauterkeit seiner Dichtung. Sie hat sich losgelöst von dem Schatten, der noch lange Jahre im Tübinger Turm gelebt hat und hin und wieder seine schlichten und beruhigten Gedichte schrieb, von denen er manche mit Scardanelli unterzeichnete.

Heinrich von Kleist in Bern und Thun

Enttäuscht hatte Heinrich von Kleist im November 1801 Paris verlassen. Die gesellschaftlichen Verhältnisse, die er in der französischen Hauptstadt unter dem Ersten Konsul Napoleon Bonaparte angetroffen hatte, waren ihm wie ein Verrat an den Ideen Rousseaus erschienen. Der Aufstieg der Bourgeoisie zum Geldadel widerte ihn an als Zeichen eines unverschämten Materialismus. Er hatte kein Verständnis für die Lebenslust der Metropole und sah mit Verachtung, wie die Bevölkerung den 14. Juli feierte, ohne sich – wie er meinte – «der Göttergaben Freiheit und Frieden zu erinnern».

Er war nach Paris gekommen, um zu studieren. Aber seit seiner Begegnung mit der Philosophie Kants misstraute er den Wissenschaften, und ihre immer grössere Spezialisierung, so wie er sie hier beobachten konnte, erschien ihm als der Grund allen Übels. Schon kurz nach seiner Ankunft in der Seine-Stadt, am 29. Juli 1801, schrieb er einen Brief der heftigsten Ablehnung an seine Freundin Adolphine von Werdeck: «Ja, wenn wir den ganzen Zusammenhang der Dinge einsehen könnten! Aber ist nicht der Anfang und das Ende jeder Wissenschaft in Dunkel gehüllt? Oder soll ich alle diese Fähigkeiten und alle diese Kräfte und dieses ganze Leben nur dazu anwenden, eine Insektengattung kennenzulernen, oder einer Pflanze ihren Platz in der Reihe der Dinge anzuweisen? Ach, mich ekelt vor dieser Einseitigkeit!» Die Folge davon war, dass Kleist auf sein Studium verzichtete und beschloss, in der Schweiz ein «nur von dem Willen der Natur» diktiertes Leben als Bauer zu führen.

Sein Schweizer Aufenthalt wurde jedoch keineswegs nur zu einer anachronistischen, pastoralen Idylle, sondern brachte Kleist wesentlich mehr – die endgültige Bestätigung seiner Berufung zum Dramatiker. In Thun vollendete er «Die Familie Schroffenstein», ein literarischer Abend unter Freunden in Bern gab den Anstoss zu seinem Lustspiel «Der zerbrochene Krug». Von zentraler Bedeutung aber für Kleists Schweizer Zeit wurde die Arbeit an seinem Trauerspiel «Robert Guiskard», dessen Entstehung mit ebenso masslosen Hoffnungen wie Enttäuschungen verbunden war, dass sie schliesslich zu einer existentiellen Lebenskrise führte.

Begonnen wurde die Niederschrift des «Robert Guiskard» allerdings unter denkbar glücklichen Umständen. Als sich Kleist in seinem kleinen Haus auf der Aareinsel bei Thun eingerichtet hatte, schrieb er an seinen Freund Heinrich Zschokke: «Die Natur ist hier, wie Sie wissen, mit Geist gearbeitet, und das ist ein erfreuliches Schauspiel für einen armen Kauz aus Brandenburg, wo, wie Sie wissen, der Künstler bei der Arbeit eingeschlummert zu sein scheint.»

Es war jedoch nicht die verhältnismässige Kargheit seiner märkischen Heimat, die Heinrich von Kleist veranlasst hatte, Preussen zu verlassen, sondern vielmehr eine Folge grundsätzlicher und tiefgreifender Veränderungen in seinem Leben und Denken. Er hatte auf seine Offizierskarriere zugunsten eines bürgerlichen Berufes verzichtet und sich damit sozusagen ausserhalb seiner Kaste begeben, denn die von Kleists waren eine alte preussische Offiziersfamilie.

«Ohne die entfernten Gründe meines Entschlusses aufzusuchen, können wir sogleich bei dem verweilen, aus welchem er zunächst fliesst: bei dem Wunsche, glücklich zu sein», bekannte Kleist seinem früheren Lehrer Ernst Martini in einem Brief vom 18. 9. 1799. Es hat etwas Beklemmendes zu sehen, dass der naive Anspruch auf das Glück am Anfang dieses komplizierten Lebens steht. Kleists erster grösserer schriftstellerischer Versuch ist ein «Aufsatz, den sichern Weg des Glücks zu finden und ungestört – auch unter den grössten Drangsalen, ihn zu geniessen!» Er ist Otto August Rühle von Lilienstern gewidmet, einem Freund Kleists aus seiner Militärzeit in Potsdam, und deckt sich zum Teil mit dem bereits zitierten Brief an seinen Lehrer. Dort heisst es weiter: «Die grössten Wunder militärischer Disziplin, die der Gegenstand alles Erstaunens aller Kenner waren, wurden der Gegenstand meiner Verachtung.»

Er sei in Potsdam mehr Student als Soldat gewesen, hat Kleist später gesagt. Dabei galt sein Hauptinteresse, neben den alten Sprachen, der Mathematik und Philosophie. Mit vierzehn Jahren hatte man ihn zum Militär gesteckt – er war zweiundzwanzig Jahre alt, als er den Dienst quittierte. Da er alles, was er unternahm, kompromisslos getan hat, arbeitete er seit dem Verlassen der Armee wie ein Besessener an seiner wissenschaftlichen und künstlerischen Bildung. Man gewinnt den Eindruck, als durchstürme er das Gedankengut der vorausgegangenen Epochen in dem Bewusstsein, ein riesiges Nachholpensum aufarbeiten zu müssen. Eine ausserordentlich wichtige Rolle spielte dabei für Kleist seine Idee vom «Lebensplan»:

«Eine solche sklavische Hingebung in die Launen des Tyrannen Schicksal ist nun freilich eines freien, denkenden Menschen höchst unwürdig. Ein freier denkender Mensch bleibt da nicht stehen, wo der Zufall ihn hinstösst. Er fühlt, dass man sich über das Schicksal erheben könne ... Solange ein Mensch noch nicht imstande ist, sich selbst einen Lebensplan zu bilden, so lange ist und bleibt er unmündig», setzte Kleist im Mai 1799 seiner Stiefschwester Ulrike auseinander.

Den Sinn des Lebens, ja nichts Geringeres als die Wahrheit selbst, wollte Kleist auf diese Weise finden. Wie bitter ernst es ihm mit seiner Wahrheitssuche war, zeigt höchst eindrucksvoll ein Brief an die Schwester vom 25. 11. 1800: «Wenn Du Dein Wissen nicht nützen willst, warum strebst Du so nach Wahrheit? So fragen mich viele Menschen, aber was soll man darauf antworten? Die einzige entwort, die es darauf gibt, ist diese: *Weil es eben die Wahrheit ist.* Aber wer versteht das.» Es ist aufschlussreich für die Psyche Kleists, dass er «die Wahrheit» nicht nur rein ideell, sondern auch durch die Gesamtheit der Wissenschaften – also durch ein exaktes Medium – erfahren will. Das verrät bereits einen geradezu gefährlichen Anspruch, der Kleists Dasein zu einer ständigen und letzten Endes unerträglichen Anstrengung machte.

In einem Brief vom 30. November 1800 spricht Kleist seiner Braut gegenüber zum ersten Mal von seiner schriftstellerischen Arbeit. Feierlich bezeichnet er dabei sein Ziel als «gewiss hoch und erhaben», und nur wenige Zeilen weiter bricht er rigoros mit seiner Herkunft, die auch die ihre war. «Da dachte ich, weg mit allen Vorurteilen, weg mit dem Adel, weg mit dem Stande – *gute Menschen* wollen wir sein und uns mit der Freude begnügen, die die Natur uns schenkt.»

Ebenso systematisch wie dem eigenen Lebensplan näherte sich Kleist auch der Erziehung seiner Verlobten Wilhelmine von Zenge, die er mit pädagogischen Briefen, Hausaufgaben und Denkübungen – hinter denen man die Lektüre von Rousseaus «Emile» vermutet – förmlich drangsalierte. Kleists Exerzitien gipfelten in folgender Zumutung:

«Ich will Dir die Gattin beschreiben, die mich jetzt glücklich machen kann – und das ist die grosse Idee, die ich für Dich im Sinne habe. Das Unternehmen ist gross, aber der Zweck ist es auch ... In fünf Jahren, hoffe ich, wird das Werk fertig sein.» Wie anmassend viele seiner Briefe klangen, scheint Kleist, dieses hohe Ziel vor Augen, nicht gemerkt zu haben.

«Ich weiss nicht, liebe Wilhelmine», schreibt er ihr am 22. 3. 1801, «ob Du diese zwei Gedanken, *Wahrheit und Bildung*, mit einer solchen Heiligkeit denken kannst wie ich, das freilich würde doch nötig sein, wenn Du den Verfolg der *Geschichte meines Lebens* verstehen willst» (hinter diesem Titel verbirgt sich ein leider verlorener, bekenntnishafter Essay Kleists). Man fragt sich, wie das intelligente, ernste Mädchen – so wirkt sie jedenfalls auf einem Medaillon aus dem Jahre 1800 – die nötige Langmut ihrem Peiniger gegenüber aufbringen konnte. Aber offenbar war sie von Kleists grossem Ernst beeindruckt und gab sich Mühe, ihn nicht zu enttäuschen. Geliebt hat sie ihn, ihren Briefen an ihren späteren Ehemann nach zu urteilen, nicht.

Nach einem bereits nach drei Semestern abgebrochenen Studium in Frankfurt a.d. Oder, versuchte Kleist, sich für eine Stellung im preussischen Staatsdienst zu profilieren, um so den Verpflichtungen seiner Braut gegenüber nachkommen zu können. Aber die Erfahrungen bei einer Mission der preussischen Wirtschaftsadministration liessen Kleist bald auf eine weitere Beamtenlaufbahn verzichten. «Ja, man hat mich diese Kunst zu betrügen schon unterrichtet – nein, mein liebes Ulrikchen, das ist nichts für mich», schrieb er an seine Schwester. Die Hintergründe dieser ominösen Reise nach Würzburg sind noch ungeklärt: die Kleist-Exegeten vermuten Werkspionage, Kurierdienste oder Freimaurerei. Aber allem Anschein nach war sie zudem verbunden mit einem medizinischen Eingriff, jedenfalls macht Kleist Andeutungen dieser Art in einem Brief an seine Verlobte.

Was seiner Existenz aber mehr als alle preussische Realität den Boden entzog, war die Begegnung mit der Philosophie Kants – sie wurde für ihn zu einem Erlebnis von geradezu zerstörerischer Wirkung. Die Pfeiler seines Weltbildes gerieten ins Wanken – Wahrheit und Bildung, auf die sein «Lebensplan» mit so grosser Konsequenz aufgebaut war, erschienen ihm seit der Lektüre Kants nur noch als subjektive Spekulation. Kleist reagierte rein emotionell auf Kant und vermochte nicht, wie andere Grosse seiner Zeit, wie Goethe, Schiller oder auch Hölderlin, der fremden Gedankenwelt die eigene Subjektivität entgegenzusetzen.

In einem Gespräch mit Johann Daniel Falk hat Goethe geäussert, alle Philosophie müsse erst gelebt werden, um in der richtigen Weise erfahren und begriffen zu werden: «Die Philosophen können uns ihrerseits nichts als Lebensformen darbieten. Die strenge

Mässigkeit z. B. Kants forderte eine Philosophie, die diesen seinen Neigungen gemäss war ... Erst müssen wir in Einklang mit uns selbst sein, dass wir Disharmonien, die von aussen auf uns zudringen, wo nicht zu heben, doch wenigstens einigermassen auszugleichen imstande sind.»

Kleists Biograph Friedrich Gundolf ist der Meinung gewesen, Kleist habe Kant nur sehr oberflächlich gelesen und verstanden, und Ernst Cassirer stellt sogar die Frage, ob Kleist am Ende Fichte und nicht Kant gelesen habe. Denn im Gegensatz zu diesem untersucht Kant nur die Voraussetzungen unserer Erfahrung und stellt nicht grundsätzlich die Möglichkeit einer Erkenntnis in Frage. Nur Kleists absolute Ausrichtung auf das Ziel der Wahrheit macht verständlich, dass die Lektüre Kants für ihn von solcher Bedeutung wurde. Seiner Braut Wilhelmine von Zenge übersetzte er sein Erlebnis des «Wahrheitsschwundes» in eine Metapher:

«Wenn alle Menschen statt der Augen grüne Gläser hätten, so würden sie urteilen müssen, die Gegenstände, welche sie dadurch erblicken, *sind* grün – und nie würden sie entscheiden können, ob ihr Auge ihnen die Dinge zeigt, wie sie sind, oder ob es nicht etwas zu ihnen hinzutut, was nicht ihnen, sondern dem Auge gehört. So ist es mit dem Verstande. Wir können nicht entscheiden, ob das, was wir Wahrheit nennen, wahrhaft Wahrheit ist, oder ob es uns nur so erscheint. Ist es das letzte, so ist die Wahrheit, die wir hier sammeln, nach dem Tode nicht mehr – und alles Bestreben, ein Eigentum sich zu erwerben, das uns auch ins Grab folgt, ist vergeblich.»

Für dieses gestörte Weltbild galt es, eine neue Orientierung zu finden, und so ist auch noch Kleists Reise nach Paris in Begleitung seiner Schwester Ulrike in gewisser Weise als eine Folge seiner Kant-Krise zu verstehen. Desillusioniert klammerte sich Kleist an die Ideen Rousseaus und hoffte, einigermassen naiv, deren gesellschaftliche Verwirklichung in der Hauptstadt Frankreichs zu finden. Von Rousseaus grossem Einfluss zeugen viele Briefe Kleists aus dieser Zeit. Es wird indessen nicht nur die soziologische Doktrin gewesen sein, die ihn an dem Genfer interessierte, sondern der leidenschaftliche Mensch, der hinter diesen Ideen spürbar ist und der seiner eigenen Natur entsprach. Rousseau sei der einzige Nebenbuhler in ihrer Gunst, auf den er nie eifersüchtig sein werde, schrieb Kleist denn auch an Wilhelmine von Zenge in einem Brief, der ein Geschenk der Sämtlichen Werke Rousseaus begleitete.

Doch sein Aufenthalt in Paris wurde für Kleist zu einer so bitteren Enttäuschung, dass er beschloss, in der Schweiz einen Gutshof zu kaufen, um auf diese Weise seinen eigenen Rousseauismus verwirklichen zu können. So überzeugt war er von diesem Gedanken, dass er am 10. Oktober 1801 aus Paris an seine Braut Wilhelmine von Zenge schrieb und sie bat, ihm in die Schweiz zu folgen.

In diesem Brief brachte Kleist alle seine Wünsche auf eine Formel: unter den persischen Magiern, so schrieb er, habe es ein religiöses Gesetz gegeben – ein Mensch könne nichts der Gottheit Wohlgefälligeres tun als dieses, ein Feld zu bebauen, einen Baum zu pflanzen und ein Kind zu zeugen. Und er fügte hinzu: «Ach, Wilhelmine, welch ein unsägliches Glück mag in dem Bewusstsein liegen, seine Bestimmung ganz nach dem Willen der Natur zu erfüllen. Ruhe vor den Leidenschaften! Ach der unselige Ehrgeiz, er ist Gift für alle Freuden» – genau das sollte seine Arbeit an dem Trauerspiel «Robert Guiskard» unter Beweis stellen.

Kleists Brief enthält auch den für sein Wesen so bezeichnenden Satz: «Ich trage eine innere Vorschrift in meiner Brust, gegen welche alle äussern, und wenn sie ein König unterschrieben hätte, nichtswürdig sind. Daher fühle ich mich ganz unfähig, mich in irgendein konventionelles Verhältnis der Welt zu passen.»

Kaum geneigt, seine Braut zu beruhigen, erscheint auch eine weitere Passage aus demselben Brief. Kleist schreibt, Nahrungssorgen würden ihn nicht eigentlich ängstigen, denn durch Bücherschreiben könne er mehr verdienen, als er zum Leben brauche. Dem folgt, nicht gerade sehr logisch: «Aber Bücherschreiben für Geld – o nichts davon!»

Die Antwort liess denn auch auf sich warten. Kleist versuchte es mit einem weiteren Brief, in dem er Wilhelmine von Zenge alle Vorzüge seines Planes ausmalte und dringender wurde: ihre Zustimmung sei ihm dabei die wichtigste Voraussetzung, und er werde nichts Entscheidendes unternehmen, bevor er nicht Nachricht von ihr habe. Diesmal kam die Antwort, aber sie erreichte ihn erst eine Stunde vor seiner Abreise aus Paris. Wilhelmine hatte, und das entgegen der ausdrücklichen Bitte Kleists, ihre Eltern von seinen beunruhigenden Absichten in Kenntnis gesetzt. Sie war realistisch genug, sich Kleists Zumutung zu widersetzen. Sie fühle sich körperlich zu schwach für ein Leben, wie Kleist es sich vorstelle, schrieb sie ihm. Auch bereite ihr die Sonne Kopfweh. Das waren natürlich Ausreden, und noch dazu waren sie schlecht getarnt – Kleists Vorhaben wird ihr ganz einfach Angst gemacht haben. Und wie konnte das auch anders sein, bei einem standesgemäss erzogenen und durch ihr Leben in Berlin verwöhnten Mädchen. Wilhelmines Vater war der General August Wilhelm Hartmann von Zenge, der neue Kommandeur des in Frankfurt a.d. Oder stationierten Infanterieregiments.

Von Frankfurt am Main, wohin Kleist zusammen mit seiner Schwester von Paris aus gereist war, versuchte er es ein letztes Mal. «Doch verschweige ich alles, was mir irgend einer Überredung ähnlich sein könnte», schrieb er ihr. Dabei tat er genau das Gegenteil, denn sein Brief war dazu angetan, Wilhelmine an seine früheren erzieherischen Versuche zu erinnern, indem er sie darauf hinwies, was auf dem Wege, den er sie führen wolle, Vortreffliches vor ihr liege.

Als sie schliesslich hierauf antwortete – Kleist befand sich inzwischen längst in der Schweiz – schickte er ihr ihren Brief ungeöffnet zurück. Sie hat später, und das ist nicht ohne eine gewisse Ironie, Kants Nachfolger auf dem philosophischen Lehrstuhl in Königsberg, Wilhelm Traugott Krug, geheiratet.

In Frankfurt trennten sich die Geschwister. Ihr gemeinsamer Aufenthalt in Paris war keineswegs immer harmonisch verlaufen, und auch auf der Rückreise war es zwischen ihnen zu Differenzen gekommen. Bei aller Liebe hielten sie es nie lange miteinander aus. Ulrike reiste zurück nach Preussen, Kleist aber wanderte in Begleitung eines Freundes, des Malers Heinrich Lohse, entlang der Bergstrasse zunächst bis Heidelberg und von dort weiter nach Karlsruhe. Die geometrische, sternförmige Anlage der auf dem Reissbrett geplanten Stadt entzückte ihn, sie erschien ihm «klar und lichtvoll wie eine Regel». So eilig hatte er es, in die Schweiz zu kommen, dass er, wie er Ulrike schrieb, in Strassburg niemanden besuchte. Und selbst Erwin von Steinbachs Münster scheint Kleist, ganz im Gegensatz zu Goethe, nicht interessiert zu haben.

Von Strassburg aus wanderte er zusammen mit Heinrich Lohse durch das französische Elsass bis nach Basel, wo er am 13. Dezember 1801 anlangte. «Es war eine finstere Nacht», schreibt Kleist, «als ich in das neue Vaterland trat. Ein stiller Landregen fiel überall nieder. Ich suchte Sterne in den Wolken und dachte mancherlei! Mir war's wie ein Eintritt in ein neues Leben. – Der Schnee liegt überall auf den Bergen und die Natur sieht hier aus wie eine 80jährige Frau.»

Kleist hatte gehofft, in Basel Heinrich Zschokke wiederzusehen, den er von Deutschland her kannte. Doch zu seiner Enttäuschung erfuhr er, Zschokke habe die Stadt verlassen und lebe nun in Bern. Der junge Gelehrte war Wahlschweizer, dabei ein Landsmann von Kleist. Er hielt sich bereits seit 1795 in der Schweiz auf, war ein Freund Pestalozzis und engagierte sich leidenschaftlich für Recht und Menschlichkeit. Graubünden war für ihn zu einer zweiten Heimat geworden, und dort hatte er auch das «Seminar der Herrschaft zu Reichenau» übernommen, das unter seiner Leitung zu einer der renommierten Erziehungsanstalten der Schweiz wurde.

In den politischen Wirren um die Gründung der Helvetischen Republik übertrug man Heinrich Zschokke eine ganze Reihe verantwortungsvoller Posten: 1799 machte man ihn zum helvetischen Kommissar in dem von Aufständen gegen den französischen Besetzer zerrissenen Nidwalden, darauf zum Kommissar der drei Urkantone. 1800 wurde er Kommissar der italienischen Schweiz, schliesslich Statthalter von Basel. Als Heinrich von Kleist in die Schweiz kam, hatte Zschokke dieses Amt jedoch gerade niedergelegt. «Er hat einen guten Ruf und viele Liebe zurückgelassen», schrieb Kleist am 16. Dezember 1801 aus Basel an seine Schwester.

Dass die Schweiz von 1800 keineswegs dem Land der Freiheit entsprach, das Kleist gesucht hatte, zeigt die Fortsetzung seines Briefes: «Ach Ulrike, ein unglücklicher Geist geht durch die Schweiz. Es feinden sich die Bürger untereinander an. O Gott, wenn ich doch nicht fände, auch hier nicht fände, was ich suche, und doch notwendiger bedarf als das Leben!»

Von Basel aus reiste er mit dem Wagen über Liestal allein weiter nach Bern. Aus einem Brief Kleists an Heinrich Lohse erfahren wir, dass es zwischen ihnen unterwegs Streit gegeben hatte. Es ist ein widersprüchlicher Brief, gewunden und nicht eben sympathisch, der nicht auszusprechen scheint, was er eigentlich sagen will. Halb entschuldigt sich Kleist (»O verzeihe mir! Es ist mein töricht überspanntes Gemüt, das sich nicht an dem, was ist, sondern nur an dem, was nicht ist, erfreuen kann»), halb will er verletzen («Denn damals schien es mir süss, Dir wehe zu tun»). Aber das Zerwürfnis war nicht von langer Dauer, Kleist hat den Freund kurz darauf unter den Arkaden in Bern wiedergetroffen und rechnete danach auch weiterhin mit seiner Gesellschaft und Mithilfe bei seinem Projekt, in der Schweiz einen Hof zu bewirtschaften.

Nun, bei seiner Ankunft in Bern, begegnete Kleist Heinrich

Zschokke. Dieser hatte in der Gerechtigkeitsgasse eine Wohnung bezogen, direkt neben dem Café Italien. Heinrich Zschokke war – das zeigen seine Schriften – ein warmherziger Mensch. Er brachte Kleist sofort mit den richtigen Leuten zusammen: mit dem Verleger Heinrich Gessner, dem Sohn des Idyllendichters, der verheiratet war mit einer Tochter Christoph Martin Wielands, und mit deren Bruder Ludwig Wieland, genannt Louis. Der alte Wieland hatte ihn offenbar zu Tochter und Schwiegersohn geschickt, damit sie ihm etwas auf die Finger sahen. Auch Louis Wieland besass schriftstellerische Ambitionen, denen der berühmte Vater allerdings misstraute. Dafür aber war er begabt mit einem äusserst bizarren Mienenspiel, das einen, wie berichtet wird, auf unwiderstehliche Weise zum Lachen reizte.

Auch Pestalozzi gehörte zu Hermann Zschokkes Berner Freundeskreis. Von Pestalozzis Erziehungsmethoden scheint Kleist allerdings später ebenso wenig gehalten zu haben wie von denen Philipp Emanuel von Fellenbergs. In einem Epigramm von 1808 mit dem Titel «P . . . und F . . .» verhöhnt Kleist sehr zu Unrecht die beiden grossen Pädagogen:

«Setzet, ihr traft's mit eurerer Kunst, und erzögt uns die Jugend
Nun gross zu Männern, wie ihr: lieben Freunde, was wär's?»

Und in seinem «Allerneuesten Erziehungsplan» von 1810, der sich in dem Paradoxon gefällt, das Laster zu pädagogischen Zwecken zu empfehlen, da das Minus unweigerlich das Plus an sich ziehe, nennt Kleist Pestalozzi abschätzig «einen der Virtuosen der neuesten Erziehungskunst».

Jenen Winter in Bern habe ihm die Gesellschaft zweier junger Männer seines Alters verschönt, schreibt Heinrich Zschokke später in seinem «Lebensrückblick». Der eine sei der Sohn des berühmten Wieland gewesen, verwandter aber habe er sich dem anderen gefühlt, «wegen seines gemütlichen zuweilen schwärmerischen, träumerischen Wesens, worin sich immerdar der reinste Seelenadel offenbarte». Dieser andere war Heinrich von Kleist.

Trotz der politisch so prekären Zeiten hätte es Kleist in Bern gar nicht besser treffen können. Er war vierundzwanzig Jahre alt, aber zum ersten Mal sah er sich umgeben von Menschen, für die die Literatur den gleichen Stellenwert besass wie für ihn – ganz im Gegensatz zu seiner Zeit in Paris, wo er so gut wie ohne Kontakte und nur in Gesellschaft seiner Schwester Ulrike gelebt hatte. Man diskutierte den «Abgott» Goethe – so drückt sich Zschokke aus – aber auch moderne Autoren wie Tieck oder Schlegel und zeigte einander, was man selbst geschrieben hatte. An einem Abend unter Freunden las Kleist Proben aus seinem entstehenden Trauerspiel «Die Familie Schroffenstein», das zu diesem Zeitpunkt noch unter dem Titel «Die Familie Ghonorez» in Spanien angesiedelt war. Der Vorschlag, die Handlung in die Schweiz oder nach Schwaben zu verlegen, soll von Louis Wieland ausgegangen sein.

Einige Szenen der «Familie Ghonorez-Schroffenstein» waren offenbar schon in Paris entstanden. Dafür spricht eine Passage in einem Brief Kleists an Wilhelmine von Zenge: «Ich habe mir, da ich unter den Menschen dieser Stadt so wenig für mein Bedürfnis finde, in einsamen Stunden (denn ich gehe wenig aus) ein Ideal ausgearbeitet; aber ich begreife nicht, wie ein Dichter das Kind seiner Liebe einem so rohen Haufen, wie die Menschen sind, übergeben kann.»

Dass Kleist seine Erstgeburt trotzdem dem Freundeskreis in Bern präsentierte, beweist, dass er von ihnen anders dachte und sich hier verstanden fühlte. Aber je weiter Kleist an jenem Abend mit der Deklamation seines Trauerspiels fortfuhr, in dem die Schrecknisse aufs krasseste gehäuft sind, desto mehr überliessen sich seine Zuhörer und schliesslich auch er selbst einer unbändigen Heiterkeit, zum Lachen gereizt von der Konzentration der Greueltaten und der absurden Handlung des 5. Aktes. Den Rest besorgte das den Vortrag Kleists begleitende Grimassieren des jungen Wieland.

Als «Die Familie Schroffenstein» im Frühjahr 1803 bei der Verlagsbuchhandlung Heinrich Gessners in Bern erschien, hat Kleist seine eigene Familie geradezu vor der Lektüre des Buches gewarnt. Dagegen wies er sie auf eine Rezension hin, die am 4. März 1803 darüber im 36. Stück des «Freimütigen» erschienen war. Allerdings hat er diese fälschlicherweise Kotzebue zugeschrieben. Der tatsächliche Rezensent, Ludwig Huber, bewies mit seiner Besprechung ausserordentlichen Spürsinn:

«Eine gute Kunde hat der Freimütige heute einem jeden zu geben, der die jetzigen Konjunkturen der deutschen Literatur beherzigt – die Erscheinung eines neuen Dichters hat er zu melden, eines unbekannten, aber wirklich eines *Dichters* ... Dieses Stück ist eine Wiege des Genies, über der ich mit Zuversicht der schönen Literatur unseres Vaterlandes einen sehr bedeutenden Zuwachs weissage. Der Verfasser mag vielleicht zu den ausserordentlichen Geistern gehören, deren Entwicklung bis zu der Reife selten ohne einige Bizarrerien und Unarten abläuft.»

Und Kleist fügte, als er den Seinigen die Kritik aus dem «Freimütigen» schickte, stolz und etwas überheblich hinzu: «Ich schwöre Euch, dass ich noch viel mehr von mir weiss, als der alberne Kauz, der Kotzebue. Aber *Zeit* muss ich haben, *Zeit* muss ich haben – O Ihr Eurinnyen mit Eurer Liebe!»

Noch ein Jahr nach der Veröffentlichung, 1804 in Berlin, gab sich Heinrich von Kleist bei einer Begegnung mit Karl August Varnhagen von Ense nicht als Verfasser der «Familie Schroffenstein» zu erkennen. Aber sein drastischer Erstling hat seinen Ruhm als Dichter begründet und stempelte ihn ein für allemal zum Exzentriker. Kleists legitimes Verhältnis zum «Schrecklichen», das nicht gleichzusetzen ist mit dem «Erhabenen» der Klassik, ist von seinem ersten Schauspiel an auffällig. Eine ganze Reihe der für Kleists Dramen und Erzählungen typischen Motive erscheinen bereits hier: das Ausgesetztsein, das Verhören und Verhörtwerden, ein Hang zum Gewaltsamen, zum Katastrophalen. In immer tiefere Verstrikkung werden die handelnden Personen in der Folge eines unseligen Erbvertrages hineingetrieben. Vorurteil, Verdacht, Zweifel, Verkennen – das Gespenst des Misstrauens geht um in diesem Stück.

Aber auf dem Hintergrund von Argwohn und Sinnlosigkeit inszenieren die Kinder der verfeindeten Familien Inseln einer Idylle, hineingestellt in den Rahmen der Natur, und von ihnen ganz bewusst als Illusion erlebt. Kleist stattete diese Szenen mit Lyrismen grosser Schönheit aus, wie zum Beispiel die Worte der Agnes zu Beginn des dritten Aktes zeigen. Nicht umsonst hat Ingeborg Bachmann den Anfang dieser Passage in ihre Opfernfassung des «Prinzen von Homburg» für Hans Werner Henze übernommen:

«Deine Seele
Lag offen vor mir wie ein schönes Buch,
Das sanft zuerst den Geist ergreift, dann tief
Ihn rührt, dann unzertrennlich fest ihn hält.
Es zieht des Lebens Forderung den Leser
Zuweilen ab, denn das Gemeine will
Ein Opfer auch; doch immer kehrt er wieder
Zu dem vertrauten Geist zurück, der in
Der Göttersprache ihm die Welt erklärt,
Und kein Geheimnis ihm verbirgt als das
Geheimnis nur von seiner eignen Schönheit,
Das selbst ergründet werden muss . . .»

Bei seiner Veröffentlichung der «Hinterlassenen Schriften» Heinrich von Kleists, versuchte Ludwig Tieck 1821 die Extreme des damals fast schon wieder vergessenen Stückes auf eine «seltsame Disharmonie, eine Krankheit vielleicht im Geiste des Dichters» zurückzuführen. Kleists Trauerspiel ist jedoch vielmehr der Spiegel seiner Desillusionierung und zeigt eine Welt, in der es die Wahrheit nicht gibt – eine Welt der Hoffnungslosigkeit. Man gewinnt den Eindruck, als schlüge Kleist mit aller Gewalt um sich, um sich von der Bitterkeit dieser Erkenntnis zu befreien.

«Freilich mag
Wohl mancher sinken, weil er stark ist: Denn
Die kranke, abgestorbene Eiche steht
Dem Sturm, doch die gesunde stürzt er nieder
Weil er in ihre Kronen greifen kann.»

Mit diesen Worten Sylvesters aus dem 2. Akt nimmt Kleist einen Gedanken auf, den er bereits in einem Brief auf Paris vom 29. Juli 1801 ausgesprochen hatte: «Ach, dass wir ein Leben bedürfen, zu lernen, was der Himmel mit uns will – Wohin wird dieser schwankende Geist mich führen, der nach allem strebt, und berührt er es, gleichgültig fahren lässt. Und doch, wenn die Jugend von jedem Eindruck bewegt wird, und ein heftiger sie stürzt, so ist es nicht, weil sie keinen, sondern weil sie *starken* Widerstand leistet.»

Zu den frühen Bewunderern der «Familie Schroffenstein» gehörte die Schiller-Freundin Charlotte von Kalb. Am 16. Oktober 1803 empfahl sie das Stück Jean Paul mit den Worten:

«Das Trauerspiel habe ich gelesen, zweimal. Mit Ehrfurcht und inniger Bewunderung hielt ich das Buch. Der Dichter hat selbst den Kern gepflanzt und ihn dann zum Ganzen gerundet. Es schwebt frei wie eine Montgolfière; das zweite schönste Paradies ist da und auch die Hölle, Sinnlichkeit, Eigennutz und Misstrauen.» Die Folge davon war, dass Kleists Drama in Jean Pauls «Vorschule der Ästhetik» zu ersten literaturkritischen Ehren kam. Zusammen mit Werken von Novalis und Zacharias Werner wird «Die Familie Schroffenstein» dort allerdings sehr wenig adäquat und blumig als «Sternchen, teils rote Wolken teils Tautropfen eines schönen poetischen Morgens» begrüsst.

Kleist selbst hat «Die Familie Schroffenstein» eine «elende Scharteke» genannt, aber dass sie mehr ist, als nur ein Schauerstück, ist offensichtlich. Durch die Einsamkeit und die Neurosen seiner Gestalten, durch den Zweifel an der Möglichkeit einer absoluten Wahrheit, weist Kleists Trauerspiel voraus in das 20. Jahrhundert. Die «Familie Schroffenstein» hat denn auch in unserer Zeit eine gewaltige Aufwertung erfahren, die im Interesse am Aufdecken von Psychosen begründet sein mag. Dass ihr Schöpfer seinen dramatischen Erstling so lange verleugnete, zeigt, dass er sich dessen Mängel, des Exaltierten, Überlauten, bisweilen Grotesken durchaus bewusst war, das ihn, bei allen Qualitäten, von seinen späteren Dramen trennt.

Ein weiterer literarischer Abend in Zschokkes Wohnung in der Gerechtigkeitsgasse lieferte den Anlass zu einem poetischen Wettkampf unter Freunden. In seiner «Selbstschau» erzählt Heinrich Zschokke: «In meinem Zimmer hing ein französischer Kupferstich, «La cruche cassée». In den Figuren desselben glaubten wir ein trauriges Liebespäärchen, eine keifende Mutter und einen zerbrochenen Majolikakrug und einen grossnasigen Richter zu erkennen. Für Wieland sollte dies Angabe für eine Satire, für Kleist zu einem Lustspiele, für mich zu einer Erzählung werden. Kleists «Zerbrochener Krug» hat den Sieg davongetragen.»

Sehr wahrscheinlich hat Kleist damals in der Schweiz nicht mehr als eine dramatische Skizze seines Lustspiels ausgearbeitet. Wieder aufgenommen hat er den Plan bei seiner Rückkehr nach Deutschland, 1803 in Dresden, angeregt durch seinen Freund Ernst von Pfuel. Vollendet wurde «Der zerbrochene Krug» erst 1806 in Königsberg. Er ist ein beunruhigendes, etwas hinterhältiges Lustspiel und endet in einer absurden Situation – der Schuldige verhört die Schuldlosen.

Die literarische Geselligkeit in Bern hielt Kleist nicht davon ab, seine ursprüngliche Absicht, derentwegen er in die Schweiz gekommen war, weiterzuverfolgen. Wie ernst es ihm mit seinen Plänen war, zeigt ein Brief an Ulrike von Kleist vom 12. Januar 1802 aus Bern. Darin berichtete er der Schwester, er habe sich mehrfach nach Gütern umgesehen, die zum Verkauf stünden. Der unsicheren politischen Umstände wegen seien die Preise auf dem Grundstücksmarkt im Augenblick besonders günstig. Heinrich Zschokke, der inzwischen Regierungs-Statthalter in Bern geworden sei, habe ihm versprochen, er könne ihm gegebenenfalls zum Schweizer Bürgerrecht verhelfen.

Auf seinen Überlandfahrten unterhielt sich Kleist, so oft er dazu Gelegenheit hatte, mit den Landleuten, «um Nützliches und Gescheutes aus ihnen herauszulocken». Was ihn am meisten interessierte, war ein etwas verfallenes Gut am Thunersee. Besonders sympathisch erschien ihm dabei der Gedanke – so vernünftig war er immerhin –, dass es der bisherige Besitzer ein weiteres Jahr pachten wollte, wodurch er selbst Gelegenheit gehabt hätte, sich mit der Sache vertraut zu machen. Das Ganze sollte nicht mehr als 3 500 Reichsthaler kosten, und das war in der Tat sehr wenig. Kleist, der nicht sparen konnte, hatte im Vergleich dazu auf seiner Würzburger Reise in drei Monaten allein 500 Reichsthaler ausgegeben. Und nun bat er die Schwester, die durch eine Erbschaft finanziell besser gestellt war als er, sie solle ihm «eine Wohltat erweisen, die mehr einer Lebensrettung gleichkäme». Das hiess, sie solle soviel zulegen, dass er sich das Objekt kaufen könne. Ihr Zuschuss würde als 1. Hypothek auf das Gut eingetragen werden. «Aber Du sollst doch noch einmal Deine Freude an mir haben, wenn ich Dich auch jetzt ein wenig betrübe.»

Dem war schwer zu widerstehen, und Ulrike von Kleist hat ihm den Betrag vorgeschossen, auch wenn sie nicht an seinen Traum vom einfachen Leben glaubte. Von der Kleistschen Sippe war sie während dieser Zeit die einzige, die ihm – in Grenzen – Verständnis entgegenbrachte. Sie war Kleists älteste Schwester, war unverheiratet und ist es geblieben. Sie war ein einigermassen schwieriger Mensch von selbständigem Charakter. Bis zu einem gewissen Grad scheint sie ihre Wünsche auf den bewunderten Bruder projiziert zu haben. Dem Bild, das sie sich von ihm machte, hat er, wie seine Briefe beweisen, versucht zu entsprechen, und so war seine Beziehung zu der freigiebigen Schwester nicht ganz frei von Berechnung. Auf ihrer gemeinsamen Reise nach Paris, während der Ulrike, der Einfachheit halber, Männerkleidung trug, hatte es immer wieder Spannungen gegeben. Doch nachdem sich die Geschwister auf der Rückreise getrennt hatten und Kleist allein weiter in die Schweiz gereist war, hatte er ihr von Basel aus gestanden: «Ich wollte, Du wärst bei mir geblieben – sind wir nicht Körper und Seele, die auch oft im Widerspruch stehen und doch ungern scheiden?»

Kleist hat sie einmal, sehr wenig schön, eine «Männin» genannt – ebenso gut hätte er sie eine starke Frau nennen können. Das Bild der Schwester soll ihn zu der Gestalt seiner «Penthesilea» angeregt haben, und das wäre nicht eben wenig. Er stand ihr im übrigen recht kritisch gegenüber, auch das beweisen seine Briefe. Aber er brauchte sie, ihr Zuhören, ihre Geduld, ihr Verständnis, ihre Hilfe. Und doch hat er sich beklagt, «dass es sich an ihrem Busen nicht ruhen liesse». Er war ein anspruchsvoller Bruder.

Aus Paris hat er einmal an Adolphine von Werdeck geschrieben: »Es gibt nichts Grosses in der Welt, wozu Ulrike nicht fähig wäre, ein edles, weises grossmütiges Mädchen, eine Heldenseele in einem Weiberkörper. O es gibt kein Wesen in der Welt, das ich so ehre wie meine Schwester. Aber welchen Missgriff hat die Natur begangen, als sie ein Wesen bildete, das weder Mann noch Weib ist, und gleichsam wie eine Amphibie zwischen zwei Gattungen schwankt?»

Zum Neuen Jahr 1800 dichtete Kleist einen Vierzeiler für sie, vielleicht, um ihr Mut zu sich selbst zu machen, vielleicht aber auch, um sie dazu zu bewegen, gleich ihm aus der Familie auszubrechen:

«Amphibion du, das in zwei Elementen stets lebt,
Schwanke nicht länger, und wähle dir endlich ein sichres Geschlecht.
Schwimmen und fliegen geht nicht zugleich, drum verlasse das Wasser,
Versuch es einmal in der Luft, schüttle die Schwingen und fleuch!»

Auf sehr suggestive Weise erscheint Ulrikes Bild in Kleists Essay «Über die allmähliche Verfertigung der Gedanken beim Reden». Dort sitzt sie, mit einer Arbeit beschäftigt, im Zimmer hinter ihm und gibt ihm bisweilen die Stichworte. Dass er sich bewusst war, wieviel er der tatkräftigen Schwester verdankte, zeigt Kleists Abschiedsbrief von 1811, mit dem er die schweren Vorwürfe, die er ihr gemacht hatte, zurückzunehmen versuchte. Er schliesst mit den berühmt gewordenen Zeilen:

«Wirklich, Du hast an mir getan, ich sage nicht, was in Kräften einer Schwester, sondern in den Kräften eines Menschen stand, um mich zu retten; die Wahrheit ist, dass mir auf Erden nicht zu helfen war.»

Damals, im Frühjahr 1802 in der Schweiz, half sie ihm, wie gesagt, wieder einmal finanziell, und zwar so prompt, dass der Geldbetrag, den sie ihm zur Verfügung stellte, bereits unterwegs war, als er es sich anders überlegt hatte.

Seit Anfang Februar 1802 wohnte Kleist in Thun, «nahe am

Tore». Hermann Reskes Studie zufolge war es das Scherzligtor, eines der vier Stadttore Thuns, das 1843 abgebrochen wurde. Damals stand es also noch und war verbunden mit einer gedeckten hölzernen Brücke. Kleist ging häufig über Land, um sich weitere Güter anzusehen. Heinrich Zschokke hatte ihm von einem Gut in Gwatt erzählt, und auch dort war Kleist hingewandert. Es gefiel ihm, gerade weil es nur aus einem grossen Stück Land bestand, und er hatte grosse Lust, sich darauf ein Gutshaus nach seinen eigenen Vorstellungen zu bauen. Auch war ihm der Besitzer sympathisch: er habe eines der Gesichter, denen er zu trauen pflege, schrieb er an Zschokke – man möge von Lavaters «Physiognomik» denken, was man wollte.

Besonders merkwürdig erschien Kleist der Spruch an einem alten Haus an der Strasse, vor dem er auf einem seiner Spaziergänge stehengeblieben war:

«Ich komme, ich weiss nicht von wo?
Ich bin, ich weiss nicht was?
Ich fahre, ich weiss nicht wohin?
Mich wundert, dass ich so fröhlich bin»

Dass ausgerechnet diese vier Zeilen es Kleist so sehr angetan hatten, befremdete Zschokke: «Ich nahm einen Zug von Schwermut für ein Nachweh in der Erinnerung an trübe Vergangenheiten, bald auch für Wirkung jenes Seelenleidens, welche junge Männer von Bildung in solchem Lebensalter zu ergreifen pflegt, woran ich selber gelitten hatte.» Aber Kleists Betroffensein vom Sinn dieser Worte war mehr, als Zschokkes etwas konventionelle Analyse dahinter vermutete. Der alte Spruch umschrieb sehr genau Kleists existentielles Niemandsland.

Das erinnert an ein Erlebnis Kleists in Würzburg, welches ihm so wichtig gewesen war, dass er darüber an Wilhelmine von Zenge geschrieben hatte, er habe aus ihm «einen unbeschreiblich erquikkenden Trost gezogen». Es war der Anblick eines Torbogens, der ja gerade dadurch seine Statik erhält, dass alle seine Steine gleichzeitig herabstürzen wollen. Eine Erkenntnis, die dem vergleichsweise unschuldigen alten Spruch an Beruhigung einiges voraushat.

Kleist war entschlossen gewesen, in zwei Wochen hinaus aufs Land zu ziehen, doch plötzlich verzichtete er. Er schrieb an seine Schwester: «Wundere Dich nicht, diesmal ist das Schicksal wankelmütig, nicht ich. Es hat allen Anschein, dass die Schweiz sowie Zisalpinien französisch werden wird, und mich ekelt bei dem blossen Gedanken.» Zwar wusste Kleist von den Aufständen im Simmental, auch von den Unruhen in Zürich, aber war es tatsächlich nur die Furcht, die Schweiz könnte französisch werden? Steckte nicht bereits die Gewissheit dahinter, dass Schreiben für ihn wichtiger war als Landwirtschaft?

Über seine Finanzlage beruhigte er Ulrike – er wisse nun, wie er sich in Zukunft ernähren könne. Am 18. März ist Kleist «Geschäfte halber» nach Bern gefahren, um mit Gessner die Veröffentlichung der «Familie Schroffenstein» zu besprechen. Dabei zahlte ihm Gessner einen Vorschuss auf sein Honorar. Kleist übertrieb also nicht, wenn er der Schwester versicherte, er sei «von den Sorgen des Hungertodes befreit».

Bevor Heinrich von Kleist sein Idyll auf der Aareinsel bezog, unternahm er zusammen mit Heinrich Zschokke und dem jungen Wieland eine Fusswanderung nach Aarau. Die drei Freunde liessen sich genügend Zeit und scheinen sich gut amüsiert zu haben, denn Zschokke erinnert sich noch als alter Mann in seiner «Selbstschau» mit Vergnügen:

«Wir wählten nicht eben den nächsten Weg. Man mag sich leicht das Umherfahren der drei jungen Poeten vorstellen, die überall Paradiese und Wüsten, Göttinnen und Ungeheuer sahen, wo sie kein anderes Auge fand.» In Aarau trennte man sich. Wielend kehrte zurück nach Bern, Zschokke liess sich auf Schloss Biberstein hoch über der Aare nieder, das er gemietet hatte. Dort betrieb er historische Studien, bis er sich wieder der Kantonsverwaltung zur Verfügung stellte.

Dem Glück ist Heinrich von Kleist vielleicht nie wieder so nahe gewesen als während der folgenden Monate auf der Aareinsel bei Thun. Sie wird in der Kleist-Literatur die «Delosea-Insel» genannte. War es Zufall, oder hat für den Rousseau-Verehrer Kleist dessen Petersinsel Pate gestanden bei der Wahl seines Aufenthaltes? Von den beiden Aareinseln hat Kleist die «obere» bewohnt. Das Haus, in dem er der «Familie Schroffenstein» die endgültige Gestalt gegeben hat und die Arbeit an «Robert Guiskard» begann, sucht man heute jedoch vergebens. Es wurde 1940 abgebrochen, nachdem Ende des 19. Jahrhunderts bereits das Haus, in dem Johannes Brahms die Sommer 1886-88 verbracht hatte, einer Strassenveränderung hatte weichen müssen. Eine Gedenktafel erinnert an den Aufenthalt Kleists. Ihre Inschrift geht allerdings mit der Dauer seines Aufenthaltes ein wenig grosszügig um, denn Kleist hat, wie man sehen wird, in den Jahren 1802-3 nicht ständig hier gelebt.

Es wird Ende April gewesen sein, dass Kleist auf die Aareinsel zog, und am 2. Mai 1802 berichtet er der Schwester von seiner Idylle. Märchenstimmung herrscht in seinem Brief, er scheint verzaubert von dem einfachen Leben, das er gesucht und gefunden hatte:

«Jetzt leb ich auf einer Insel in der Aare, am Ausfluss des Thunersees, recht eingeschlossen von Alpen eine viertel Meile von der Stadt. Ein kleines Häuschen an der Spitze, das wegen seiner Entlegenheit sehr wohlfeil war, habe ich für sechs Monate gemietet und bewohne es ganz allein. Auf der Insel wohnt auch weiter niemand, als nur an der anderen Spitze eine kleine Fischerfamilie, mit der ich schon einmal um Mitternacht auf den See gefahren bin, wenn sie Netze einzieht und auswirft. Der Vater hat mir von zwei Töchtern eine in mein Haus gegeben, die mir die Wirtschaft führt: ein freundlich-liebliches Mädchen, das sich ausnimmt, wie ihr Taufname: Mädeli. Mit der Sonne stehen wir auf, sie pflanzt mir Blumen in den Garten, bereitet mir die Küche während ich arbeite für die Rückkehr zu Euch; dann essen wir zusammen; Sonntags zieht sie ihre schöne Schwyzertracht an, ein Geschenk von mir, wir schiffen uns über, sie geht in die Kirche nach Thun, ich besteige das Schreckhorn, und nach der Andacht kehren wir beide zurück. Weiter weiss ich von der ganzen Welt nichts mehr. Ich würde ganz ohne alle widrigen Gefühle sein, wenn ich nicht durch mein ganzes Leben daran gewöhnt, sie mir selbst erschaffen müsste. So habe ich zum Beispiel jetzt eine seltsame Furcht, ich möchte sterben, ehe ich meine Arbeit vollendet habe.»

Damit kippt das Märchen um in die Realität, und diese Realität ist Kleists Arbeit an «Robert Guiskard». Diese hat ihn die nächsten anderthalb Jahre nicht losgelassen, und unter ihrer Belastung sollte Kleist bereits nach drei Monaten zusammenbrechen. Zunächst aber schrieb er «Die Familie Schroffenstein» auf der Aareinsel zuende. Auch soll er einer Erinnerung Ernst von Pfuels und Ludwig Tiecks zufolge an einem Drama, «Leopold von Österreich», gearbeitet haben, das Bezüge zu der damaligen politischen Gegenwart enthielt.

Noch einmal brachte sich Wilhelmine von Zenge in Erinnerung. Ihr Brief war traurig, sie erzählte Kleist vom Tod ihres Lieblingsbruders Karl. Sie sorgte sich - auf ihre freundlich-wohlerzogene Weise – um Kleist und schien Sehnsucht nach ihm zu haben. Aber alles das berührte ihn nicht mehr, seine Antwort war hart und es fällt darin ein Wort, das für Kleists aufs äusserte angespannte Natur charakteristisch ist und seine Niederlage an dem zu gross gewollten «Robert Guiskard» geradezu vorprogrammiert:

«Ihr Weiber versteht in der Regel ein Wort der deutschen Sprache nicht, es heisst Ehrgeiz. Es ist nur ein einziger Fall, in welchem ich zurückkehre, – wenn ich in der Erwartung der Menschen, die ich törichterweise durch eine Menge von prahlerischen Schritten gereizt habe, entsprechen kann. Der Fall ist möglich, aber nicht wahrscheinlich.»

Und am Schluss heisst es: «Liebes Mädchen, schreibe mir nicht mehr. Ich habe keinen anderen Wunsch, als bald zu sterben. H.K.»

Dieser Brief gibt darüber Auskunft, dass Kleists Reise nicht nur ein Versuch war, Rousseau wörtlich zu nehmen, sondern dass er auch dazu diente, dem Erwartungsdruck zu entfliehen, dem er sich in seiner Heimat ausgesetzt sah. Aber so sehr sich Kleist bemühte, seine Herkunft hinter sich zu lassen, so sehr blieben auch weiterhin übernommene Tugendbegriffe für seine Handlungen massgebend. Übertragen auf das Gebiet der Kunst, mussten sie etwas geradezu Zerstörerisches bekommen. Am Ende des zweiten Schweizer Aufenthaltes wird Kleist, krank von den Dimensionen des «Robert Guiskard», denen nicht bezukommen war, und seinen Ansprüchen an sich selbst, an Ulrike schreiben: «Die Hölle gab mit meine halben Talente, der Himmel schenkt dem Menschen ein ganzes oder gar keins.»

Auch für viele der Gestalten Kleists ist ein Zustand äusserster Gespanntheit charakteristisch. Man muss nicht gleich an die «Penthesilea» denken, dieser Zustand kann auch allerzartesten Charakters sein, wie die «Entrückung» des Käthchen. Doch das unsäglich rührende Käthchen von Heilbronn ist in seiner Liebe zu seinem Ritter ebenso ausser sich, wie die Mänade Penthesilea in ihrer Leidenschaft für Achilles, nur eben zurückgenommen ins zierlich Befremdliche. Extrem ist selbst noch das Naive bei Kleist.

Doch dem gegenüber stehen in seinem Werk Texte wunderbar gelöster, schwebender Heiterkeit. Sein Essay «Über das Marionettentheater» gehört hierher und bei allem Ernst der Fragestellung auch der «Prinz von Homburg». Wenn dort preussische Helden im

Angesicht des Todes einander Levkojen und Nelken reichen, so wird diese Geste zum Sinnbild einer «Erkenntnis, die durch ein Unendliches hindurchgegangen ist», wie es in Kleists berühmten Essay heisst. Denn sie ist gleichbedeutend mit der Überwindung der Todesfurcht. Wenn man weiss, dass diese beiden Arbeiten in einer Situation jenseits aller Hoffnung, in einer für Kleist zutiefst demütigenden Lebenslage entstanden sind, werden sie zu einem erstaunlichen Beweis seelischen Gleichgewichts. Das sogenannte «Pathologische» in Kleist dürfte genauso ein Klischee sein, wie das des «preussischen Dichters».

In seinem ersten Brief an Ulrike, geschrieben auf der «Delosea-Insel», hatte Kleist ein wenig übertrieben: die Besteigung des Schreckhorns während Mädelis Kirchgang war eine poetische Lizenz. Denn das Schreckhorn lag, für damalige Verhältnisse wenigstens, einige Stunden weit von Thun entfernt und ist höher als 4000 Meter. Also schon rein zeitlich war dies ganz unmöglich. Aber vielleicht hat Kleist mit dem Schreckhorn seine Arbeit am «Robert Guiskard» gemeint, es wäre schliesslich kein schlechter Vergleich. Und um bei der Phantasie zu bleiben: geht man zu weit, wenn man etwas von Kleists Idyll auf der Aareinsel in dem Zauber des «Käthchen von Heilbronn» zu spüren glaubt? Warum sollte Käthchens Holunderbusch nicht auf Kleists Insel gestanden und geduftet haben. Und das natürliche, reizende Mädchen, das ihm Blumen in den Garten pflanzte, für ihn kochte und mit ihm ass – vielleicht hat es dem Käthchen etwas von seiner naiven Entschlossenheit gegeben. Man hätte Kleist gewünscht, dass er mit ihr ein vollkommenes Glück erlebt hätte, es hätte ihm gut getan. Aber dazu wird es unter den Augen ihres Vaters wohl nicht gekommen sein. Auf jeden Fall passte sie weit besser in die ländliche Umgebung als Wilhelmine von Zenge.

Auch verschiedene Regieanweisungen im «Käthchen von Heilbronn» verweisen auf die Schweiz: «Gebirg und Wald», heisst es da, «Gegend im Gebirg mit Wasserfällen», und «Das Innere einer Höhle mit Aussicht auf eine Landschaft» – was geradezu wie eine Beschreibung der Beatushöhle am Thunersee klingt. Kleist könnte sie besucht haben.

Verschiedentlich gibt es im Werk Heinrich von Kleists Anspielungen auf die Landschaft der Schweiz, in seiner Erzählung «Die Verlobung von San Domingo» aber erwähnt er ganz speziell die Aareinsel. Dort geht es um einen jungen Schweizer, Gustav von der

Ried mit Namen, aus der «Gegend der Insel», der von seinem kleinen Besitz an den Ufern der Aare berichtet.

Kleist musste sparen, und das versuchte er auch dem Mädeli klar zu machen. Er verliess seine Insel so gut wie nie, sah niemanden ausser den Fischerleuten und las weder Bücher noch Zeitschriften. Hin und wieder kamen Gessner und Wieland aus Bern herüber, und auch Zschokke lebte ja nicht weit von Thun auf der Biberburg. Sie bekamen etwas von Kleists Arbeit zu hören und gaben begeisterte Kommentare ab. «Mit einem Wort, diese ausserordentlichen Verhältnisse tun mir ausserordentlich wohl, und ich bin von allem Gemeinen so entwöhnt, dass ich gar nicht mehr hinüber möchte an die andern Ufer, wenn Ihr nicht da wohntet. Aber ich arbeite unaufhörlich um Befreiung von der Verbannung. – (Du verstehst mich)», schrieb Kleist an seine Schwester.

Verbannung, das ist ein grosses Wort für die idyllische Klausur, in die sich Kleist begeben hatte. Aber es nimmt Bezug auf die ihn quälende Arbeit, deren Gelingen ihm als der Preis erschien, um den allein er eines Tages wieder würde heimkehren können, ohne das Gesicht zu verlieren. Die Ansprüche, die diese Arbeit an ihn stellte, schraubten sich mit jedem Tag höher hinauf, so dass Kleist ständig zwischen Euphorie und selbstzerstörerischer Kritik hin- und herschwankte, bis er der Sache nicht mehr gewachsen war und sie ihn krank machte.

Aus dieser ersten intensiven Arbeitsperiode Kleists am «Robert Guiskard» gibt es das Zeugnis eines Unbekannten (es erscheint in Sembdners «Heinrich von Kleists Lebensspuren»): «Er hatte auf einer Insel der Aar ein kleines Landhaus dem unsrigen gegenüber gemietet; er brütete über einem Trauerspiel, in dem der Held auf der Bühne an der Pest stirbt. Oft sahen wir ihn stundenlang in einem braune Cure auf seiner Insel, mit den Armen fuchtelnd, auf- und abrennen und deklamieren.»

Der auf uns gekommene, kolossale 1. Akt des «Robert Guiskard» sei einfach zu gut, als dass er überboten werden könne und weiteres vertrüge – so enthusiastisch hat sich Thomas Mann über Kleists Torso geäussert. Und an anderer Stelle liest man bei Thomas Mann: jedes grosse Werk habe einen Eigenwillen, und genau diesen Willen bekam Heinrich von Kleist zu spüren. Es wäre ihm damals nie in den Sinn gekommen, dass es am Stoff liegen könnte und nicht an seinen eigenen gestalterischen Fähigkeiten, dass er mit dem Trauerspiel nicht zurande kam. Denn der «Robert Guiskard» erschöpft sich letzten Endes in *einer* Situation und ist nicht ein sich entwickelnder dramatischer Vorwurf. Aufgegeben hat Kleist erst am Ende seiner zweiten Schweizerreise – wir erfahren darüber in seinem berühmten Brief aus Genf vom 5. Oktober 1803 an die Schwester.

Von dem Augenblick an, als Kleist sich auf die Aareinsel zurückzog, um zu schreiben, wurden seine Briefe selten – offenbar ging seine ganze Energie in seine Arbeit. Mehr als drei Monate liegen zwischen der glücklichen Beschreibung der Thuner Idylle und einem Brief aus Bern an seinen Vetter Wilhelm von Pannwitz. Darin schreibt ihm Kleist, er brauche Geld; seit zwei Monaten liege er krank in Bern und sei dadurch um 70 Louisdor gekommen, wovon er sich 30 durch eigene Arbeit verdient habe. Das ist ein weiterer Hinweis auf Gessners Vorauszahlung für «Die Familie Schroffenstein». Er bäte ihn, Pannwitz, um das Geld und Gott um den Tod, heisst es am Ende lakonisch.

Den Tod zitiert Kleist in seinen Briefen mit grosser Regelmässigkeit, manchmal zynisch, manchmal nur scherzhaft, oft aber als Drohung. Er hat Bedenkliches über den Tod und damit auch über das Leben geschrieben: «Denn das Leben hat doch immer nichts Erhabeneres, als nur dieses, dass man es erhaben wegwerfen kann.» Das erscheint geradezu wie eine Verfallenheit an den Todesgedanken – auch wenn man nicht von Kleists Ende am Wannsee wüsste. Dass selbst die subtile Harmonisierung der Gegensätze, die er in seinem Traum- und Kammerspiel des «Prinzen von Homburg» erreichte, nicht genügte, Kleist seine «Sympathie mit dem Tode» besiegen zu lassen, lässt ahnen, dass die zahllosen Todesdrohungen in seinen Briefen keine leere Pose gewesen sind. Dass seine Bemühungen nicht anerkannt, dass seine Dramen nur von wenigen begriffen wurden, dass er trotz diesen Reichtümern mit seinen vierunddreissig Jahren am Ende dastand wie ein Bettler, im Vergleich mit so vielen kleineren, aber bequemeren Talenten – diese Bitterkeit musste ihm unerträglich sein.

Kleist hat sein gesamtes Werk in nur zehn Jahren geschrieben, ein schöpferischer Prozess von grösster Konzentration: die acht Schauspiele, und die wie mit dem Meissel geformten Erzählungen. Er hat nicht als Anfänger begonnen, sondern als originaler Dichter, eigenständig, unverwechselbar, kühn. Man fühlt die Erregung, in der diese Texte entstanden sind, und daher müssen die immer wieder auftretenden Zeiten der Krankheit im Leben Kleists nicht als eine Flucht, sondern als ein legitimer Teil des Kreativen begriffen werden. Die Gegensätze berühren sich – Leben und Tod, Gesundheit und Krankheit durchdringen sich nicht nur im Werk Heinrich von Kleists, sondern auch im Klima seiner Entstehung.

Kleist lässt sich nicht einordnen. Er passt schlecht zu den Romantikern, man sieht ihn nicht im Umfeld eines Tieck, Brentano oder Achim von Arnim, die ihn im übrigen keineswegs als einen der Ihrigen betrachteten, obwohl er ihr Zeitgenosse war. Genausowenig wie die Gebrüder Schlegel – diese haben Kleist in ihren Schriften nicht einmal erwähnt. Ist Kleist ein Klassiker? Wenn das Klassische gleichbedeutend ist mit dem Vorbildlichen, dann würde die Strenge und die vielgerühmte Makellosigkeit der Sprache seiner Erzählungen dies beweisen, die selbst noch einer so unerhörten Begebenheit wie der der «Marquise von O.» das Skandalöse nimmt.

Auf jeden Fall hat uns Kleist etwas zu sagen, und so mag er wohl ein Moderner sein. In der Heftigkeit und seinem absoluten Anspruch, in dem Provozierenden und den harten Gegensätzen der Gefühle steht Kleist dem Gegenwartstheater näher als dem Humanismus der «Iphigenie». Es sind Gefühle, elementar und verstörend, die das Domestizierte weit hinter sich lassen. Dies ist das Beunruhigende an Kleist: er operiert, als hätte er das ideale Menschenbild der Weimarer Klassik nicht gegeben. Sucht man unter den Zeitgenossen nach einer Entsprechung, bleibt allenfalls Georg Büchner. Aber auch dieser Vergleich ist nicht ganz stimmig. Kleist geht es nicht wie Büchner im «Wozzek» um die Darstellung einer sinnentleerten Welt, es gibt bei Kleist kein auch noch das Absurdeste quittierende «Jawohl, Herr Hauptmann», keinen passiven Helden. Bei aller Schärfe der Fragestellung lässt sich bei Kleist der Wunsch nach dem Verstehen des Rätsels erkennen, das der Mensch und dessen Leben ist.

Die Irritation aber ist geblieben – Kleist ist kein Dichter, der den Leser bestätigt. Seine Lektüre fordert dazu auf, bisherige Denkweisen in Frage zu stellen und liebgewordene Gefühle zu überprüfen. Zwar gab sich Kleist in seinem fingierten «Gebet des Zoroaster», das 1810 in den Berliner Abendblättern erschien, ironisch, aber es war ihm mit seinen Worten, die eine Bezug zur politischen Situation seiner Zeit enthalten, ohne Zweifel bitter ernst:

«Nun lässest Du es, von Zeit zu Zeit niederfallen, wie Schuppen, von dem Auge eines Deiner Knechte, den Du Dir erwählt, dass er die Torheiten und Irrtümer seiner Gattung überschaue; ihn rüstest Du mit dem Köcher der Rede, dass er furchtlos und liebreich mitten unter sie trete, und sie mit Pfeilen bald schärfer, bald leiser, aus der wunderlichen Schlafsucht, in welcher sie befangen liegen, wecke. Auch mich, o Herr, hast Du, in Deiner Weisheit, mit wenig Würdigen, zu diesem Geschäft erkoren; und ich schicke mich zu meinem Beruf an. Durchdringe mich ganz, vom Scheitel zur Sohle, mit dem Gefühl des Elends, in welchem dies Zeitalter darnieder liegt, und mit der Einsicht in alle Erbärmlichkeiten Halbheiten, Unwahrhaftigkeiten und Gleisnereien, von denen es die Folge ist. Stähle mich mit Kraft, den Boden des Urteils rüstig zu spannen . . .»

Es nimmt nicht wunder, dass alle bedeutenden Versuche, Kleist zu komponieren, aus dem 20. Jahrhundert stammen, da offenbar erst dessen Musik über die psychologischen Mittel verfügt, um die Extreme der Gefühls- und Gedankenwelt Kleists auszudrücken. Erinnert sei an die hochexpressive «Penthesilea» von Othmar Schoeck, an den «Prinzen von Homburg» von Hans Werner Henze, dessen Komposition den Charakter eines Traumspiels noch betont, und an die Musik zum «Käthchen von Heilbronn», die Hans Pfitzner für Max Reinhardt geschrieben hat. Sie erweist sich als kongenial, indem sie das glanzvoll Ritterliche der Versponnenheit der Welt Käthchens mit Holunderbusch und Zeisig gegenüberstellt. Durch die Beschränkung auf eine Ouverture, Zwischenaktmusiken und ein Melodram lässt der Komponist Kleists Text unangetastet.

Kleist war ein begabter Klarinettist. Dass er etwas von Musik verstand, zeigen allein schon die Musikbeschreibungen in seiner Novelle «Die heilige Caecilie», in der aber auch von dem Schrekken der Musik, von ihrem dämonischen Charakter die Rede ist. Im Jahr seines Todes hat Kleist an seine Cousine Marie von Kleist geschrieben, dass er sich nun mit nichts anderem mehr beschäftigen wolle als mit Musik. Seit seiner fühesten Jugend habe er alles Allgemeine in der Dichtkunst auf die Töne bezogen. Eine Briefstelle, die das oft geradezu musikanalog Komponierte seiner Verse unterstreicht. Dabei verweist Kleist auf einen anderen Dichter, der alle seine Gedanken über die Kunst auf die Farben beziehe – «mit dem er sich im übrigen in keiner Weise zu vergleichen wage».

Alarmiert von Wilhelm von Pannwitz, begab sich Ulrike von Kleist auf die Reise in die Schweiz. 1828 hat sie selbst über ihre Parforcetour berichtet:

«So wie ich den Brief gelesen, ist auch mein Entschluss gefasst, selbst wieder hinzureisen, und ungesäumt nehme ich Geld auf, bestelle Postpferde und setze mich in Begleitung eines Bedienten auf, und fahre Tag und Nacht. Ich treffe in der Schweiz viel Bewaffnete hier und da zusammenrottiert, und in eifrigem Gespräch. Wie ich an die Tore von Bern komme, sind sie eben geöffnet, um Zufuhr hineinzulassen, ich fahre mit ein, werde am Tor examiniert und mit der Weisung entlassen, von 7 Uhr nicht mehr auf der Strasse zu sein, es sei der Befehl ergangen, von 7 Uhr an sei jeder, der auf der Strasse ginge, zu arretieren.» Vor den Toren Berns standen die Truppen des Generals von Erlach.

Zu ihrer Überraschung traf Ulrike den Bruder bereits wieder gesund an. Er war von dem Arzt Karl Wyttenbach behandelt worden und brannte darauf, der Schwester seine Aareinsel zu zeigen. Als es in Bern ruhiger geworden war, konnten die Geschwister die Stadt verlassen. Zusammen fuhren sie nach Thun und verbrachten mehrere Tage auf Kleists Insel.

Mehr als dreissig Jahre später ist Ulrike von Kleist noch einmal auf die Aareinsel zurückgekehrt. Eine ihrer beiden Nichten, die sie damals auf ihrer Reise durch die Schweiz begleiteten, notierte in ihr Tagebuch, Heinrich von Kleist habe die Insel seinerzeit von einem Herrn Gatscher gemietet. Damit ist Samuel Niklaus Rudolf Gatschet gemeint, Landvogt von Burgdorf. Dessen Frau Elisabeth Magdalena, einer geborenen De Losea, gehörte die Insel, was deren etwas rätselhaften Namen erklärt.

Wieder in Bern, erfuhren Ulrike und Heinrich von Kleist im Sommer 1801, Louis Wieland sei seiner unvorsichtigen Zunge wegen aus der Stadt ausgewiesen worden und verfüge nicht über die nötigen Mittel, nach Basel zu reisen, wohin sein Pass ausgestellt sei. Solidarisch packten nun auch Kleist und seine Schwester in zwei Stunden ihre Sachen auf einen Wagen und verliessen gemeinsam mit Wieland die Stadt. Dessen ganzes Verbrechen war es gewesen, dass er sich mit Kleist vor dem Generalquartier unterhalten und dabei gelacht hatte, was man ihm als Konspirationsversuch anlastete. Heinrich Gessner berichtete dem alten Wieland empört von dem «Sansculottismus», der derzeit in Bern herrschte.

Aber Louis Wieland scheint ein unzuverlässiger Patron gewesen zu sein. In Erfurt liess er seine beiden Freunde, die immerhin seinetwegen Bern und die Schweiz verlassen hatten, kurzerhand im Stich, weil er einer Jugendliebe wiederbegegnet war. Doch schon von Bern aus hatte er seinem Vater begeistert von Kleist berichtet, bis Christoph Martin Wieland ihm am 10. Juni 1802 geschrieben hatte:

«Dein treuer Freund von Kleist interessiert mich so sehr, dass Du mich durch nähere Nachrichten von ihm verbinden würdest.» Von den schriftstellerischen Talenten seines Sohnes hielt er dagegen nicht gerade viel und schrieb ihm kurz darauf wenig ermutigend:

«Weisst Du auch, was Schriftstellerei als Nahrungszweig betrieben, an sich selbst und besonders heutzutage in Deutschland ist? Es ist das elendste und verächtlichste Handwerk ... Ich gestehe ein, dass alles, was ich von der Misere der Schriftstellerei, als modus acquirendi betrachtet, gesagt habe, einige Modifikationen erleiden möchte, wenn die Rede von einem jungen Mann wäre, der sich aus Drang seines inneren Berufs, mit dem Bewusstsein grosser und ungemeiner Geisteskräfte und Talente, folglich mit einer vorgefühlten Gewissheit, *Sensation* in unserer geschmacklosen, erschlafften und am liebsten von Exkrementen hirnloser Köpfe sich nährenden Lesewelt zu machen, zur Schriftstellerei entschliessen wollte. Ich weiss nicht, ob *Du* dieser junge Mann bist, wiewohl ich einige Ursache habe, sehr daran zu zweifeln.»

Der Dichter der Zukunft, den Wieland hier beschreibt, befand sich auf dem Wege zu ihm. Denn Heinrich von Kleist war entschlossen, auch ohne Louis Wieland nach Ossmannstedt zu reisen. Er erlebte dort, was er später «den stolzesten Augenblick seines Lebens» genannt hat – die neidlose und vollkommene Anerkennung seines Talentes durch den greisen Wieland.

Damit stand Kleist vor dem Mann, der ihn zur Zeit seines «Lebensplans» stark beeinflusst hatte. Kleist hatte seinerzeit Wielands «Die Natur der Dinge» und dessen «Sympathien» gelesen, ein verschwärmtes Elaborat aus theologisch-philosophischen Ratschlägen und Spekulationen über Seelenwanderung. Werke des ganz jungen Wieland aus dessen Zürcher Zeit, die der greise Dichter des «Aristipp», dem Kleist nun begegnete, nicht mehr sonderlich schätzte, denn er hatte sie bei der Veröffentlichung seiner Gesammelten Werke in die Supplemente verbannt.

Mit Ossmannstedt in der Nähe von Weimar, einem Landgut, umgeben von ausgedehnten Gärten, die man ohne Übertreibung einen Park nennen durfte, hatte sich Wieland einen Traum erfüllt.

Seine Freunde kamen von Weimar zu ihm herüber, darunter Goethe und, besonders häufig, die Herzoginmutter Anna Amalia, obwohl dies bei den damaligen Strassenverhältnissen bei schlechtem Wetter zu einer gewagten Unternehmung wurde. Goethe war es denn auch einigermassen unerfindlich, warum Wieland sich ausgerechnet dort vergraben hatte.

Wieland hatte sich mit dem Kauf übernommen, und zur Zeit von Kleists Besuch waren seine Tage in Ossmannstedt bereits gezählt. Seine Frau war kurz zuvor gestorben, aber noch wohnte er dort, umgeben von drei seiner jüngeren Töchter. Bezaubert von Kleist waren alle Bewohner von Ossmanstedt, angefangen mit den drei Mädchen, von denen die jüngste, die dreizehnjährige Louise, sich leidenschaftlich in den Gast verliebte. Ihre beiden älteren Schwestern Amalie und Caroline tarnten ihre Zuneigung hinter Ablehnung und Aggression.

Es gibt nicht allzuviele Zeugnisse über Kleists Persönlichkeit aus dieser Zeit. Dass er schwierig war und anstrengend sein konnte, versteht sich von selbst, aber alle stimmen darin überein, dass er dabei ein liebenswürdiger Mensch von grossem persönlichem Zauber gewesen ist. In Thun sprach man auch später noch von dem «lieben jungen Deutschen». In seinem «Lebensrückblick» sah ihn Heinrich Zschokke wie folgt:

«Kleist war eine der schönsten Erinnerungen im Leben für mich, die man ihres Selbtes Willen liebt und nie zu lieben aufhört. In seinem Wesen schien mir, selbst während der fröhlichen Stimmung seines Gemütes, ein heimliches inneres Leiden zu wohnen. Eben das zog mich an ihn; fast mehr als sein talentreicher Geist und sittlicher edler Sinn. Es verlieh seinem Umgang die eigentliche Anmut.» Auch Ludwig Tieck hat Kleist gekannt und hat über ihn geschrieben: «Kleist war von mittlerer Grösse und ziemlich starken Gliedern, er erschien ernst und schweigsam, keine Spur von vordringlicher Eitelkeit, aber viele Spuren eines würdigen Stolzes in seinem Betragen. Er schien mir mit den Bildern des Torquato Tasso Ähnlichkeit zu haben, auch hatte er mit diesem die etwas schwere Zunge gemein.»

In Königsberg verkehrte Kleist im Hause eines Johann Georg Schaffner; von ihm stammt eine sehr merkwürdige, suggestive Charakterisierung Kleists:

«Da in seinem Äusseren etwas Finsteres und Sonderbares vorherrschte, so gab ein Fehler am Sprachorgan seinem Eifer in geistreichen Unterhaltungen den Anschein von eigensinniger Härte, die seinem Charakter wohl nicht eigen war. Wie ein der Meerestiefe entsteigender Taucher sich wenigstens in den ersten Augenblicken nicht auf alles Grosse und Schöne besinnt, was er in der Wasserwelt gesehen, so schien es bisweilen bei Heinrich von Kleist der Fall zu sein.» Das ist klug beobachtet – Schwierigkeiten nicht aus Armut, sondern aus Reichtum des Erlebten – und will geradezu als ein Schlüssel zum Wesen Kleists erscheinen.

Ein Brief Kleists vom 5. 2. 1801 an die Schwester enthält eine ausführliche Selbstdarstellung. Auch hier stehen Schwierigkeiten im Umgang mit anderen Menschen im Mittelpunkt: «Die Notwendigkeit, eine Rolle zu spielen, und ein innerer Widerwille dagegen machen mir jede Gesellschaft lästig ... O wie schmerzhaft ist es, in dem Äussern ganz stark und frei zu sein, in dessen man im Innern ganz schwach ist, wie ein Kind ... Dazu kommt bei mir eine unerklärliche Verlegenheit, die unüberwindlich ist, weil sie wahrscheinlich eine ganz physische Ursache hat. Mit der grössten Mühe nur kann ich sie so verstecken, dass sie nicht auffällt.»

Als einziges authentisches Porträt Kleists galt lange Zeit ein Medaillon, das er für Wilhelmine von Zenge hatte malen lassen, ehe er nach Paris aufbrach. Es ist ein recht unbedeutendes, pausbäckiges Stück Malerei, und an seine Verlobte schrieb Kleist darüber: «Es liegt etwas Spöttisches darin, das mir nicht gefällt. Ich wollte, er hätte mich ehrlicher gemalt.» Hingegen könnte man sich vorstellen, dass Heinrich von Kleist tatsächlich so ausgesehen hat, wie ihn eine Kreidezeichnung Anton Graffs wiedergibt. Dieses Gesicht – man hat es lange für ein Porträt Pestalozzis gehalten – gleicht in etwa den Zügen des Medaillons, nur mit dem Unterschied, dass hier ein Meister am Werk gewesen ist. Es passt sehr gut zu den Beschreibungen der Zeitgenossen und entspricht dem Bild, das man sich von dem Dichter des «Prinzen von Homburg» machen möchte. Es ist ein Gesicht, das man nicht vergisst. Graffs Kreidezeichnung befindet sich in der Sammlung des Kunsthauses Zürich.

Auch der alte Wieland fand den jungen Mann ungewöhnlich anziehend. Dass sich dieser bisweilen sonderbar benahm, bei Tisch abwesend zu sein schien und den Mund bewegte, ohne zu sprechen, fand er allerdings, im Gegensatz zu seinen Töchtern, weniger geheimnisvoll als beunruhigend, bis Kleist ihm bekannte, dass er an einem Trauerspiel arbeite, dem in Thun begonnenen «Robert Guiskard». Als Kleist sich endlich dazu überreden liess, Wieland einige Szenen daraus vorzutragen, war dieser überwältigt, und Kleist verging vor Freude die Sprache – so jedenfalls schrieb er an seine Schwester. Ihm fehlten die Worte, weil er von Wieland hörte, was er endlich einmal hören musste. Wieland hat seinen Eindruck später ausführlich in einem Brief wiedergegeben, den er am 10. 4. 1804 an Doktor Wedekind in Mainz, einen Kleist behandelnden Arzt, geschrieben hat.

«Endlich nach vielen vergeblichen Versuchen und Bitten, nur eine einzige Szene von diesem fatalen Werk seines Verhängnisses zu sehen zu bekommen, erschien einstmals zufälligerweise an einem Nachmittag die glückliche Stunde, wo ich ihn so treuherzig zu machen wusste, mir einige der wesentlichen Szenen, und mehrere Morceaux aus andern, aus dem Gedächtnis vorzudeklamieren. Ich gestehe Ihnen, dass ich erstaunt war, und ich glaube nicht zuviel zu sagen, wenn ich Sie versichere: wenn die Geister des Äschylus, Sophokles und Shakespeare sich vereinigten, eine Tragödie zu schaffen, so würde das sein, was Kleists *Tod Guiscards des Normanns*, sofern das Ganze demjenigen entspräche was er mich damals hören liess. Von diesem Augenblicke an war es bei mir entschieden, Kleist sei dazu geboren, die grosse Lücke in unserer dermaligen Literatur auszufüllen, die (nach meiner Meinung wenigstens) selbst von Goethe und Schiller noch nicht ausgefüllt worden ist; und Sie stellen sich leicht vor, wie eifrig ich nunmehr an ihm war, um ihn zur Vollendung des Werkes zu bewegen.»

Dass Kleist, als Wieland geendet hatte, «zu dessen Füssen niederstürzte, seine Hände mit heissen Küssen überströmend», kann man ihm nachfühlen, hier war sie endlich, die Anerkennung, und noch dazu aus berufenem Munde.

Zunächst war Kleist nur zu Besuch von Weimar herübergekommen. Aber auf Wielands Einladung hin zog er, Anfang 1803, zu ihm nach Ossmannstedt. Er hat dort etwa neun Wochen gelebt, als gehöre er zur Familie. Wieland diktierte ihm seine eigene Lebensgeschichte und hat Kleist darüber hinaus grosszügig dem Verleger Göschen empfohlen. In seinem Schreiben nennt er ihn «einen jungen Mann von seltnem Genie, von Kenntnissen und schätzbarem Charakter». Doch unter den drei jungen Mädchen richtete Kleists Gegenwart solchen Schaden an, dass er Ossmannstedt, des lieben Friedens willen, wieder verliess:

«Ich weiss nicht, was ich Dir über mich *unaussprechlichen* Menschen sagen soll. Ich wollte, ich könnte mir das Herz aus dem Leibe reissen, in diesen Brief packen, und Dir zuschicken ... Ich habe das Haus mit Tränen verlassen, wo ich mehr Liebe gefunden habe, als die ganze Welt zusammen aufbringen kann! – Aber ich *musste* fort. O Himmel, was ist das für eine Welt!» Der «unaussprechliche» Mensch – ein Begriff, der sich hartnäckig mit dem Namen Kleist verbunden hat. Er erinnert an seine Skepsis der Sprache gegenüber, die ihm dabei in so einzigartiger Weise zu Gebote stand, und an sein Eingeständnis ihrer Grenzen der Mittelung: «Selbst das Einzige, das wir besitzen, die Sprache, taugt nicht dazu, und was sie uns gibt, sind nur zerrissene Bruchstücke», schrieb er an Ulrike. Auch dies erscheint als eine Vorwegnahme des 20. Jahrhunderts. Kleists Gestalten nehmen denn auch oft zur Körpersprache ihre Zuflucht, sie erröten, verstummen, weinen, werden ohnmächtig. Die letzte Szene der «Penthesilea» besteht, bevor es zu den Schlussworten kommt, aus einer Folge exakt beschriebener Gebärden, unterbrochen von nur wenigen Sätzen, und ist gerade dadurch von so besonders starker Wirkung.

Nachdem er Ossmannstedt verlassen hatte, hielt sich Kleist noch einige Tage in Weimar auf. Ob es dabei zu einer Begegnung mit Goethe oder Schiller kam, ist ungewiss. Es seien traurige Tage gewesen, gestand er der Schwester, und das erscheint als ein ungutes Omen für seine spätere Beziehung zu Goethe.

Wieland dagegen liess auch weiterhin nicht locker und bot Kleist brieflich moralische Unterstützung: «Sie schreiben mir, lieber Kleist, der Druck mannigfaltiger Familienverhältnisse habe die Vollendung ihres Werkes unmöglich gemacht. Schwerlich hätten Sie mir einen Unfall ankündigen können, der mich schmerzlicher betrübt hätte ... Nichts ist dem Genius der heiligen Muse, die sie begeistert, unmöglich. Sie müssen ihren Guiskard vollenden, und wenn der ganze Kaukasus und Atlas auf Sie drückte.»

Hier geht Wieland so weit, sich in seinem Zuspruch geradezu Kleistschen Dimensionen anzupassen, und dieser hat es ihm gedankt. Die von Wieland benutzte Metapher kehrt in veränderter Gestalt in der «Penthesilea» wieder, wenn es dort heisst: «Den Ida will ich auf den Ossa wälzen». Kleist soll Wielands Brief später sozusagen therapeutisch bei sich getragen und immer wieder gelesen haben.

An die Schwester, die Kleist gegenüber abwechselnd die Stelle eines Freundes, häufiger aber die eines verständnisvoll zuhörenden Arztes vertrat, schrieb Kleist darüber: «Lies doch den beiligenden

Brief von Wieland dem Alten, den ich am Abend Eurer Abreise empfing. Ich sehe sein Antlitz vor Eifer glühen, indem ich ihn lese. – Die beiden letzten Zeilen sind mir die rührendsten. Du kannst sie, wenn Du willst, verstehen.»

Die begrenzten finanziellen Möglichkeiten Kleists waren erschöpft, sie hatten ihm nur für kurze Zeit die Freiheit ermöglicht. In einem Brief vom 3. Juli 1803 an Ulrike erscheint zum ersten Mal der Name Ernst von Pfuel: «In Leipzig, da würdest Du auch meinen Freund kennenlernen, diesen vortrefflichen Jungen. Es ist Pfuel von Königs Regiment». Ernst Heinrich von Pfuel war mit Kleist seit seiner Militärzeit in Potsdam befreundet. Er muss ein guter, ein begabter Freund gewesen sein, denn als er sah, wie Kleist über der Arbeit am «Robert Guiskard» mit jedem Tag mehr die Nerven verlor, behauptete er, Kleist sei unfähig, eine Komödie zu schreiben. Mit dem Erfolg, dass dieser ihm aus dem Stegreif gleich zwei Szenen des «Zerbrochenen Krugs» in die Feder diktierte und über den weiteren Verlauf des Stückes nachzudenken begann. Damit war Kleist abgelenkt, aber es half nur momentan.

Als nächstes schlug Pfuel dem Freund vor, gemeinsam mit ihm in die Schweiz zu reisen, die Reisekosten wolle er übernehmen. Es erschien ihm vernünftig, Kleist zum Anfang des Labyrinthes zurückzuführen, dorthin, wo die Auseinandersetzung mit dem «Robert Guiskard» begonnen hatte, nach Thun. Ulrike von Kleist traf die beiden Freunde vor ihrer Abreise in Dresden an: «Finde ihn ganz vergnügt über die Aussicht, mit seinem lieben Pfuel so lange zusammen sein zu können, welches Glück er gar nicht hoch genug anschlagen konnte, und so geht er abermals nach der Schweiz.»

Ein späterer Brief Kleists vom 7. Januar 1805, geschrieben in Berlin, erinnert Ernst von Pfuel an ihre Begegnung kurz vor der 2. Schweizerreise. «Wie flogen wir in Dresden einander in die Arme! Wie öffnete sich die Welt unermeßlich, gleich einer Rennbahn vor unsern in der Begierde des Wettkampfes erzitternden Gemütern! Und nun liegen wir, übereinander gestürzt, mit unseren Blicken den Lauf zum Ziele vollendend, das uns nie so glänzend erschien, als jetzt im Staube unserer Sturzes eingehüllt! *Mein*, *mein* ist die Schuld, ich habe Dich verwickelt, ach ich kann Dir dies nicht so sagen, wie ich es empfinde.»

Ernst von Pfuel hat im Sommer 1803 den von seiner Arbeit überreizten Kleist durch die Schweiz bis nach Paris begleitet, und

Kleist hat ihm bestätigt, er habe bisweilen den Eindruck gehabt, mit einem Erzengel unterwegs zu sein. Kleist liebte den besonnenen Freund, sein leidenschaftlicher Brief lässt daran keinen Zweifel. «So umarmen wir uns nicht wieder! So nicht, wenn wir einst, von unserem Sturze erholt, denn wovon heilte der Mensch nicht! einander, auf Krücken, wieder begegnen. Damals liebten wir ineinander das Höchste in der Menschheit; denn wir liebten die ganze Ausbildung unserer Naturen, ach! in ein paar glücklichen Anlagen, die sich eben entwickelten. Wir empfanden, ich wenigstens, den lieblichen Enthusiasmus der Freundschaft! Du stelltest das Zeitalter der Griechen in meinem Herzen wieder her, ich hätte bei Dir schlafen können, Du lieber Junge; so umarmte Dich meine ganze Seele! Ich habe Deinen schönen Leib oft, wenn Du in Thun vor meinen Augen in den See stiegest, mit wahrhaft *mädchenhaften* Gefühlen betrachtet. Er könnte wirklich einen Künstler zur Studie dienen. Ich hätte, wenn ich einer gewesen wäre, vielleicht die Idee eines Gottes durch ihn empfangen.»

Ein Brief von totalem Gefühlsanspruch, sicher und selbstbewusst, sinnlicher als alle Briefe, die Kleist an Wilhelmine von Zenge geschrieben hat. Kleist soll in Ernst von Pfuel das Vorbild für seinen «Achilles» gesehen haben und hat geäussert – scherzhaft oder nicht – die «Penthesilea» sei durch und durch für solch kriegerische Naturen wie ihn berechnet.

Es gibt wenig Anhaltspunkte für den ersten Teil von Kleists zweiter Schweizerreise. Sicher ist, dass Kleist zusammen mit Ernst von Pfuel noch einmal in Bern gewesen ist, bevor sie weiter nach Thun reisten. Noch einmal lebte Kleist für kurze Zeit auf seiner Aareinsel, die «mit Geist gearbeitete Landschaft» vor Augen. Aber die Voraussetzungen waren dieses Mal nicht die gleichen, es war kein Neubeginn wie im Frühjahr 1802. Bevor er mit Ernst von Pfuel auf die Reise gegangen war, hatte er der Schwester von einer «gewissen Entdeckung im Gebiete der Kunst» gesprochen, «die er ins Licht stellen wolle». Kleist liebte die Mystifikation – hat er damit den «Robert Guiskard» gemeint, oder schon die «Penthesilea», die diesem verwandt ist? War es die Verbindung des Archaischen mit dem Psychologischen? Auf jeden Fall ging die Auseinandersetzung mit dem in Thun begonnenen Trauerspiel weiter, und das wird diese Reise belastet haben.

Nach einer Erinnerung Pfuels soll Kleist in der Erregung ausgerufen haben, «er werde Goethe den Kranz von der Stirne reissen». Wenn das der Wahrheit entsprechen sollte, so zeugt es nicht nur von Kleists masslosem Ehrgeiz, sondern auch davon, dass er an der Gestalt Goethes wie an einem Übervater litt. Dass Heinrich von Kleist dem von ihm bewunderten Dichter seine «Penthesilea» mit der Widmung «auf den Knien meines Herzens» schickte, mag man als Naivität deuten. Aber war sie nicht eher eine Geste der Herausforderung? Kleist konnte kaum annehmen, dass Goethe Sympathie für das «vernichtende Gefühl» der rasenden Amazonenkönigin aufbringen würde, denn das hätte bedeutet, die eigenen dichterischen und philosophischen Bestrebungen in Frage zu stellen.

Empfindlich gemacht durch Kleists ungerechtfertigte Reaktion auf den Misserfolg des «Zerbrochenen Krugs» am Theater von Weimar – für den ihn Kleist, wie Jochen Schmidt nachgewiesen hat, sehr zu unrecht verantwortlich machte – hat Goethe in einem Gespräch mit Johann Daniel Falk aus dem Jahr 1809 geäussert: «Ich habe ein Recht, Kleist zu tadeln; weil ich ihn geliebt und gehoben habe; aber sei es nun, dass seine Ausbildung wie es jetzt bei vielen der Fall ist, durch die Zeit gestört wurde, oder was sonst für seine Ursache zu Grunde liege; genug, er hält nicht was er zugesagt. Sein Hypochonder ist gar zu arg, er richtet ihn als Menschen und Dichter zugrunde.» Das klingt keineswegs gleichgültig, und es ist höchst unwahrscheinlich, dass Goethe nicht gewusst hätte, wer Kleist war. Aber er hielt sich ihn vom Leibe. Goethes Ablehnung scheint dabei etwas Prinzipiellem, weniger Kleist selbst gegolten zu haben. Mit der Argumentation, dass das Klassische das Gesunde, das Romantische aber das Kranke sei, lässt sich gegenüber Kleist allerdings wenig ausrichten. Es verstellt den Blick auf das existentiell gänzlich andere seiner Erscheinung.

Durch die Loslösung aus seiner aristokratischen Herkunft zugunsten der Existenz eines Dichters war Kleist in besonderem Masse hineingestellt in das Spannungsfeld seiner Zeit, einer Epoche, der sich stark verändernden Gesellschaftsform. Er selbst hat sich über das Heraufkommen einer neuen Zeit in einem Brief an seinen Fraund Rühle von Lilienstern zwar skeptisch ausgesprochen:

«Die Zeit scheint eine neue Ordnung der Dinge heranführen zu wollen, und wir werden davon nichts als bloss den Umsturz der alten erleben.» Aber die neue Ordnung der Dinge hatte eine neue Optik der Kunst bewirkt, das Postulat der Klassik war für Kleist nicht mehr verbindlich.

«Denn der Dichter hat mehr auszusprechen als das besondere und in engen Schulen anempfundene Gute und Schöne. Alles Vortreffliche hat etwas Befremdendes mit sich», hat Kleist in den Berliner Abendblättern geschrieben. Dementsprechend erscheint auch der Mythos in der «Penthesilea» nicht mehr klassizistisch gebändigt, sondern als archaischer Schrecken. Während sich Kleists Zuhörer und auch er selbst bei der ersten Lesung der «Familie Schroffenstein» in Bern noch in ein befreiendes Gelächter flüchten konnten, vergeht einem das Lachen vor dem Urgrauen, das Kleists Amazonenkönigin umgibt.

Goethe tadelte die Gewaltsamkeit der Kleistschen Motive. Auch wollte es ihm nicht gefallen, dass Kleist «wie andere junge Männer von Geist und Talent» auf ein Theater der Zukunft wartete. Doch die Zeit hat in der Auseinandersetzung um die «Penthesilea» zugunsten von Kleist entschieden. Bei aller Ungeheuerlichkeit des Stoffes hat sich die «Penthesilea» im 20. Jahrhundert als spielbar erwiesen.

Durch das Reisetagebuch eines mit Kleist befreundeten Ehepaares weiss man besser Bescheid über den weiteren Verlauf von Kleists zweiter Schweizerreise. Wilhelm von Werdeck und seine Frau Adolphine, eine Vertraute der Königin Louise von Preussen, befanden sich zur gleichen Zeit auf einer Reise durch die Schweiz. Sie trafen am 7. August 1803 in Bern auf Heinrich Gessner, von dem sie erfuhren, Kleist und Pfuel hätten lange in Bern auf sie gewartet. Offenbar hatte man sich in Deutschland verabredet. Am 11. August stiessen sie dann überraschend im Wirtshaus von Meiringen aufeinander, «ein Zufall hatte sie von der Grindel ins Hassli geführt», schreibt Adolphine von Werdeck. Gemeinsam unternahm man am nächsten Tag einen Ausflug zu den Reichenbachfällen.

Aber Kleist war mit seinen Gedanken woanders. Unter dem 13. August erwähnt Adolphine von Werdeck, dass ihnen der unschlüssige Kleist zehnmal versprochen habe, sie nach Schwyz zu begleiten. Aber zehnmal habe er sein Wort wieder zurückgenommen, um schliesslich nach Thun zurückzukehren, wo er an seinem «Peststück» arbeiten wollte.

Aus diesem Reisetagebuch erfährt man auch etwas über die Gewohnheiten eleganter Touristen der damaligen Zeit: «Auf dem Heimwege begaben wir uns in eine Bauernwohnung, wo Bäder eingerichtet sind. Nach dem Bade labten wir uns vor der Haustüre mit den vortrefflichsten Niedeln und lachend, äusserst vergnügt, kehrten wir nach Meiringen zurück.» Dass Adolphine von Werdeck zu Kleists engen Freunden gehörte, zeigt jener bereits zitierte Brief aus Paris, in dem er ihr seine Abneigung gegen die Wissenschaften auseinandersetzt. Für ihre Freundschaft hat er ihr später mit einer sehr persönlichen Widmung gedankt, die er in ein Exemplar von Moses Mendelssohns «Phaidon» hineingeschrieben hat, einem Geschenk an sie:

«Wo die Nebel des Trübsinns grauen, flieht die Teilnahme und das Mitgefühl. Der Kummer steht einsam und vermieden von allen Glücklichen wie ein gefallener Günstling. Nur die Freundschaft lächelt ihm. Denn die Freundschaft ist wahr, und kühn und unzweideutig.» H.K.

Auch einen weiteren Ausflug in die Gegend von Bellinzona hat Kleist in Gesellschaft von Ernst von Pfuel und dem Ehepaar von Werdeck unternommen. In Varese gelang es ihm, seine Arbeit, die zu einer Obsession geworden war, eine Zeitlang zu vergessen. Noch ein Jahr später, am 29. Juli 1804, erinnerte er sich: «Aber Freude habe ich an diesem Tage so lebhaft empfunden, dass mir diese Erscheinung noch jetzt, bei dem Kummer der mir zugleich damals fressend ans Herz nagte, ganz verwunderungswürdig ist.» Von Varese kehrte er noch einmal für einige Zeit nach Thun zurück.

Aber auch die Aareinsel konnte diesmal nicht helfen. Kleist arbeitete wie besessen, aber die Sache war hoffnungslos verfahren. Von Thun fuhr er mit Pfuel nach Bern zu Heinrich Gessner, der ihm den restlichen Teil des Honorars für die Publikation der «Familie Schroffenstein» schuldete. Aber diesmal musste Gessner passen – die Helvetische Nationaldruckerei war in Schwierigkeiten geraten und hatte ihre Zahlungen eingestellt. Danach fuhren sie nicht mehr zurück nach Thun, sondern reisten durch das Waadtland weiter nach Genf.

Kleist begriff, dass es mit dem «Robert Guiskard» ein Ende haben musste und dass er nicht als Sieger werde nach Hause zurückkehren können. Das Lob Wielands war zu einer Verpflichtung geworden, die er nicht erfüllen konnte, wenigstens nicht für den Augenblick. Am 5. Oktober 1803 schrieb er aus der Rhônestadt an seine Schwester Ulrike

«Der Himmel weiss, meine teuerste Ulrike, (und ich will umkommen, wenn es nicht wörtlich wahr ist) wie gern ich einen Blutstropfen aus meinem Herzen für jeden Buchstaben eines Briefes gäbe, der so anfangen könnte: «Mein Gedicht ist fertig». Aber, Du weisst, wer, nach dem Sprichwort mehr tut, als er kann. Ich habe nun ein Halbtausend hintereinander folgender Tage, die Nächte der meisten miteingerechnet, an den Versuch gesetzt, zu so vielen Kränzen noch einen auf unsere Familie herabzuringen: jetzt ruft in mir unsere heilige Schutzgöttin zu, dass es genug sei. Sie küsst mir gerührt den Schweiss von der Stirne und tröstet mich, wenn jeder ihrer lieben Söhne nur ebensoviel täte, so würde unserm Namen ein Platz in den Sternen nicht fehlen. Und so sei es denn genug. Das Schicksal, das den Völkern jeden Zuschuss zu ihrer Bildung zumisst, will, denke ich, die Kunst in diesem nördlichem Himmelsstrich noch nicht reifen lassen. Töricht wäre es wenigstens, wenn *ich* meine Kräfte länger an ein Werk setzen wollte, das, wie ich mich endlich überzeugen muss, für mich zu schwer ist. Ich trete vor einem zurück, der noch nicht da ist, und beuge mich, ein Jahrtausend im voraus, vor seinem Geiste.»

Das wirkt, bei aller Bewegung, mit der man diesen Brief lesen mag, in seiner Erregung masslos übersteigert und ist von geradezu napoleonischer Geste. Kleist prahlte – er war ausser sich. Aber mit seinen eigenen Worten beugte er sich, ohne es zu wissen, gleichzeitig auch vor sich selbst. Dass er das Manuskript des «Robert Guiskard» anschliessend in Paris verbrannte, änderte nichts an der Tatsache, dass die «Kunst in diesem nördlichen Himmelsstrich» und mit ihr das deutsche Theater, kein weiteres Jahrtausend auf den grossen Dramatiker zu warten brauchte, denn niemand anders als Kleist selbst war dieser Dramatiker. Der Rest war momentane Verzweiflung und Müdigkeit.

Es ist ungewiss, ob die zehn Szenen grösster Konzentration, die Kleist im April und Mai 1808 im 4. und 5. Heft des Phöbus veröffentlichte (einem «Journal für die Kunst», das er zusammen mit Adam Müller herausgab), die Vernichtung des Manuskriptes in Paris überlebt hatten oder ob sie Kleist aus dem Gedächtnis noch einmal niederschrieb.

In einem Brief vom 17. Dezember 1807 an Christoph Martin Wieland erinnert Kleist den «verehrungswürdigen Freund» an die Wochen, die er im Frühjahr 1803 bei ihm in Ossmannstedt verbracht hatte und an den «stolzesten Augenblick seines Lebens», den er ihm verdanke. Dabei kündigt ihm Kleist die Veröffentlichung der «Penthesilea», des «Zerbrochenen Krugs» und der

«Marquise von O.» an, der in Kürze auch der «Robert Guiskard» folgen solle. Daraus liesse sich schliessen, dass der anschliessend veröffentlichte 1. Akt nur einen Teil dieser Niederschrift darstellt und dass noch eine winzige Möglichkeit besteht, dass die übrigen Akte eines Tages auftauchen werden.

In den Szenen, die wir kennen, schildert Kleist eine Endsituation. «Das Volk in unruhiger Bewegung», so beginnt das Stück. Eine Atmosphäre des Verhängnisvollen liegt über der Szene, die Parallele zu Sophokles «König Oedipus» ist sicher nicht zufällig. Wie oft bei Kleist entsteht die Spannung aus einem Geheimnis, um dessen Entdeckung es geht: hier ist es die Angst des Volkes vor der Pest und das Rätselraten darüber, ob auch Robert Guiskard selbst von der tödlichen Seuche befallen ist. Alles in Kleists Fragment ist von grossen Dimensionen und dennoch einfach. Auch die Sprache ist monumental, aber stets ihren Inhalten gemäss und gerät dadurch nie zur reinen Rhetorik. Kleist hat Wieland den «Robert Guiskard» vorgetragen und hat anschliessend in Leipzig Deklamationsunterricht bei einem gewissen Kerndörfer genommen, um dem Vortrag besser gewachsen zu sein. Tatsächlich sollte man Kleists Verse hören, ihre Wirkung ist auf diese Weise noch weit stärker als beim Lesen.

Aus dem ersten Chor erhebt sich riesenhaft die Gestalt der Pest, Robert Guiskards eigentlichem Gegenspieler:

> «Mit weit ausgreifenden Entsetzensschritten
> Geht sie durch die erschrockenen Scharen hin,
> Und haucht von den geschwollnen Lippen ihnen
> Des Busens Giftqualm in das Angesicht!
> Zu Asche gleich, wohin ihr Fuss sich wendet,
> Zerfallen Ross und Reuter hinter ihr,
> Vom Freund den Freund hinweg, die Braut vom Bräut'gam,
> Vom eigenen Kind' hinweg die Mutter schreckend!
> Auf eines Hügels Rücken hingeworfen,
> Aus ferner Oede jammern hört man sie,
> Wo schauerliches Raubgeflügel flattert,
> Und den Gewölken gleich, den Tag verfinsternd,
> Auf die Hülflosen kämpfend niederrauscht!»

Kaum denkbar, dass Arnold Böcklin Kleists apokalyptische Vision nicht gekannt haben sollte, als er die Schrecken seiner «Pest» malte, die heute im Basler Kunstmuseum hängt. Andere Passagen sind geradezu als Sprach-Musik komponiert, wie die in vielfachem Echo verebbende Klage der Menge:

«Verloren ist das Volk!
Verloren ohne Guiskard rettungslos!
Verloren rettungslos. Errettungslos,
In diesem meerumgebnen Griechenland.»

Wie das Stück hätte weitergehen sollen, ist schwer vorstellbar. Da sich auch das Grossartige, wenn es ohne Kontraste eingesetzt wird, mit der Zeit erschöpft, war es vielleicht gerade das Monumentale dieser zehn ersten Szenen, das Kleist mit dem Stück nicht zu Rande kommen liess.

Doch genausowenig wie man den Kompositionen Beethovens die mühevolle Arbeit anhört, die sich in seinen Skizzenbüchern dokumentiert, verrät dieser 1. Akt des «Robert Guiskard» den verzweifelten Kampf Kleists mit dem Stoff, der sich ihm widersetzte. Die besonders hohe Einschätzung des Fragmentes innerhalb des Werkes von Kleist mag zum Teil auf einem Bedauern über seine nur bruchstückhafte Überlieferung beruhen. Aber die Dichte dieser zehn Szenen und der Fortschritt gegenüber den «Schroffensteinern» sind in der Tat ausserordentlich: Vereinfachung der Mittel und eine Grossartigkeit, auf die nicht besonders hingewiesen wird, sondern die sich in der meisterlichen Exposition von selbst bestätigt.

Der «Robert Guiskard» gehört zu den Fragmenten, die keine sind. Dass der in seinem übrigen Werk so klug disponierende Kleist sich nicht von seinem vermeintlichen Versagen gegenüber einem Stoff, der zu gross gedacht war, freisprechen konnte, dass er nicht einsah, dass es am «Robert Guiskard» nichts zu vollenden gab, beweist, dass dieser für ihn mehr war als nur ein Theaterstück. Seine Vollendung bedeutete für Kleist die Legitimierung seines Entschlusses, sich als Dichter aus der Welt zu lösen, in die er hineingeboren war.

Es will scheinen, dass er darum das Manuskript in Paris verbrannte, wohin er von Genf aus gereist war und auf die absurde Idee verfiel, sich in St. Omer an der Kanalküste der Armee Napoleons anzuschliessen, um den «schönsten Tod der Schlachten zu sterben» – was immer er daran schön gefunden haben mag. Man hat ihn davon abgehalten und ihn zurück nach Preussen geschickt. Den Kranz, den er so verzweifelt versucht hatte, «auf seine Familie herabzuringen», ihn trägt am Ende sein «Prinz von Homburg». Er ist gewunden aus Staatsraison und aus den «lieblichen Gefühlen» und bedeutet weniger einen Kompromiss als Einsicht.

Anhang

Verwendete und zitierte Literatur

Athenaeum	Herausgegeben von August Wilhelm Schlegel und Friedrich Schlegel. Darmstadt 1992
Brender, Irmela	Christoph Martin Wieland. Reinbek 1990
Bode, Wilhelm (Hg.)	Goethe in vertraulichen Briefen seiner Zeitgenossen. München 1982
Bock, Heinrich	Gärten in Wielands Welt. Marbacher Magazin 40. Marbach a. N. 1986
Bock, Heinrich (Hg.)	Mit fliegender Feder. Ausgewählte Briefe Chr. M. Wielands. Frankfurt am Main 1990
Böttiger, Karl Wilhelm (Hg.)	Christoph Martin Wieland nach Berichten seiner Freunde und seinen eigenen Äusserungen. In: Hist.Taschenbuch 10. Jg. Leipzig 1839
Bondeli, Julie von	Die Briefe der Julie von Bondeli. Frauenfeld – Leipzig 1930
Ermatinger, Emil	Wieland und die Schweiz. Frauenfeld 1924
Gruber, Joh. Gottfried	Wielands Leben mit Einschluss vieler noch ungedruckter Briefe, 4 Teile, Leipzig 1827 (Reprint in Sämtliche Werke, Nördlingen 1984)
Mayer, Hans	Wielands Oberon. In: Das unglückliche Bewusstsein. Zur dt. Literaturgeschichte von Lessing bis Heine. Frankfurt a. M. 1986
Maurer, Michael (Hg.)	Ich bin mehr Herz als Kopf. Sophie von La Roche. Ein Lebensbild in Briefen. München 1983
Mülinen, W. J. von	Wieland in Bern. Sonntagsbeilage der Allgemeinen Schweizer Zeitung. 1899
Paulsen, Wolfgang	Christoph Martin Wieland. Bern u. München 1975
Sengle, Friedrich	Wieland. Stuttgart 1949
Starnes, Thomas C.	Christoph Martin Wieland, Leben und Werk, aus zeitgenössischen Quellen chronologisch dargestellt. 3 Bde. Sigmaringen 1987
Storz, Gerhard	Christoph Martin Wieland. In: Lebensbilder aus Schwaben und Franken Bd 14. Stuttgart 1980

Wieland Katalog	der ständigen Ausstellung des Schiller Nationalmuseums und des Deutschen Literatur Archivs Marbach a. N. 1983
Wieland, Chr. M.	Werke: Aristipp und einige seiner Zeitgenossen. Frankfurt a. M. 1988
Wieland, Chr. M.	Werke: Geschichte des Agathon. Frankfurt a. M. 1986
Wieland, Chr. M.	Briefwechsel, herausgegeben von der Deutschen Akademie der Wissenschaften zu Berlin, 5 Bde. Berlin 1963

Athenaeum	Herausgegeben von August Wilhelm Schlegel und Friedrich Schlegel. Darmstadt 1992
Alpenrosen	Almanach auf das Jahr 1813. Hg. Kuhn, Meisner, Wyss. Bern o. J.
Berthoud, Dorette	Constance et Grandeur de B. Constant. Lausanne 1944
Bretano, Bernard von	August Wilhelm Schlegel. Frankfurt a. M. 1986
Constant, Benjamin	Journal Intime. Paris 1957
Diesbach, Ghislain de	Madame de Staël. Paris 1983
Goethe, J.W. von	Gespräche mit Eckermann. Frankfurt a. M. 1912
Huch, Ricarda	Die Romantik. Hamburg 1985
Herriot, Edouard	Madame Récamier et ses amis. Paris 1924
Körner, J.	Briefe von und an August Wilhelm Schlegel. Zürich und Leipzig 1930
Kohler, Pierre	Madame de Staël et la Suisse. Lausanne – Paris 1916
Nagavajara, Chetana	August Wilhelm Schlegel in Frankreich. Tübingen 1966
Pange, Pauline de	August Wilhelm Schlegel und Frau von Staël. Hamburg 1940
Schirmer, Ruth	August Wilhelm Schlegel und seine Zeit. Bonn 1986
Lüdecke, H.	Ludwig Tieck und die Brüder Schlegel. Frankfurt a. Main 1930
Schlegel, August Wilhelm von	Sämtliche Werke. Leipzig 1846
Schlegel, Friedrich	Briefe an seinen Bruder August Wilhelm. Berlin 1890
Schmidt, Erich (Hg.)	Caroline, Briefe der Frühromantik Band 1-2. Leipzig 1913
Staël-Holstein, Germaine de	De l'Allemagne 4 vol. Paris et Leipsic 1814
Staël, Germaine de	Über Deutschland. Frankfurt a. Main 1985
Staiger, Emil	August Wilhelm Schlegel, Klassiker der Kritik. Zürich und Stuttgart 1962
Stendhal,	Lettres inédites. Paris 1855
Tieck, Ludwig	Phantasus. Frankfurt a. M. 1985
Varnhagen von Ense, K.A.	Denkwürdigkeiten des eigenen Lebens Bd. 1-3. Frankfurt a. M. 1987

Bach, Adolf	Goethes Rheinreise mit Lavater und Basedow. Zürich 1923
Balzer, Georg	Goethe auf Reisen. München 1979
Beutler, Ernst	Essays um Goethe. Bd 1-2. Zürich und München 1980.
Biedrzynski, Effi	Goethes Weimar. Zürich und München 1992
Bode, Wilhelm	Goethe in vertraulichen Briefen seiner Zeitgenossen. München 1982
Bohnenblust, Gottfried	Goethe in der Schweiz. Frauenfeld-Leipzig 1992
Dobel, Richard	Lexikon der Goethe-Zitate. Augsburg 1991
Ernst, Fritz	Von Zürich nach Weimar. Zürich 1953
Ernst, Fritz	Aus Goethes Freundeskreis und andere Essays. Frankfurt a. M. 1955
Fränkel, Jonas	Goethes Erlebnis der Schweiz. St. Gallen 1949
Friedenthal, Richard	Goethe. München 1963
Geist, J. J. Ludwig	Tagebuch einer Reise durch die Schweiz. Stäfa 1982
Goethe, Joh. W. von	Gedichte. Bd 1-2. Frankfurt a.M. 1987
Goethe, Joh. W. von	Kunstschriften Bd. 2, Physiognomische Fragmente. Leipzig 1912
Goethe, Joh. W. von	Tagebücher. Zürich und Stuttgart 1964
Goethe, Joh. W. von	Briefe aus der Schweiz 1779. Zürich 1949
Goethe, Joh. W. von	Gespräche mit Eckermann. Zürich 1948
Goethe, Joh. W. von	Dichtung und Wahrheit. Frankfurt a. M. 1986
Goethe, Joh. W. von	Wilhelm Meisters Wanderjahre. Frankfurt a. M. 1989
Goethe, Joh. W. von	Allgemeine Naturlehre, Geologie. Frankfurt a. M. 1989
Goethe, Joh. W. von	Naturwisschenschaftliche Schriften Bd. 1. Leipzig 1912
Gundolf, Friedrich	Goethe. Berlin 1922
Hottingen, Lesezirkel (Hg.)	Salomon Gessner Gedenkbuch. Zürich 1930
Janentzky, Christian	Johann Kaspar Lavater. Frauenfeld-Leipzig 1924
Klauss, Jochen	Goethe unterwegs. Weimar 1989

Michel, Christoph (Hg.)	Goethe, sein Leben in Bildern und Texten. Frankfurt a. Main 1982
Schaeffer, Emil	Goethes äussere Erscheinung. Leipzig 1914
Schmidt, Heinrich	Goethe als Geograph. St. Gallen 1939
Scholz, Wilhelm von	Goethe in der Schweiz. Kassel 1956
Staiger, Emil	Goethe. Bd 1-3. Zürich 1992
Stolberg, Chr. u. Friedr. L. zu	Gedichte. Frankfurt und Leipzig 1781
Trunz, Erich	Weltbild und Dichtung im Zeitalter Goethes. Weimar 1993
Ulrich, Konrad	Begegnungen in Zürich. Zürich 1965
Wahl, Hans	Goethes Schweizerreisen. Bern 1921
Wahl, Hans	Goethe und seine Welt. Leipzig 1932
Weigelt, Horst	J.C. Lavater. Göttingen 1991
Zimmermann, Rolf Christian	Das Weltbild des jungen Goethe. Bd. 1-2. München 1979

Beck, Adolf	Hölderlin. Eine Chronik in Bild und Text. Frankfurt a.M. 1970
Bertaux, Felix	Friedrich Hölderlin. Frankfurt a. M. 1978
Binder, Wolfgang	Friedrich Hölderlin-Studien. Frankfurt a. M. 1987
Bruder, Wolfgang	Hölderlin-Studien. Frankfurt a. M. 1987
Böschenstein, Bernh.	Die Schweizer Landschaft als Spiegel der dt. Literatur vor und um 1800. In: Hölderlin Jahrbuch 1975-77. Tübingen 1977
Cassirer, Ernst	Hölderlin und der deutsche Idealismus. In: Idee und Gestalt. Darmstadt 1989
Guardini, Romano	Hölderlin, Weltbild und Frömmigkeit. München 1955
Härtling, Peter	Hölderlin. Darmstadt-Neuwied 1976
Häussermann, Ulrich	Friedensfeier. München 1989
Häussermann, Ulrich	Hölderlin. Reinbek 1993
Kelletat, Alfred	Hölderlin, Beiträge zu seinem Verständnis in unserm Jahrhundert. Tübingen 1961
Kempter, Lothar	Hölderlin in Hauptwil. Tübingen 1975
Michel, Wilhelm	Das Leben Friedrich Hölderlins. Darmstadt 1963
Müller-Seidel, Walter	Exzentrische Bahnen, ein Hölderlin-Brevier. München 1993
Ryan, Lawrence	Friedrich Hölderlin. Stuttgart 1962
Schmidt, Jochen	Über Hölderlin. Frankfurt a. M. 1970
Schmidt, Jochen	Hölderlins geschichtsphilosophische Hymnen. Darmstadt 1990
Szondi, Peter	Hölderlin-Studien. Frankfurt a. M. 1967
Volke, Werner	Hölderlin zum 200. Todestag. Ausstellungskatalog des Schiller-Nationalmuseums Marbach a. N. 1970

Blöcker, Günter	Heinrich von Kleist oder Das absolute Ich. Berlin 1960
Cassirer, Ernst	Kants Leben und Lehre. Berlin 1921
Cassirer, Ernst	Heinrich von Kleist und die Kantische Philosophie. Darmstadt 1989
Fricke, Gerhard	Gefühl und Schicksal bei Heinrich von Kleist. Darmstadt 1963
Grathoff, Dirk	Kleists Geheimnisse. Opladen 1993
Günzel, Klaus	Kleist. Stuttgart 1985
Gundolf, Rudolf	Heinrich von Kleist. Berlin 1924
Hohoff, Curt	Kleist. Reinbek 1988
Kleist, Heinrich von	Briefe von und an Kleist. Frankfurt a. M. 1986
Kleist, Heinrich von	Dramen 1802-1807. Frankfurt a. M. 1991
Kleist, Heinrich von	Dramen 1807-1811. Frankfurt a. M. 1987
Kleist, Heinrich von	Erzählungen, Essays. Frankfurt a. M. 1990
Kommerell, Max	Die Sprache und das Unaussprechliche in Geist und Buchstabe der Dichtung. Frankfurt a. M. 1962
Lukacs, Georg	Die Tragödie Heinrich von Kleist. In: Deutsche Realisten des 19. Jahrhunderts. Berlin 1951
Mayer, Hans	Heinrich von Kleist, Der geschichtliche Augenblick. In: Das unglückliche Bewusstsein. Frankfurt a. M. 1986
Müller-Seidel, Walter	Kleists Aktualität. Darmstadt 1981
Pfeiffer, Joachim	Die zerbrochenen Bilder. Würzburg 1989
Reske, Hermann	Heinrich von Kleist in Thun. Bern und Stuttgart 1972
Schmidt, Jochen	Heinrich von Kleist. Studien zu seiner poetologischen Verfahrensweise. Tübingen 1974
Sembdner, Helmut	Heinrich von Kleists Lebensspuren. Bremen 1957
Sembdner, Helmut	In Sachen Kleist. München 1984
Wichmann, Theodor	Heinrich von Kleist. Stuttgart 1988
Zimmermann, Hans-D.	Heinrich von Kleist, eine Biographie. Hamburg 1981
Zschokke, Heinrich	Die klassischen Stätten der Schweiz. Dortmund 1978

Register